AMÉRICA, CIDADE E NATUREZA

Paulo Mendes da Rocha

com Maria Isabel Villac

AMÉRICA, CIDADE E NATUREZA

prefácio de Eduardo Subirats

2ª edição

© Paulo Mendes da Rocha, 2012
© Maria Isabel Villac, 2012, para a entrevista "A construção do olhar de Paulo Mendes da Rocha"
© Editora Estação Liberdade, 2012

Organização da edição e iconografia	Maria Isabel Villac
Preparação de texto	Angel Bojadsen
Revisão	Kátia G. Vitale, Heitor Ferraz e Paula Nogueira
Projeto gráfico	Edilberto Fernando Verza
Composição	Antonio Carlos Kehl
Capa	Miguel Simon / Estação Liberdade

Agradecemos especialmente a Dulcinéa do Carmo Pereira, do estúdio de Paulo Mendes da Rocha.

A tradução dos textos em espanhol "O arquiteto e o intelectual", de Eduardo Subirats, e "Se é espaço, deveria ser público", entrevista concedida a Anatxu Zabalbeascoa para o jornal *El País*, foi feita por Alvanísio Damasceno.

A coleção Estúdio Aberto é dirigida por Maria Isabel Villac e Angel Bojadsen.

CIP-BRASIL. CATALOGAÇÃO NA PUBLICAÇÃO
SINDICATO NACIONAL DOS EDITORES DE LIVROS, RJ

R575a
2. ed.

Rocha, Paulo Mendes da, 1928-2021
    América, cidade e natureza / Paulo Mendes da Rocha, Maria Isabel Villac ; prefácio de Eduardo Subirats. - 2. ed. - São Paulo : Estação Liberdade, 2021.
    272 p. : il. ; 21 cm.   (Estúdio aberto ; 1)

    ISBN 978-85-7448-197-5

    1. Arquitetura - Brasil - História - Séc. XX. 2. Arquitetura - Brasil - História - Séc. XXI. 3. Arquitetura moderna - Séc. XX. 4. Arquitetura moderna - Séc. XXI. I. Villac, Maria Isabel. II. Subirats, Eduardo. III. Título. IV. Série.

21-71217   CDD: 720.981
                    CDU: 72(81)"19/20"

Leandra Felix da Cruz Candido - Bibliotecária - CRB-7/6135
26/05/2021   27/05/2021

Editora Estação Liberdade Ltda.
Rua Dona Elisa, 116 | Barra Funda
01155-030 São Paulo – SP | Tel.: (11) 3660 3180
www.estacaoliberdade.com.br

SUMÁRIO

PREFÁCIO — 9
    O ARQUITETO E O INTELECTUAL por Eduardo Subirats — 11

DEPOIMENTOS — 19
    A ESPERANÇA NO MUNDO NOVO — 21
    A PRESENÇA DE ARTIGAS — 22
    LUCIO COSTA — 24

ENTREVISTAS — 25
    A CONSTRUÇÃO DO OLHAR DE PAULO MENDES DA ROCHA — 27
    SE É ESPAÇO, DEVERIA SER PÚBLICO — 88
    HÁ UMA IDEIA ELITISTA NOS CENTROS CULTURAIS — 93

AULAS — 105
    AULAS UNITAU — 107
    AULA INAUGURAL — 50 ANOS DA FAU-USP — 141
    PROVA DIDÁTICA PARA PROFESSOR TITULAR — 149

MEMÓRIAS DE PROJETOS — 169
    PROJETO CASA SILVIO ANTONIO BUENO — 171
    PROJETO BAÍA DE MONTEVIDÉU — 174
    RELATÓRIO DELTAMETRÓPOLIS — 178
    PROJETO UNIVERSIDADE DE VIGO — 186
    PROJETO CAIS DAS ARTES — MUSEU E TEATRO DE VITÓRIA — 190

SOBRE PROJETOS E DISCURSOS 195
    ARQUITETO PAULO MENDES DA ROCHA,
        AUTOR DO RISCO INICIAL DA BIENAL 197
    IDEIA E DESENHO 204
    MORAR NA ERA MODERNA 208
    A CIDADE COMO FÓRUM PARA O FUTURO 217
    NOVA HEGEMONIA 222
    CARTA AO GOVERNADOR MÁRIO COVAS 226
    SEMINÁRIO *DELINEANDO NORTES* 230
    LE DURABLE BÂTIR 248
    OS DESEJOS, HOJE 252

CRONOLOGIA DE PROJETOS E OBRAS 261

PREFÁCIO

O ARQUITETO E O INTELECTUAL

*Eduardo Subirats**

Em uma bela tarde de inverno tropical conheci Paulo Mendes da Rocha em seu estúdio de São Paulo. Era o ano de 1984. Eu fora convidado pela Faculdade de Arquitetura e Urbanismo da Universidade de São Paulo para participar de um seminário sobre vanguardas. Era uma de minhas primeiras viagens acadêmicas ao Brasil. Lembro com verdadeira paixão aqueles primeiros encontros com a cultura brasileira, com a boemia intelectual de São Paulo, com os arquitetos paulistas, e com Paulo. O país saía do período da ditadura e de seu asfixiante clima político, e por toda parte se sentia a esperança de reconstruí-lo e repensar suas potencialidades em todos os âmbitos. Claro, tudo me parecia novo, surpreendente. E tudo era realmente animado por uma poderosa vitalidade, não importava que fossem exposições de primeira ou segunda linha, acaloradas discussões acadêmicas ou conflitos entre os arquitetos e a administração pública. E, como aconteceu com tantos europeus, deixei-me seduzir pela inteligência, pela liberdade poética e pela imensa criatividade que encontrava em toda parte. Foi o que pude presenciar com os ceramistas baianos, os museus e departamentos universitários paulistas, suas editoras e periódicos, sem esquecer os estúdios de arquitetura.

---

* Eduardo Subirats nasceu em Barcelona em 1947. É autor de uma série de ensaios sobre teoria da cultura, crítica do colonialismo, estética das vanguardas e filosofia moderna. Publicou, entre outros: *Da vanguarda ao pós-moderno* (São Paulo, 1984), *Los malos días pasarán* (Caracas, 1992), *El continente vacío* (México, 1995), Linterna Mágica (Madri, 1997), *Culturas virtuales* (México, 2001), *Una última visión del Paraíso* (São Paulo, 2001; México, 2004) e *Memoria y exilio* (Madri, 2003). Seu livro mais recente é *La existencia sitiada* (México, 2006). Subirats foi professor de filosofia, estética, arquitetura, literatura e teoria da cultura nas universidades de São Paulo, Caracas, Madri, México e Princeton; atualmente leciona na New York University.

Devo acrescentar que vinha da Espanha e, portanto, trazia as malas vazias. Naqueles anos, a sociedade espanhola se abria politicamente a um processo de integração europeia marcado pelos mercados neoliberais, pelo espetáculo pós-moderno de culturas administradas e banais e pelo simulacro de uma modernidade intelectualmente torpe, salvo em seus sempre renovados exílios. Era bastante previsível o que as novas elites iriam proporcionar àquele país: autoestradas e trens de alta velocidade, uma explosão do consumo e uma cultura totalmente comercial. Como marca final dessa milagrosa transformação, a manutenção dos mesmos preconceitos nacionalistas e católicos que haviam lastreado sua história intelectual em uma peculiar mistura de prepotência e obscurantismo. Por outro lado, eu enxergava esse futuro espanhol como uma caricatura do que de qualquer forma seria o desenvolvimento europeu. Do que vira em Paris ou Berlim, cidades em que vivera como estudante. Dessa perspectiva, a paisagem cultural brasileira me parecia uma bênção. Era muito mais diversa, mais conflitiva também, e, por isso mesmo, mais dinâmica, e em todos os sentidos mais promissora.

Esta era e continua sendo minha carteira de identidade como narrador, meu "olhar de estrangeiro", como várias vezes me lançaram ao rosto os amigos brasileiros. E é precisamente também o ponto de vista sob o qual tratei de entender os três arquitetos paulistas com quem mais aprendi, com quem compartilhei ideias, projetos e belíssimos momentos: João Batista Vilanova Artigas, Lina Bo Bardi e Paulo Mendes da Rocha.

Pois bem, exatamente dessa perspectiva distingo três momentos na obra de Paulo que me comovem e me fascinam, e que não apenas possuem o valor estético que os jurados de prêmios, as revistas especializadas e muitos professores de projeto erguem como símbolo de uma época, mas sobretudo um valor testemunhal, rebelde, inovador e precursor ou programático. Serei muito breve.

Um primeiro grupo de obras de Paulo Mendes da Rocha pode ser reunido em torno do conceito de brutalismo caboclo. Sua definição pode ser traçada ao redor de algumas categorias elementares. É uma arquitetura de concreto. Uma arquitetura que utiliza o concreto como matéria industrial sem adornos, mas que utiliza sua plasticidade como meio de uma liberdade espacial e expressiva raras vezes igualada por qualquer outra arquitetura moderna. Eventualmente pode ser comparada à de Louis Kahn, mas desde que se deixe de lado a dureza de sua construção abstrata dos espaços do poder. Porque o brutalismo caboclo é antes de tudo uma arquitetura urbana: uma arquitetura que se abre para a cidade, que dialoga com a cidade aberta, democrática, igualitária. E é um brutalismo caboclo, isto é, reúne as características da massividade industrial e da consistência das formas industriais, mas ao mesmo tempo dialoga com as tradições populares da casa camponesa e, sobretudo, da maloca indígena. Isso quer dizer, por exemplo, que rompe as fronteiras rígidas entre o espaço interior e o espaço exterior por meio de múltiplas mediações e espaços intermediários. E quer dizer também que não hierarquiza os espaços interiores no sentido em que o faz a arquitetura "funcional" da era industrial, isto é, aquilo que se chama de "moderno".

Esse brutalismo possui outras características de central importância. Uma é estritamente técnica e expõe a nítida vinculação dessa arquitetura com os valores estéticos do industrialismo: a solidez e a transparência construtiva de uma arquitetura feita por engenheiros, a simplicidade elementar de seus componentes estruturais, a utilização expressiva de grandes volumes de concreto e sua poderosa dinamização dos espaços interior e exterior. Creio que não me equivoco ao mencionar um único, mas formidável, exemplo na obra inicial de Paulo: sua própria casa, construída em 1962.

A última característica desse brutalismo paulista não é a menos importante. É a dignificação humana dos espaços, a dimensão consciente e socialmente responsável de seus desenhos, a clara projeção de um conceito aberto e participativo da cidade no projeto arquitetônico. Esta é uma dimensão que desejo ressaltar, especialmente no momento atual, em que o cinismo estético e a corrupção corporativa definem precisamente os projetos emblemáticos da pós-modernidade mais militante nos cenários do espetáculo global, de Koolhaas a Gehry.

Por outro lado, não é preciso lembrar que a obra definitiva dessa concepção moderna, industrial, mas humanista da arquitetura, dotada ainda de uma transparente projeção democrática, é a Faculdade de Arquitetura, de Vilanova Artigas, sem a qual é impossível compreender a arquitetura de Paulo, bem como a de outros grandes arquitetos paulistas, como Lina Bo Bardi. Quero apenas acrescentar a esse respeito uma sucinta conclusão: é a partir deste encontro entre as estruturas elementares da engenharia arquitetônica, de uma consciente e intensa vinculação com as memórias culturais e com a riqueza de culturas do Brasil, e de um compromisso humano e social da arquitetura, que se deve compreender o que constitui o aspecto mais original destas obras em termos estéticos: sua linguagem espacial, a elementaridade de sua composição, a poderosa força expressiva de seus volumes e sua beleza. Um conceito de beleza que não se deixa domesticar pelos padrões do formalismo estético e pelo vazio do design industrial pós-moderno. Tudo isso confere um inconfundível selo linguístico às obras de Paulo. E quero salientar que este "selo" não significa aqui um "logo", não é uma marca de diferença controlada no mercado homologado da vitrine fetichista da arquitetura contemporânea. É um estilo no sentido clássico da palavra. Aquele definido por Goethe. Estilo dotado de uma força expressiva tão poderosa e extraordinária como as melhores manifestações da arquitetura expressionista alemã, isto é, o momento mais criativo da arquitetura do século XX no mundo ocidental.

Segunda etapa: pode-se falar de uma segunda etapa na obra de Paulo, embora saibamos que essa obsessão acadêmica de classificações é completamente inócua. De todo modo, existe uma obra paulista-paulistana dos anos 80 e 90 que merece atenção especial. Além disso, quero destacar que, de acordo com as normas estilísticas ditadas pela academia e pela indústria cultural norte-americana, essas duas décadas devem ser incluídas sob a denominação e o domínio "pós-moderno". E são décadas que se caracterizam pela liquidação de projetos de caráter social e democrático; pela redefinição urbana a partir das empresas e suas corrupções; e pelo predomínio de uma monumentalidade tecnocrática que fez e continua fazendo alarde do cinismo, sem o menor respeito pelos aspectos ecológicos e sociais, inclusive ou precisamente em metrópoles pós-coloniais, nas quais as divisões de classes, raças e religiões são brutais e onde se concentram grandes massas populacionais em condições de extrema miséria e graves conflitos sociais permeados por uma crescente violência.

No Brasil, como no resto do mundo industrializado, esses anos foram e continuam sendo anos de oportunismo cultural e político, de corrupção administrada pelas elites intelectuais e artísticas e de comercialização *ad nauseam* em uma corrida inverossímil por produtos cada vez mais vazios e banais dos pontos de vista intelectual, artístico e também social. Este foi e continua sendo o momento da degradação midiática das culturas democráticas através da produção industrial de grandes espetáculos e eventos culturais. Arquiteturas e cidades inteiras incluídas. E neste momento, quando conheço Paulo, ocorre uma mudança importante em sua obra.

Formularei duas ou três categorias para resumir o que considero o traço distintivo das obras desse período: uma concentração "budista" no elementar, uma poética das formas puras, e o hermetismo. É uma característica de seu trabalho nesses anos, mas não apenas do seu, diga-se de passagem. Sem dúvida alguma, deve-se citar também a obra tardia de Oscar Niemeyer. Seu Memorial da América Latina, que nasce a partir de um projeto político e intelectual claramente definido por ele e por Darcy Ribeiro, é decantado pelo viés de um formalismo estetizante da maior beleza e igualmente hermético.

As três obras que quero mencionar a este propósito — o Museu Brasileiro de Escultura (MuBE), a casa Gerassi e a loja de móveis Forma — foram analisadas e descritas por Isabel Villac em sua tese de dissertação *A construção do olhar: natureza, cidade e discurso na arquitetura de Paulo Mendes da Rocha*. Só me resta referir-me à sua análise e sublinhar uma das categorias que ela formula com este propósito: a elementaridade, a pureza, a poética do jogo com formas elementares e puras. Aqui nos encontramos com a poética do mínimo, que compõe a partir de elementos formais puros, constrói com uma economia rigorosa de meios, mantém sempre um equilíbrio estético e existencial com o meio ambiente urbano que a cerca e, por fim, trava um diálogo sutil com as memórias brasileiras. Uma memória de três faces: a pureza formal da maloca amazônica, o dinamismo dos espaços barrocos e a racionalidade construtiva da tradição da arquitetura brasileira moderna de Eduardo Reidy (que me seja permitido excluir Vilanova Artigas porque este inicia sua obra de concreto depois de Paulo Mendes da Rocha).

Para acrescentar algo, destacarei mais uma coisa. Essa estética da pureza e da concentração formal não é fruto do acaso? Surge em primeiro lugar como protesto e como alternativa à degradação corporativa das linguagens pós-modernas, cujas características são banais e evidentes: a exaltação da arquitetura como representação monumental e brutal do poder tecnológico e corporativo; a renúncia da arquitetura como organização humana e comunitária do espaço e sua subsequente regressão às estratégias comerciais e administrativas do espetáculo; e a desconstrução.

Mas no desejo de concentração e abstração formais e na cristalização de uma linguagem meditativa e retraída a códigos e signos herméticos permanece uma dimensão crítica. O Museu Brasileiro de Escultura é nesse exato sentido um modelo digno de atenção. Como nas duas outras obras citadas, esta se compõe apenas de três ou quatro linhas e volumes elementares. O próprio museu pode ser considerado uma escultura abstrata, uma construção tridimensional. Contudo, seus espaços se fundem no subsolo. Enterram-se como que para se esconder de um olhar urbano definido pelos outdoors, pelas arquiteturas baratas, por um histérico trânsito motorizado e por suas linguagens estridentes e vazias. Nesse desejo de submergir os espaços arquitetônicos no subsolo e minimizar a presença física da arquitetura na cidade reside este momento negativo. Uma crítica. E não foi só a arquitetura desse período que se desumanizou desconstrutivamente. A cidade também se desumanizou. Fragmentaram-se, desconstruíram-se e destruíram-se o tecido social, a malha urbana e as arquiteturas da cidade de São Paulo. Tal desintegração, o caos urbano e a angústia histórica que transmite explicam essa concentração formal em linguagens puras.

E chegamos ao terceiro aspecto da obra de Paulo. Um momento nitidamente intelectual. Para dizê-lo diretamente: conheci poucos escritores no Brasil e em qualquer outro lugar que tivessem tão brilhante, tão veemente, tão radical capacidade de articular com sua presença um discurso crítico sobre a arquitetura, a cidade e a humanidade. O terceiro momento de sua obra é o Paulo pedagogo, crítico cultural, agitador intelectual. E esta é a obra que se apresenta parcialmente nestas páginas. Textos e críticas, conferências e comentários, análises e polêmicas. E digo "parcialmente" por uma simples razão. Essa atividade intelectual de Paulo foi antes de tudo presencial e oral. Com todo o encanto pessoal e todas as dimensões polêmicas que a presença física e a comunicação direta têm na era da comunicação virtual e da ficcionalização do real.

Um último comentário. Existe entre a poética formal das últimas obras de Paulo e esta dimensão polêmica, crítica e nitidamente intelectual um nexo mais ou menos oculto. Em uma época em que o arquiteto pode formular projetos dotados de uma dimensão social participativa e em que a construção do espaço pode coincidir em alguma medida com a configuração de uma realidade social democrática e transparente

— e assim foi a idade de ouro da arquitetura brasileira, a época dos grandes projetos de Lucio Costa, Roberto Burle Marx, Eduardo Reidy e Oscar Niemeyer, entre outros —, a crítica social, o projeto urbano e o desenho arquitetônico propriamente dito não estão separados. Nossa época é de cisão e fissuras. É uma idade negativa. Por isso a necessidade de separar o âmbito da teoria crítica.

O terceiro capítulo da vida de Paulo que se descortina nestas páginas é uma contribuição a essa teoria crítica.

DEPOIMENTOS

Págira anterior: Boneca de arame. Inspiração: Henry Moore.

A ESPERANÇA NO MUNDO NOVO

Revista *Projeto* nº 118, jan/fev 1989

A questão fundamental na obra de Le Corbusier é sua aflição europeia diante da modernidade. É notável o olhar que dedicou à Índia, à África mediterrânea, à América, e às cidades de São Paulo, Rio de Janeiro, Buenos Aires e Argel, entre outras. Nessa previsão do artista inaugurava-se um mundo novo: para Le Corbusier, as esperanças estavam nesses lugares.

A PRESENÇA DE ARTIGAS

Revista *Módulo*, Especial Vilanova Artigas, 1985

Esta é uma exposição da vida de Artigas. O que se vê é sua presença nos desenhos que sempre o apaixonaram. É possível imaginar a semelhança sua com esses desenhos. Artigas era um projeto transparente de si mesmo. Nunca o vi à toa. Vinha sempre a fim de alguma coisa, armado como num campo magnético.

Era procurado sempre para discutir sobre todos os momentos mais importantes na vida dos arquitetos. Depois de sua fala tudo se reorientava, pois ensinava caminhos, vias, avanços e espera, como se a vida fosse um navio e as ideias, estrelas, balizando o mar dos acontecimentos.

Tinha que conhecer muito bem os riscos que corria. Nunca o vi queixar-se das perseguições e do mal por que passou na prisão e no exílio. Só manifestava indignação, revolta e confiança no futuro, mais nos outros até que em si mesmo.

Construiu a estrutura do ensino de arquitetura na sua FAU da USP. Organizou com visão oportuna o que seriam, no nosso meio, o desenho industrial e a comunicação visual, e projetou o edifício da escola com luz, espaço e estrutura de rara beleza, no qual as janelas para o céu clareiam as mesas de desenho com ideias.

A construção das bases do ensino de arquitetura em São Paulo, já nos anos 50, é um trabalho gigantesco previsto por Artigas, porque se criava dentro da Escola Politécnica, onde o rigor da ciência e o privilégio da técnica comprimiam a criatividade artística com o peso da sociedade desenvolvimentista e industrial de São Paulo, contraditoriamente conservadora e atrasada quanto ao poder inovador e libertário do desenho e da modernidade.

Transformar a FAU numa escola voltada para as artes com respaldo na pesquisa da história das raízes da nossa formação e tendo o conhecimento técnico e científico como recurso para a construção de um país latino-americano é o quadro desse entendimento. O poder de comunicação da forma cujo discurso deve vir às claras é uma lição sua, transmitida com argumentação firmada nos seus projetos. Artigas sempre disse que não se ensina arquitetura, mas que a educação artística é o objeto do trabalho na escola.

Essa ideia, na qual o conhecimento até mesmo sobre o poder da sensibilidade de cada um organiza a criatividade, ele ensinava a seus alunos, pelos quais tinha um afeto que comandava suas ações. Artigas era extremamente afetuoso nas suas lições, na sua personalidade de professor.

Queria uma confirmação do que sabia no outro, na ação do outro, dos seus alunos e de seus colegas, porque acreditava no poder da criatividade sobre a história.

LUCIO COSTA

Julho, 2002

Lucio Costa é um brasileiro que pode ser lembrado só pelo lado da emoção.

Sua obra toda está voltada para a educação; funda uma clara nota brasileira na arquitetura como forma de conhecimento. O estudante, quando inaugura na mente questões da arquitetura, quando abre as primeiras janelas para esse universo, infinito e complexo, vê no discurso de sua obra uma luz indizível carregada de futuro, uma luz da manhã que convoca a recôndita memória de cada um na direção da invenção centrada na experiência.

Se há um arquiteto brasileiro, arquitetura brasileira ou um caráter peculiar na arquitetura do Brasil, a visibilidade de suas raízes se deve a Lucio Costa. Uma lírica indizível.

Na nossa Brasília, liberta do loteamento e da propriedade do solo, as casas todas têm quintal e arvoredo!

Creio que esse amparo, no sentido de uma poética do espaço que considera geografia, território, natureza e construção com um timbre americano, brasileiro, é que constitui, principalmente, a sua obra-lição.

Da história, a herança que nos cabe, como um tesouro com que contamos para continuar.

ENTREVISTAS

Página anterior: Estúdio Paulo Mendes da Rocha. Foto: Maria Isabel Villac.

A CONSTRUÇÃO DO OLHAR DE PAULO MENDES DA ROCHA

Depoimento a Maria Isabel Villac — São Paulo, março de 1995 e maio de 2007

Parte I

Vitória, porto do mar. Eu nasci lá.

Como foi a sua formação?
Eduquei-me e me acostumei, eu imagino, compreendendo que os homens providenciam e constroem coisas, tiram madeira no mato, exportam pelo porto. Vivi sempre ligado a essa questão da engenharia: meu pai me levava para ver obras de construção, obras em alto-mar, tubulões pneumáticos. Os irmãos da minha mãe eram engenheiros: tinham pedreiras, serraria, exportavam madeira. Vivi sempre no meio de construtores. O tempo todo da minha infância e da minha adolescência constituiu uma educação sobre essa questão dos empreendimentos, dos artefatos, dos engenhos que transformam as coisas. Uma formação constituída de observação e gozo dos resultados desses empreendimentos humanos.

Também pode ter sido uma felicidade ver tudo isso por diversos ângulos, inclusive o da biologia. Meu tio, irmão da minha mãe, era médico e me fez acompanhá-lo em barcos para atender gente pelas ilhas. Esse tio e outros eram também caçadores: caçavam garças, depois as empalhavam na varanda da casa da minha avó para o carnaval. Minhas tias costuravam as fantasias. Portanto, eu via cortar panos, cortar vidrilhos, empalhar garças, construir cais, dinamitar pedreiras, soldar calandras, embarcar...

Acho que isso foi para mim uma base de formação que, mais tarde, lendo como estudante o melhor pensamento do mundo, aquele que nos ampara até hoje nos seus desdobramentos, os grandes filósofos — Hesíodo, Os trabalhos e os dias, particularmente, e Sócrates, Platão, Hannah Arendt — mostra que é isso mesmo: nós somos providências e fruto de uma possibilidade de habitar, viver. Mesmo as coisas prosaicas como cantar, dançar, amar, a partir de uma engenhosidade que constrói, constituem — nós constituímos — nosso próprio habitat.

Na casa do meu avô italiano, pai da minha mãe, sempre ouvi falar em muros de contenção, escoramentos, saneamento de áreas inundadas e mangues, já que Vitória é território ganhado do mar. E assim, quando entrei numa faculdade de arquitetura — que decidi lá pelas tantas —,

Auto Retrato c/ Assovio
3/1/78

o que eu vi foram confirmações, de uma forma erudita e organizada, do que eu já sabia, em vez de estar diante de uma total novidade. Eu tenho a impressão que a minha formação é basicamente esta. Você pode dizer que sou um homem de muita sorte. E eu concordo.

Sempre tive muita sorte, portanto. Grandes oportunidades, digamos, em encontrar pessoas adequadas. Dois anos antes de entrar na faculdade eu comecei a trabalhar no escritório do Luiz Maiorana, um engenheiro italiano, um homem muito sábio que construía muito para a colônia italiana, e que era amigo de meu pai. Nesse escritório muito interessante, muito ilustre, participamos do concurso do Clube da Orla e eu fiz o projeto. Também participamos do concurso do Círculo Italiano — privativo da colônia —, em que ganhou o Franz Heep.

Terminei meu curso no Mackenzie, onde tive alguns professores excelentes, que também influíram absolutamente na minha formação. Não se trata propriamente de comentar o curso de arquitetura que se dava lá, mas, por exemplo, o professor de desenho artístico, um homem extraordinário, um grande pintor e desenhista, que me proporcionou desenvolver coisas agradáveis durante o curso de arquitetura que, aparentemente, não têm nada que ver com isso. Desenhava-se muito. Eu pintei belas aquarelas, inclusive com ele. E ele era um grande aquarelista também.

Eu me formei em 54. Em 55 ou 56 houve um concurso para a Assembleia Legislativa de Santa Catarina e o Pedro Paulo Saraiva, que é catarinense, foi me procurar. Ele era um arquiteto de uma turma anterior à minha, do Mackenzie também. Nós ganhamos esse concurso, com Rino Levi no júri. Foi para nós uma experiência extraordinária ter desenvolvido aquilo em prazo curto, com um programa complexo. Uma Assembleia Legislativa é sempre relativamente complexa, tem um programa complexo. Imediatamente depois, abriram-se as inscrições para o concurso de remodelação do Clube Atlético Paulistano. Com Plinio Croce e também Rino Levi no júri. O que eu quero dizer ao citar esses arquitetos:

que era uma coisa bem-feita. Bem, eu ganhei esse concurso! E construí aquele ginásio que, três anos depois, já pronto, ganhou o Grande Prêmio Internacional na VI Bienal de São Paulo, com Afonso Eduardo Reidy no júri. Eu menciono o júri porque essas coisas dependem disso, não é?

Isso abriu para mim grandes horizontes, inclusive a aproximação direta com a obra executada. Eu devo a construção do Ginásio Paulistano, com a fidelidade indispensável às minhas ideias iniciais, a um homem extraordinário, engenheiro em São Paulo — que, aliás, tinha estudado na Politécnica, na mesma turma que o Artigas, coisa que vim a saber depois —, que é o Tulio Stucchi.

Tulio Stucchi era um engenheiro maravilhoso! Um homem que sabia tudo. Parecia que tinha trabalhado no arsenal de Veneza. Ele sabia desde como pregar tabuinha para arrancar uma obra do nada até como fazer os detalhes finais de acabamento. Ele me ajudou muito a executar efetivamente aquela estrutura pênsil pendurada em cabo de aço. Acompanhei os cálculos daquilo tudo, afinando o desenho e a forma final. O ginásio, de fato, ficou muito bonito. Extraordinário. Todo mundo, eu inclusive, gostou muito quando viu aquilo pronto. E, mais uma vez, veja a minha sorte nesse momento, antes do Grande Prêmio na Bienal, mas com a estrutura do ginásio já pronta, o Artigas — que eu não conhecia porque sobre sua obra não se falava tanto, principalmente no âmbito onde eu estava, que não era a Universidade de São Paulo — me convida para ser seu assistente na Faculdade de Arquitetura e Urbanismo da USP.

Na época, frequentar a Faculdade de Arquitetura da Universidade de São Paulo e, principalmente, as lições do Artigas, dos seus discursos, da sua visão nítida sobre uma ideia crítica da arquitetura como homem de formação marxista, foram para mim uma revelação. Eu me enfronhei com as razões daquilo que já me comovia desde a infância: a questão do engenho humano de um modo geral. A visão, principalmente, da arquitetura como linguagem, como discurso. A sua estreitíssima e indispensável ligação com os interesses da sociedade, das aspirações da

Paulo Mendes da Rocha e João Batista Vilanova Artigas, década de 1960.

Arquivo IAB/SP.

população. Abri, para mim mesmo, pela primeira vez, um plano crítico consistente sobre o colonialismo, as origens do nosso país e as razões da nossa miséria também. E compreendi que tudo era possível, desde que você trabalhasse, não só como um herói individual, mas principalmente se você se amparasse nos aspectos organizativos da sociedade — o seu grupo, as suas reivindicações, os arquitetos, o desenvolvimento da cidade, tudo isso. Eu posso dizer: minha biografia é feita de uma sucessão de eventos extremamente felizes para mim mesmo. Apesar de tudo que sofri.

Depois, em 69 — já por razões da política universitária, em defesa de uma série de interesses nossos e diante do quadro brasileiro —, fui representante dos auxiliares de ensino da Universidade de São Paulo no Conselho Universitário, formado por um grupo extraordinário. O reitor, por exemplo, tornou-se depois ministro. Bem, em 69 nós fomos todos cassados. Eu fui cassado e, como diz o Flávio Motta, felizmente fui cassado, e tenho um diploma de que nunca pertenci aos horrores do regime militar. Tenho muito orgulho de tudo isso.

Convivi com companheiros que me educaram também: Hildebrando, Giannotti e o grupo, digamos, progressista, mais inteligente da Universidade de São Paulo. Isso para mim foi uma espécie de *continuum* interminável do que se possa chamar uma formação. Eu aprendi a cada minuto que vivia.

Estive em 62 na União Soviética, no Congresso Mundial da Paz. Estive em Havana em 63, nas vésperas da instalação da ditadura no Brasil, para o VII Congresso Internacional da União Internacional de Arquitetos. Fui representar a Faculdade de Arquitetura da Universidade de São Paulo, porque havia nesse Congresso Internacional da UIA um encontro paralelo sobre ensino de arquitetura e um encontro de estudantes de arquitetura. Vi Havana e Cuba num momento de plena revolução. Conheci Che Guevara. Conheci Fidel Castro de perto. Vivi como um americano... privilegiado.

Depois da anistia, em 79-80, todos nós, os professores da FAU que

Paulo Mendes da Rocha
por Flávio Motta.
São Paulo, setembro de 1964.
Desenho incluído no inquérito Militar
na FAU-USP da Rua Maranhão.
Arquivo FAU-USP.

fomos cassados, voltamos. Combinamos que aceitaríamos essa anistia — porque defendíamos a abolição da cátedra vitalícia e éramos, por princípio, todos auxiliares de ensino — e voltamos à FAU. Artigas fez o concurso para a cátedra. A universidade não foi absolutamente generosa com ele: obrigou-o a fazer um concurso já numa idade e num estado de saúde em que ele não poderia. Artigas fez e logo depois morreu.

O que eu quero também destacar nessa época da FAU, desde meu ingresso nesse novo ambiente muito mais rigoroso quanto ao estudo do que eu tinha visto na minha escola anterior, foi que assisti a uma reforma, uma retomada do que possa ser uma visão de atualização, de um *aggiornamento* do curso de arquitetura, comandada por Artigas. Quanto à questão do desenho industrial, quanto à questão da comunicação e da linguagem de um modo geral e, principalmente —, com a intervenção de Flávio Motta no Departamento de História da FAU, houve também uma revisão, digamos, uma revitalização do que seja a questão da história na arquitetura. A importância da história.

Nesse momento, na FAU, o Departamento de História transformou-se no Departamento de História e Crítica, o que foi muito interessante, pois nos obrigou a prestar atenção em uma visão crítica sobre a história que viesse até os dias de hoje, que se fizesse a crítica da arquitetura que estávamos fazendo.

Flávio Motta também teve talvez uma das mais peculiares — como tudo o que ele faz — e indispensáveis influências na minha formação. Eu me tornei muito amigo dele. Ele me tratou sempre com um carinho extraordinário, particularmente quando fui fazer um concurso — que também ganhei —, do Pavilhão Oficial do Brasil em Osaka. Pedi ao Flávio que fizesse parte do grupo que discutiria tudo aquilo, convencido de que se imaginasse fazer uma demonstração, uma espécie de encenação, naquela feira mundial, do que nós imaginamos que somos. Ou seja, o Brasil.

Esse conceito, esse ideário todo, deveria vir antes de uma visão simplesmente formal do projeto, ou seja, que construção e ideário fossem feitos de uma maneira absolutamente íntegra. Por isso pedi ao Flávio que ficasse conosco e ele ficou. Fez um trabalho belíssimo: editou, de próprio punho, 50 folhas de desenhos e textos feitos num momento só, em duas horas de trabalho, sobre o que seria esse pavilhão, o que se mostraria lá. Que é uma maravilha! E nesse momento também se consolidou na minha mente uma série de questões interessantes sobre o que seja, ou o que deva ser, ou o que eu quero que seja quando faço arquitetura. O que eu quero que ela seja: uma arquitetura de vontades e desejos. Uma arquitetura que é um relato sobre aquilo que imaginamos ser a realidade, isto é, antes de tudo o que é a realidade: um instrumento de transformação. Nada que se cristalize para ficar. A arquitetura como discurso.

Uma figura de grande importância em toda a minha obra, mas, muito particularmente, no Pavilhão do Brasil na Feira Internacional de Osaka, é o engenheiro Siguer Mitsutani, formado pela Escola Politécnica da Universidade de São Paulo, e que era o mais bilhante engenheiro de cálculo de concreto armado e concreto protendido que eu jamais encontrei. Acompanhou quase todos os meus projetos e foi grandemente responsável pela maneira brilhante e eficaz com que se resolviam as estruturas, como a do Jóquei Clube de Goiânia da Capela de São Pedro. Essa última casinha que eu fiz, pré-fabricada, a casa de Antonio Gersassi, a revisão das estruturas, a avaliação e o controle e, principalmente, o acerto adequado entre pré-fabricação e montagem, pré-fabricação e fundações, foi o Mitsutani quem fez, de uma maneira muito inteligente. Muito inteligente no sentido de compreender com muita nitidez o que se queria fazer. Ele era uma pessoa com quem eu sentava e raciocinava até engendrar adequadamente a estrutura que queríamos, capaz de realizar o espaço que se estava pretendendo. Eu tenho por ele um afeto imenso e um respeito muito grande.

Devo tudo ao Flávio Motta, ao Artigas, ao Vicente Mecose, ao meu avô empreiteiro de mulas e carrocinhas de terra, aos meus tios que dinamitavam pedreiras, a meu primo Paulo Augusto Vivaqua. Ao meu tio Luís Derenzi, irmão da minha mãe, que também era engenheiro, construía ferrovias, etc. Ao meu pai, engenheiro ilustre que construiu Urubupungá, Ilha Solteira, grandes barragens de São Paulo e foi diretor da Escola Politécnica.

Recentemente voltei a Vitória, convidado pelo meu primo ilustre, Paulo Augusto Vivaqua, que na ocasião era secretário de planejamento do governo, nos anos de 92 e 93. Desenvolvi com ele — pois era uma ideia dele — alguns estudos sobre a constituição de um núcleo, uma espécie de instituto de estudos permanentes sobre os problemas do que se chamava "Projeto Baía de Vitória". Um projeto que pretendia abordar todos os problemas do recinto habitado do porto: correntes marítimas, ampliação da espacialidade urbana, geomorfologia, etc.

Naturalmente, uma visão dessas envolvia obrigatoriamente a arquitetura e urbanismo da cidade. E nessa área eu pude, durante esse ano e meio, indo lá uma ou duas vezes por mês e passando alguns dias, desenvolver alguns trabalhos interessantes, que eu tenho publicado e mostrado. Uns estudos sobre a reurbanização da praia de Suá, da reta de Suá, do aterro de Suá, dos canais e outras interligações além das que já existem entre Vila Velha e Vitória. Discuti mesmo a integração dos dois municípios, já que não tem cabimento um porto com um canal tão estreito ser um município de um lado, outro do outro.

Paulo Mendes da Rocha e Siguer Mitsutani.
Osaka, 1970.
Arquivo Paulo Mendes da Rocha.

Infelizmente, esses trabalhos foram interrompidos, já que no Brasil, lastimavelmente, os governos, que só duram quatro anos, recomeçam tudo do zero, como se a natureza fosse qualquer coisa de gesso ou de isopor, como se não tivesse os milhões de anos que tem. É uma estupidez um governo extinguir uma coisa dessas, não é? Mesmo em São Paulo não há uma comissão permanente de urbanismo. Cada um que chega inventa seus túneis e, às vezes, um não bate com o outro, uma rua acaba em lugar nenhum.

Em relação ao que estamos chamando "formação", gostaria ainda de mencionar o encontro com o filósofo Eduardo Subirats, que me impressionou muito. Ele passou por São Paulo, no final dos anos 80, e me procurou. E, pouco tempo depois, convidou-me para um seminário internacional que montou em Málaga. Muito interessante, como tudo o que ele faz, muito instigante a abordagem "anticidade", uma réplica das visões idealistas que vinham se fazendo da cidade contemporânea. Um encontro que ele chamou "Antiarquitetura" e no qual estavam personalidades muito importantes, principalmentes alemãs. De propósito, Subirats convidou personalidades do universo da arquitetura e do urbanismo que elaboravam raciocínios de cidades autossustentáveis, fantásticas, em que os esgotos são aproveitados, cada um planta sua horta, coisas desse tipo. Visões idealistas, na minha opinião um tanto quanto de estrutura fascistóide. Um grupo possível de se tornar independente, apesar do horror dos destinos da questão do mundo quanto à natureza. Um tanto de propósito, acho que ele fez esse contraponto de personalidades com esse tipo de pensamento de autossustentação, idealizada como nos contos de Grimm. Coisas asssim, malucas, para nós impossíveis, uma visão americana de que tudo é possível ainda na natureza de acordo com a experiência histórica do homem.

Fiquei muito impressionado também com os livros que ele escreveu e, principalmente, com o modo e a angústia com que retoma a questão crítica do colonialismo. Particularmente com o livro *O continente vazio*, que é uma consideração sobre a América e o desastre da destruição dos povos, das culturas que aqui estiveram. Uma revisão necessária sobre os projetos futuros que nós podíamos ter. Ele é uma das personalidades com um dos pensamentos mais interessantes que vi ultimamente. Principalmente por razões de contato pessoal, mesmo, discussões muito intrigantes.

E o IAB? Você quer falar sobre o Instituto de Arquitetos do Brasil?
O IAB tem uma importância enorme, principalmente hoje em dia em que, cada vez mais, só com a organização política de interesses comuns a questão do urbanismo e da arquitetura pode florescer como virtude.

Inclusive, virtude para gozo da população, satisfação de suas necessidades, habitação, transporte, etc. O instituto teve um papel muito importante em tudo isso. É uma lástima que a sociedade não reconheça o prestígio que, de fato, atualmente ele não tem mais.

Eu não tenho ânimo para trabalhar nisso, infelizmente. Mas já fui inclusive presidente numa época boa do instituto aqui em São Paulo, em duas ocasiões. Numa, por convite de amigos. Noutra, eu fiz questão de ser presidente. Eu estava cassado pelo AI-5 e imaginei — amargurado, sem saber o que fazer, sem poder sair do país, porque já tinha uma família muito grande — que se me fizesse eleger, eu estaria mostrando para a sociedade que os meus colegas arquitetos não me discriminavam, que não foi por eles que eu fui cassado. E fiz uma campanha. Não foi uma eleição muito concorrida, mas fui eleito e exerci a presidência do IAB enquanto cassado. Fiz isso para me proteger um pouco, e quem votou em mim devia saber o que estava fazendo também. Os meus colegas sempre foram muito solidários comigo, mas num regime autoritário e repressivo pouca coisa se pode fazer, efetivamente. Eu esperava que agora isso pudesse florescer melhor.

Paulo Mendes da Rocha e Eduardo Subirats.
São Paulo, julho de 2002.
Folha Imagem.

Como é que aparece a história da escola paulista?
Eu nunca fui um estudioso disso. Vi surgir a expressão e a nomeação de uma "escola paulista" nas críticas, nos comentários feitos, digamos, fora do meu próprio raciocínio. Pelo seguinte: eu sei o que se diz e não reconheço muito por que é assim. Como é que podia dizer uma coisa interessante, real, verdadeira, tirada da minha mente, mas sem ser fantasia? Quando eu ouvi falar de "escola paulista", vi com atenção os projetos que vinham surgindo, principalmente pelo carro-chefe dessa linguagem, digamos assim, que eram o Niemeyer, o desenho livre, as curvas, a Pampulha, principalmente a marquisinha que liga o cassino com a casa de baile, que é uma nuvenzinha belíssima. Nessa época eu fiz o concurso do Paulistano, que é uma construção rigorosa de aço. Ou seja, a liberdade

da forma... Não havia tanto entre nós a beleza, digamos, nos aspectos de valor estético, aquilo que pode comover pela forma. Essas formas, para nós, surgiram do engendramento da construção, mas nem por isso nada seria radicalmente cartesiano.

O ginásio do Paulistano é muito interessante sob esse aspecto: são para mim formas livres que, porém, surgem da reflexão sobre como construir aquilo que você tem na mente: uma varanda ampla que pudesse fazer conviver, nos intervalos dos espetáculos, o público com a população, como quem passa na animada rua de comércio. Nunca admiti que ali pudesse haver um ginásio totalmente fechado, fosse o que fosse, um teatro, mas sim uma visão lúdica do esporte. Na tradição grega, que não tinha essa eficiência que hoje se exige do esporte, o esporte era um esporte, sim, mas também teatro, música, e nada disso tinha que ver diretamente com a inspiração, digamos, de uma forma barroca ou isso ou aquilo quanto ao passado, mas essa historicidade, que acho que aqui é mais autêntica, da arquitetura com a técnica.

Dizem também que a "escola paulista" vem da origem da Politécnica, de uma FAU extraída da Escola Politécnica. Mas eu não vejo assim, porque dentro dessa escola em que se nota a beleza da coisa e, ao mesmo tempo, de modo íntegro, a construtividade engenhosa daquilo, eu podia incluir, e incluo mesmo, o Afonso Eduardo Reidy, do Rio de Janeiro.

Eu não vejo bem a ideia de uma "escola paulista", mas compreendo os críticos que querem resumir e enquadrar. Acho que o Afonso Eduardo Reidy teve bastante influência na nossa obra toda, até no Artigas, com a escola do convênio Brasil-Paraguai, os pórticos e tudo mais. Posso chamar isso de uma "escola paulista". Acho mesmo que os irmãos Roberto (Marcelo e Milton) pertencem a essa escola, até certo ponto... Não sei quem não é da escola paulista lá pelas tantas...

O que eu sei, e que gostaria muito de ver dito por outras pessoas, é que o ginásio que fiz para o Clube Atlético Paulistano em 1957 foi absolutamente um instrumento revolucionário na cabeça de muitos arquitetos e estudiosos daqui, e inclusive na cabeça do próprio Artigas.

Acho que o Carlos Millán ficou muito surpreso, e digo Millán porque é um dos arquitetos que respeito muito e que, infelizmente, morreu tão cedo. Mas sei que ele ficou muito impressionado, como a maioria dos meus colegas aqui que nunca tinham visto nada inventado assim.

Eu tenho a impressão de que até hoje faço arquitetura desse jeito: acho que é invenção. É a resolução de alguns problemas, não aqueles contidos estritamente nos programas, mas os que você transforma em problema porque quer que aquilo diga aquilo lá. Você quer que esse projeto exprima "isto"! Daí nasce o problema: um problema que você cria diante do quadro e o resolve tecnicamente para conseguir que fique assim no espaço. É uma construção enquanto realização de uma imaginação. Um projeto sai da mente para os pilares, as vigas, as paredes, e você tem que ser competente para realizar essa transformação de uma ideia em coisa. Essa ideia, entretanto, é tudo o que o homem pode pensar sobre sua própria existência. É a imagem que você tem de si mesmo e imagina que a sociedade queira para satisfazer os seus desejos e, entretanto, exprimir também como sua imagem: a cidade, a beleza da cidade, as virtudes daquilo.

E essa ideia de ver a arquitetura como engenho? Isso é algo que você sempre soube? Sempre teve consciência disso? Já começou a pensar a arquitetura assim?
Eu não posso dizer isso. Não seria verdade. Um menino não pode saber o que é a arquitetura. Quando eu vi discursos sobre arquitetura, a sucessão dos discursos — tudo isso que vi na escola, depois na FAU-USP, os colegas que estavam lá discursando sobre isso —, vi que "isso" era "aquilo": o engenho. Percebi que os navios, mesmo as movimentações dos navios dentro de um porto que não havia antes, aquele porto..., tudo isso é arquitetura. A existência humana nas suas instalações indispensáveis é feita com uma grande, oportuna e engenhosa arquitetura.

É interessante: você, quando fala da sua obra — e eu não sei se isso é uma questão de uma mentalidade que se formou no Brasil, até preconceituosa, que penso que tem a ver com a crítica à obra do Oscar Niemeyer, que é a questão de se ver a arquitetura como arte, como se a arte da arquitetura fosse algo muito superficial —, você frisa muito a questão da ciência na arquitetura e fala pouco da arquitetura como arte. No entanto, é óbvio que você pensa também em arte quando faz arquitetura, porque suas obras são sempre muito bonitas, muito interessantes e, algumas, autênticas obras de arte. Então, eu acho curioso esse fato e queria saber como é que você vê a arte da arquitetura, o que você pensa da arquitetura como arte.

Bem, as coisas que você ama muito, sobre elas você costuma calar-se. Claro que há arte, mas acontece que para mim arte sempre foi ciência e filosofia, se você quiser dizer assim, para compreender fácil com palavras, o universo amplo que você quer dizer das coisas. Mais do que nunca, hoje o homem sabe que filosofia e ciência se confundem. Por que filosofar e sobre o quê? Podemos filosofar sobre o que somos ou o que queremos ser. E hoje se sabe mais do que nunca que nós somos o que fabricamos.

Galileu mostrou claramente que não se tratava de um racionalismo a mais do homem diante da natureza. Ele não podia enfrentar isso simplesmente com uma visão de quem engendra raciocínios, fossem raciocínios racionalistas quanto quisessem, ou mesmo a visão de quem contempla a natureza e espera que os fenômenos se revelem. É uma ferramenta, um instrumento, um fabricado, uma fabricação — a luneta, o telescópio — que faz com que o homem surpreenda a natureza de acordo com suas intenções.

A matemática faz com que você discuta o universo por meio das abstrações das equações, da álgebra. Você não precisa estar lá, ou seja, o universo é aquilo que nós imaginamos que ele seja e ele se submete a essas leis. Tanto que hoje se calcula e se coloca em órbita um satélite artificial da Terra.

Os filósofos dizem que nós só conseguiremos compreender a Terra se ficarmos fora dela, no universo, e pudermos olhá-la como um pequeno planeta. Nós nos tornamos compreensíveis e inteligíveis por meio dos instrumentos, seja um microscópio, ou o que for.

Nada do que se vê da natureza é real. A realidade da natureza é um engendramento humano e a arte não pode ficar de fora disso. Então, as confusões, as discussões, as relações dialógicas e dialéticas entre ciência e arte tendem a se superar em algo que é estritamente uma qualidade humana diante da natureza, a qualidade artística que envolve a filosofia, as ciências e a arte. Ou melhor, é tudo uma coisa só: nós somos o que fazemos, o que fabricamos. Os filósofos chamam de uma visão arquimediana da Terra. De Arquimedes. Quando Arquimedes disse: "Dê-me uma alavanca e um ponto de apoio que eu levantarei o mundo", ele quis dizer que o mundo só pode ser compreendido fora do mundo, no universo, na dimensão universal da existência humana e dos satélites, planetas, etc. As leis que regem tudo isso fazem com que não estejamos mais no planeta.

Podemos nos contemplar de muito longe, tanto no passado como no futuro. Quando pensamos no passado, também toda essa engenhosidade permite que se saiba de onde o homem veio e há quantos milhões de anos. Então, a ideia de história para nós é indispensável, desde que saibamos que a história é aquilo que vai se revelando diante de nossos olhos porque temos instrumentos para isso. Aquilo que se faz, aquilo no sentido de coisa, talvez um conjunto de coisas, de instrumentos, consegue analisar um vestígio do passado. Por exemplo, quanto ao carbono, que diz que uma mandíbula tem cinco milhões de anos. Não adianta ficar olhando para a mandíbula, pode ser um osso queimado de uma antiga população que morou ali. É a análise do carbono que diz isso. Nossos olhos não servem para nada. Só servem para enrolar arame e lixar ferro, ver as coisas que estão perto, fabricar. E com o instrumento fabricado eu vou dizer o que é aquilo, que não era aquilo que eu estava vendo. Este é o homem contemporâneo. Ele é a arte. E a nossa vida são as artes: artimanhas, artefatos, engendramentos.

O que é interessante é justamente a tessitura histórica, a ideia de história. Nós somos históricos, perseguindo no tempo esses objetivos de poder construir um outro homem, se nós quisermos, e expandir a vida no universo. Tornar todo o universo eventualmente habitável. Nós somos invenção de nós mesmos. A língua, a linguagem é invenção do homem para articular, para equacionar as razões que são descobrimentos: a velocidade da luz, a ideia de tempo e espaço. E tudo isso é um raciocínio muito antigo. Muitos gregos já tinham visto essa questão de que tudo isso é relativo: o azul é azul diante de certas circunstâncias, quer dizer, é uma invenção do homem chamar de azul isso que nós dissemos enfim que é azul. O homem saiu da contemplação para calcular o universo com a linguagem que ele inventou, a matemática. Nós somos só conhecimento. E esse conhecimento tem uma raiz, enquanto humano. A essência desse conhecimento é humana, enquanto artística.

O homem é essencialmente um artista?
O homem é um artista, um artista do universo, é a parte inteligente do universo. Ser artista é fazer não o que pode, mas o que deseja. E vai procurar fazer, realizar, aquilo que são desejos. Então, para mim, filosofia, ciência e arte são uma coisa só. Ou são a mesma coisa. Ou são a razão da existência humana: a condição artística. Como quem diz: eu não posso fazer nada, estou condenado, não posso fazer nada que não seja uma obra de arte.

Que arquitetos você estudava na escola? A escola era acadêmica nesse momento? E como era o contato com o conhecimento erudito?
A minha escola, o Mackenzie, tinha um traço acadêmico, mas havia professores que liberavam essa visão. O Cristiano Stockler das Neves, que foi para mim um grande mestre pela sua postura como arquiteto, era, entretanto, o que se chama um acadêmico. Nós fazíamos exercícios que hoje parece não fazerem sentido, mas eu seria capaz de fazê-los de novo: um templo circular à deusa Diana em estilo jônico, copiando ou reproduzindo literalmente a modulação grega. Aquilo tudo era tirado dos

livros do Vignola. Bom, eu acho um exercício fantástico, uma codificação de caráter estético sobre a forma. Mas isso nos obrigava também a ver, pela história, como aquilo se engendrou: qual o tamanho das pedras, como uma geometria pode fazer o corte de uma pedra de tal sorte que se supere a adversidade, qual seja, a força da gravidade que derruba os sólidos. Se eu os cortar de uma certa maneira, posso empilhá-los de modo a construir um arco e admitir ou lembrar que uma cúpula romana é esse mesmo arco como sólido de revolução.

Tudo isso para mim foram lições extraordinárias, exercícios que eu nunca achei tolos. Compreendi que não era uma questão de academismo ou não academismo, que valia a pena fazer esses exercícios. Teve muita importância na minha formação compreender os espaçamentos das colunas por causa da verga que está lá em cima, porque era a pedra do lugar, e não aguentava mais que isso. Eu fiz com muito gosto a primeira viga protendida — um grande vão —, porque compreendi a virtude de sair daquela coerção do puro corte da pedra, que é moer a pedra e arrumá-la com ferragens adequadas, cuja geometria, cuja disposição no espaço é a matemática que determina considerando o valor desses esforços, momentos, tudo isso. E que maravilha que é uma viga dessas!

Parte II

Vamos continuar a conversa de ontem...
O que parece que para nós, em São Paulo, sempre ficou, e foi ficando cada vez mais fundamental, era associar ou contrapor a nossa posição peculiar, como brasileiros, americanos, diante do conhecimento de um modo geral, à crítica contemporânea, a mais consistente, que você pode ver em Tafuri, em Argan. Como isso tudo pode ser amparado à luz, vamos dizer assim, principalmente desses textos e daquele modo de pensar, até certo ponto, de críticos que são a âncora do pensamento nosso, digamos, meu. E, de algum tempo para cá, cada vez mais à luz

de uma visão de que nós temos uma experiência peculiar sobre tudo isso na América. Porque tudo isso no fundo é a construção do habitat humano. E a questão da América como território descoberto há pouco tempo e os horrores do colonialismo fazem com que nós tenhamos, diante desse quadro, particularidades quanto ao espírito crítico sobre tudo isso, quanto ao arcabouço crítico sobre esses fatos, sobre as ações humanas. Principalmente na organização das cidades e na constituição do espaço habitado, que foi sempre feito à luz dos interesses coloniais, como a destruição da natureza.

A cidade americana, a cidade brasileira que agora se retoma como discussão, tanto para refazer, recompor as velhas cidades históricas, como — o que entre nós é um fato que talvez não atinja a mentalidade, a preocupação dos europeus — para construir novas cidades, talvez no Pantanal, junto aos grandes rios navegáveis. Para não falar das que já fizemos: Belo Horizonte, Goiânia, Londrina, Maringá, Brasília.

Portanto, nós somos arquitetos no mundo que ainda se preocupam, talvez até de modo primordial, com a questão de como será hoje uma cidade projetada sobre o território. Considerando as questões da natureza, da preservação das águas, o que é a paisagem, o que é emblemático porque é um recinto belíssimo enquanto paisagem, formações rochosas, baías, que cidade faríamos se fizéssemos agora tudo isso de novo, ou com que técnica, com que desenho vamos corrigir, digamos, alguns desastres ocorridos no passado? O que representa a cidade diante da riqueza material objetiva: essa cidade produz e dá lucro? Qual a eficiência de tudo isso na América? O que nós faremos com esses países todos? Como é que podemos imaginar as ligações do Atlântico com o Pacífico? Que novas associações os povos farão?

Essa questão é fundamental para a arquitetura. Porque o engendramento das formas seria o das formas úteis quanto à capacidade que elas teriam de construir esses novos espaços objetivamente: ferrovias, portos, etc. E, naturalmente, ao lado disso, a cidade. Esse "desenho no ar", esse desenho para que se faça considerando a história e a experiência é a motivação, digamos assim — a inspiração, qualquer coisa que pudesse receber essa nomeação, essa objetivação —, para a arquitetura, na minha opinião. Isso faz com que o que de fato nós conseguimos fazer, que é um edifício ou outro num lote — ou seja, não vamos poder esperar que se realize essa nova cidade —, essas intervenções pontuais se impregnem muito de uma visão simbólica quanto a desejos não realizados.

Eu acho que um exemplo muito curioso disso — a possibilidade de aquilo ser já uma antecipação de um novo desenho da espacialidade urbana —, um dos exemplos mais flagrantes disso, belíssimo inclusive, você vê na cidade de São Paulo, onde a verticalização, ou a verticalização para satisfazer a ideia de concentração, de adensamento da população em torno dos benefícios de água, luz, telefone, metrô, se faz lote a lote, tirando casa por casa e erigindo um prédio, edificando. Há, portanto, um exemplo extraordinário de transformação espacial possível nesse momento da verticalização, que é o edifício Copan, do Oscar. Bom, isso não rendeu fruto nenhum, ninguém o copiou, ninguém se inspirou nele. Quer dizer, a nossa sociedade e os interesses de caráter especulativo — o lucro como principal objetivo do empreendimento humano — destroem completamente a possibilidade de se chegar a ver realizada qualquer coisa como esta.

Veja, a avenida Paulista, por exemplo, é um desastre: é uma bela avenida e representava uma pujança enorme ver tudo aquilo construído, mas ela não foi, absolutamente, planejada. Casa por casa foi tirada, em cima de cada casa feito um prédio, e embaixo de cada prédio, uma garagem. Uma única exceção, que é o Conjunto Nacional, já mostra valores interessantíssimos para uma nova espacialidade urbana, pela simples felicidade de aquele empreendimento ter sido feito, desde a origem, sobre uma quadra inteira. São quatro ruas: Augusta, Paulista, Padre João Manuel e alameda Santos. Isso criou uma bela galeria. Você passa de uma rua para a outra, já que existe a possibilidade de um transporte mais confortável pela alameda Santos para ter acesso àquelas galerias, cinema pelo subsolo, pela esplanada ajardinada do formato da quadra inteira, para depois surgir a torre dos escritórios e apartamentos.

Ali existem prumadas de escritórios, prumadas de moradias. No projeto original havia três prumadas contíguas formando uma lâmina só, mas quanto a elevadores, circulação vertical, eram três prumadas distintas: o hotel, que é uma forma de habitação numa metrópole — habitação sazonal e rotativa de uma população flutuante, mas que habita por algum tempo, se hospeda naquela cidade —, habitação propriamente dita e escritório.

Eles aboliram o hotel e só fizeram habitação e escritórios, sem alterar o projeto, só adaptando os recintos internos. Isso mostra como uma grande transformação é possível ao se construir o novo, o momento novo da história. Entretanto não se fez isso, a não ser nesse quarteirão. Portanto, a cidade sem nenhum planejamento é uma grande besteira. E a ideia do planejamento como uma visão coercitiva sobre os interesses da sociedade é estúpida. Há de se imaginar possível um planejamento democrático, um planejamento por assembleia, no qual esses interesses ficariam claramente discutidos.

Que espaço estamos desejando, cogitando? Teatros, cinemas, passeio público, restaurantes. Esse andamento histórico configurado na construção da cidade e da arquitetura, como uma expressão da própria mentalidade do homem contemporâneo, é que não deve faltar — mas falta no mundo inteiro. A possibilidade de realizar esses novos recintos deve conduzir a arquitetura, e não o modo capenga do mundo em que estamos vivendo, onde ela não aparece como algo que, de fato, representa o conhecimento humano sobre essas questões. A arquitetura, como forma de conhecimento, não aparece. E é horrível, na minha opinião, aparecer por outro lado como um panegírico ou algo extraordinário o pequeno conserto de um cantinho. Mas, pelo jeito, é o que se pode fazer.

Então, deixar de fazer esses ensaios, esses experimentos, como a ciência tem feito em outros âmbitos da exploração do cosmos, faz com que, enquanto manifestação artística, enquanto manifestação do saber humano, a arquitetura esteja atrasadíssima no âmbito do discurso do que seja a compreensão que temos de nós mesmos. Muito longe! É uma época — se um dia retomarem essa questão do ponto de vista do urbanismo, da arquitetura — negra.

É uma época de grande atraso, esta que estamos vivendo do pós-guerra para cá. Uma grande frustração. Pode-se dizer que o homem saiu do planeta, que está contemplando a natureza de uma posição cósmica, universal — ele fez isso já sem contemplação, no sentido da palavra que se usava antigamente —, e ele o faz com álgebra, com matemática. Ele prevê, calcula distâncias. Olhe, portanto, com que defasagem os problemas arquitetônicos e urbanísticos, diante desse quadro, são enfrentados. Uma distância enorme.

Mesmo essa ideia da preservação... Nós somos muito pobres! Uma demolição para nós é uma tragédia. Toda construção é útil: os homens não têm onde dormir, dormem na rua. Podíamos recuperar esses pavilhões antigos para fazer albergues, dormitórios, restaurantes. É muito desastroso você assistir numa faculdade de arquitetura, como um exemplo dessa situação, a escolha que os estudantes — quando têm a opção a escolher — fazem dos temas para desenvolver quanto à restauração, recuperação de edifícios com valor histórico, antigas instalações industriais, pavilhões. Todos eles fazem, como hipótese sobre isso, um programa ligado à ideia de centro de cultura. Uma vaguidão. Como centro de cultura? A própria cidade é uma grande universidade e um centro de cultura. Não há objetividade!

A alienação em relação aos problemas e interesses da sociedade é de tal ordem que não ocorre a um aluno estudioso destinar esses locais a restaurantes, abrigos. Mesmo que fosse transformar uma grande fábrica em 400 apartamentos do tipo cortiço, como se chama, bem construídos: uma habitação coletiva, não necessariamente vertical, com dois andares e grandes pavilhões, local para as crianças estudarem, creches.

Não estamos providenciando as urgências, as necessidades imediatas da sociedade que estão diante de nós. Então há um abismo profundo quanto ao conhecimento do que seja a arquitetura. Essas lojinhas revestidas de alumínio e bobagens são de uma futilidade incrível! A arquitetura transformou-se em produto, mercadoria tola de consumo, sem valor humano de demora. Em português há uma palavra belíssima que se usa como gíria: "morou". Morar quer dizer: "compreendeu bem?". Precisa morar muito tempo, demorar-se num lugar. Habitar aquele bairro, aquele quarteirão, gentilmente, ou seja, encontrar tudo o que precisa: a creche para a criança, o bonde que passa na porta, o acesso às mercadorias de primeira necessidade, a comida de todo dia, a farmácia, a banca de jornal, o cinema da esquina, o centro de reuniões para colóquio e discussão, a sede do pequeno gabinete ou partido político que representa aquela comunidade, onde se possa sentar e discutir. Nada disso se faz. Portanto, de que arquitetura nós estamos falando? Há muito tempo que entre nós, principalmente na América, diante desses desejos todos, arquitetura é uma coisa que não existe.

Essa é a ideia da arquitetura dos anos 50 e 60 no Brasil. Essa é a hora em que a arquitetura moderna brasileira assume o discurso social de forma veemente. Não existia isso antes. Talvez o Reidy com Pedregulho e o Lucio com o Parque Guinle, como exemplos isolados, mas tenho a impressão de que se imaginava, nessa época dos anos 50 e 60, a real possibilidade de uma grande mudança na sociedade.

É, mas existe ainda. Eu acho que a ideia de que esse tempo foi perdido é tola. O que houve foi uma época, uma formação de uma nova experiência sobre essa questão da sociedade e sua organização. E hoje nós vivemos isso mais do que nunca, e em contratempo, como um grande contratempo. O mundo está desencontrado. Mas é evidente que essa diminuição do tamanho do mundo, os grandes recursos de comunicação e mesmo de transportes, enquanto põem em contrafação as diferenças, mostram que o homem será necessariamente solidário e vai retomar, sem dúvida nenhuma, esses temas da habitabilidade do planeta. Sob o ponto de vista da ciência, das ciências chamadas da natureza que amparam a estabilidade dos aspectos naturais do mundo — a água, a qualidade do ar, os problemas da atmosfera, os problemas energéticos como questões humanas —, da compreensão de em que âmbito, em que circunstância, com que política haveremos de conviver com as chamadas diferenças? É um lugar, vamos dizer assim, da história, um momento muito complexo, e, talvez, já tenha sido vivido.

Há um raciocínio interessante, instigante e muito bonito da senhora Hannah Arendt que diz assim: o homem pode dirigir-se individualmente a qualquer parte do mundo e gastar uma parcela de tempo que não tem significado nenhum em sua biografia. São horas, dias, não faz diferença nenhuma. Antigamente, em tempos passados, você levava anos, meses para uma navegação. Nós podemos ir a Hamburgo, por exemplo, e voltar hoje mesmo. Portanto, a questão do tempo, de dimensão do mundo, transformou-se radicalmente entre nós. Nós habitamos uma parcela ínfima do universo e por um período de tempo mais ínfimo ainda, que é a vida individual de cada um. Portanto, a dimensão histórica sobre toda essa experiência assume uma posição talvez nunca antes pensada com tanta clareza, qual seja, imaginarmos como esperança, como ânimo, como animação para nossa vida uma ideia de participar de uma aventura que seja garantir, preservar, providenciar um eterno inacabamento da própria existência humana. Não é mais uma questão do indivíduo. Nós temos mais do que nunca consciência de que somos o gênero humano. E que se vive assim, no tempo cósmico, cada cinco milhões de anos, aos trancos de 50 anos cada um. Portanto, a nossa permanência no universo depende das relações da codificação da memória que registramos quanto ao conhecimento que se realiza na matemática, na álgebra, na medição de algo que sempre foi para nós incomensurável: a distância das estrelas, se há outros sistemas solares, as origens do planeta, as origens do universo.

Como é que diz o filósofo? Acho que foi Santo Agostinho: "Eu posso indagar-me quem sou eu, sou velho, sou jovem, sou pobre, sou rico, sou húngaro. Agora, o que sou eu, só posso perguntar a Deus." Não é mais assim. Nós, hoje, sabemos o que somos: nêutrons, elétrons; somos feitos da mesma matéria de que são formadas as estrelas. Saber disso coloca o homem diante de uma posição de estupefação. Acredito que a massa humana não tenha consciência disso, mas a formação de uma consciência mundial sobre a situação do homem no universo vai mudar, está mudando completamente o mundo. O surgimento de tantas religiões novas mostra, justamente, o momento desse desencontro, dessa posição atônita de um homem que foi educado para só ter esperança na ideia de uma vida eterna, de uma segunda vida, essas bobagens todas. E mesmo em relação às suas origens, de ter sido criado num certo momento.

Portanto, do ponto de vista do tempo e do espaço, desses bilhões de anos que podemos assumir como um momento só, nós estamos numa posição de sermos muito incríveis nesse momento e, até que o mundo inteiro se entenda, acho que vamos sofrer momentos de grande horror, como já estamos sofrendo, de mortes, desaparecimentos de parcelas imensas de populações, de culturas, como sempre assistimos. Eu não estou dizendo isso com conformismo, mas ao contrário, com um grande desgosto e uma grande esperança de que este seja um momento de grande transformação. Toda a história do universo foi um momento de transformação. Eu digo que, entre nós, no entendimento humano, é uma transformação surpreendentemente acelerada.

Só para continuar um pouco mais a questão da América, eu acho que, diante disso tudo, de uma forma mais simples, nós, os arquitetos americanos, brasileiros, diante dos arquitetos europeus, deveríamos ter uma maior interlocução, promover mais encontros e seminários para discutir essas questões; nós, os americanos, temos muito a dizer sobre questões que eles já abandonaram por falta de esperança, ou mesmo por falta de modelos dentro do âmbito dessas cidades que já estão totalmente configuradas. E se você considerar tudo isso, também à luz de novos espaços habitáveis no universo — planetas artificiais que estão se fazendo, estações orbitais —, eu acho que a nossa discussão está um pouco atrasada, porque a América não vai se voltar para sua pobreza para resolver creches, ambulatórios, casas para os desabrigados — os homeless — abandonando o andamento do dia de hoje quanto a essas questões que se voltam já, também, para o espaço.

Nós temos que fazer tudo isso ao mesmo tempo, ou resolver essas questões da pobreza extrema já no quadro de uma passagem para novos momentos históricos. Ou seja, os conjuntos habitacionais pobrezinhos, a casa do pobre com cara de casebre, é uma besteira que não tem tamanho!

O momento de inércia, a estabilidade dos materiais, a velocidade do trem, o conforto das aeronaves não pode ser pobre ou rico! Avião de segunda classe não existe; mesmo que você empacote as pessoas mais desconfortavelmente, o avião em si tem que ser um artefato perfeito. Ninguém admite um avião popular que caia mais que o outro.

Esse tipo de mentalidade sobre a excelência do engenho humano é que ainda não desceu — com o perdão da palavra, porque teria que descer — ao nível da porta, da janela. Uma casa popular chula, vagabunda, barata é uma estupidez! Mesmo porque o chamado "popular" é o povo de uma nação; não há outro. Ou seja, ninguém mais é pobre no mundo. É uma falsidade ideológica você reconhecer "gente pobre". O país que se organize e se rebele contra a hegemonia de outro: a coerção comercial. Porque não é possível você imaginar-se pobre. Você fala ao telefone celular de um modo pobre e o outro fala de um modo rico? Não faz sentido. A qualidade da mensagem e o resultado do cálculo matemático têm que ser os mesmos. Você não pode tocar um violoncelo de um modo pobre ou de um modo rico.

Agora, a sociedade pensa assim, estrutura-se assim. As estruturas de poder atuam dessa maneira, com essa mentalidade.

Mentalidade colonialista, ultrapassada. Estou dizendo que nós estamos no limiar de uma explosão dessas asneiras todas, evidentemente asneiras. Você quer ver uma coisa interessante para ressaltar a questão da natureza aqui na América? Qualquer camarada é obrigado a reconhecer que, quando se diz natureza — se usa essa palavra, que não há outra no dicionário —, já não é a natureza. Para nós, a natureza já não é mais nada natural. A água não é natural. A cidade é abastecida por água tratada, e se paga — passa por um relógio — cada gota. Isso não é a natureza. É uma natureza imaginada, inclusive, no âmbito cósmico, no âmbito de todo o espaço do universo. É algo muito sério.

Na condição pós-moderna, esse tipo de pensamento é visto como parte de uma cultura de resistência...
Eu penso assim, mas não compreendo bem. Eu penso que esse movimento pós-moderno é essencialmente reacionário e conservador. É um movimento que reconhece que um período acabou, mas não pretende organizar o próximo à luz do conhecimento. Simplesmente abre mão de questões sérias, fundamentais e vigentes, quanto ao estado mesmo dos homens nos recintos que ele próprio constrói, para se dedicar a uma fantasia sobre os aspectos puramente formais de uma arquitetura que não se transforma conforme as exigências da sociedade. Aí, ela é nomeada pelos seus mentores, pelos seus asseclas, pelos seus adeptos como uma pós-modernidade, inexoravelmente, intelectualmente, claramente configurada, e que denigre qualquer discurso que pretenda retomar o andamento histórico dessa questão sobre as providências dos desejos da sociedade.

Acho que esse é um movimento negativista antes de tudo, para negar as raízes — que deveriam ser retomadas — das questões do chamado movimento moderno. É preciso considerar que, no âmbito da arquitetura, esse movimento chamado moderno se apoiou muito, nasceu de uma hipótese de enfrentar, sim, esses problemas, através da Revolução Soviética, particularmente da Revolução Mexicana, e isso passou — esse momento da revolução —, mas deve ser retomado em outra dimensão. Sem dúvida nenhuma, deve ser retomada a preocupação com os interesses do gênero humano sobre os territórios, a pobreza, etc.

É preciso também notar que, tomando fôlego, um arquiteto é obrigado a não considerar tanto esse movimento chamado moderno e o modernismo na arquitetura, e pensar, como os pensadores pensam, que moderno de fato é algo que, se tivesse a possibilidade de se chamar inaugural, o seria a partir de Galileu, que construiu uma ferramenta capaz de surpreender a natureza, que é o telescópio, e obrigá-la a revelar os segredos que a contemplação, a pura contemplação, não permitia. Ou seja, a natureza é vista enquanto é reproduzida e fabricada por nós mesmos. Nós só conseguimos contemplar o que fabricamos, ou melhor, compreender o que fabricamos. A contemplação diz, com razão, que é o Sol que gira em torno da Terra. É a máquina que mostra que não. É o microscópio, são os medidores, ecopatímetros e ondas, leitura de espectômetros de massa que dizem pela luz da estrela quantos anos ela tem. São máquinas.

A natureza foi surpreendida pelo homem e obrigou-se a revelar os seus segredos. A natureza é para o homem, sem dúvida, um grande contratempo, não é?

Outra coisa interessante a considerar pela arquitetura é que a história não existe. Ela só existe entre os viventes. Se a espécie fosse extinta, não haveria nada que pudéssemos chamar de história. Portanto, a história somos nós, e o próximo passo da história virá a ser em função das nossas ações a cada momento. Se a arquitetura não comparece neste âmbito histórico, na sua justa posição na época, e se mantém muito atrasada por essa degenerescência toda, perde seu lugar no âmbito do conhecimento, perante a ciência e a filosofia.

O conjunto das cidades construídas, o modo como elas estão construídas hoje, a sua configuração formal e espacial, está muito atrasada em relação a tudo o que o homem sabe. É isso o que eu quero dizer.

E isso nos atinge mais que a qualquer outro tipo de povo, enquanto americanos, porque estamos aqui neste espaço que foi descoberto recentemente. O que se sabia, que pode se chamar conhecimento de caráter científico, já no século XVII, XVI, não foi aplicado na América. Foi aplicado na América um programa, um plano de uma cupidez estúpida, que as civilizações europeias trouxeram para cá, cujos europeus somos nós. Nenhum de nós é nativo americano. Minha ideia de responsáveis por tudo isso — e particularmente quem tem um plano crítico necessariamente teria que ter um plano crítico peculiar sobre a América, e que seríamos nós — não é no sentido de que somos os nativos e, sim, que somos aqueles que assistimos de perto a essa cena toda. Somos os testemunhos primordiais desse desastre: europeus. Os índios nós já exterminamos, infelizmente, porque a voz deles não foi ouvida — línguas, costumes, experiência, visão de mundo.

Esses nativos, de um modo geral, no mundo todo e aqui na América, adoravam o Sol, que é uma forma de aproximação daquilo que eles sabiam ser a fonte de energia primordial. Em vez de temer, você põe dentro de casa e diz: "Oh! Você é Deus!" É uma forma de compreender a fotossíntese, a dependência dessa fonte de energia, e é uma iniciação à ciência. Esse modo com que a civilização ocidental cristã sempre viu, inclusive o mundo árabe, o Mediterrâneo todo, a batalha de Lepanto, são momentos espetaculares desse desencontro entre esse mundo e o Oriente. Há histórias fabulosas sobre tudo isso.

Paro de falar agora. Como quem diz que o arquiteto tem que cultivar uma certa burrice, senão ele não faz nada. Fazer de conta que ele não está compreendendo tudo isso para exprimir-se "naquilo". Porque você vai falar, já falou. Há uma manifestação, deve ser de um poeta ou filósofo, não sei quem foi, que diz: "Quando você diz alguma coisa, aquilo já virou bobagem." Os grandes saberes, os grandes sentimentos são indizíveis.

Parte III

Há uma coisa que nós começamos a falar outro dia e que eu acho que é interessante para entender o discurso da sua obra, que é esse momento no Brasil do "nacional--desenvolvimentismo". Não sei se você quer juntar as duas coisas, mas eu queria que você falasse um pouco desse tempo, porque é quando o sucesso da arquitetura brasileira começa a chegar a São Paulo, quando começa a acontecer uma arquitetura vinculada a um compromisso social em São Paulo.
Quando chegou em São Paulo, já tinha chegado com Rino Levi, com Warchavchik. Eu não estou apto a fazer esta história. Talvez, se eu pensar, se me concentrar, mas eu não quero falar como é que a arquitetura moderna chegou em São Paulo. Chegou já com Ramos de Azevedo.

Entretanto, há um movimento que começa a acontecer em São Paulo no começo dos anos 50, que são as bienais de arte, as exposições de arquitetura...
Ah! Não gosto dessa amarração! Sobre esse aspecto, aí é que está, são medidas diferentes. Nunca entrei nessa. Por exemplo: citei, sem mais nem menos, Ramos de Azevedo. E não deveria, porque ele é, justamente, um momento anacrônico desse processo. É um cara ultra-acadêmico. Mas se você pegar Dubugras, esses caras que aqui fizeram coisas belíssimas, criativas, praticamente fora do "curral dos estilos"... Eu me lembro de uma casa na avenida Paulista, aonde fui para uma festa, que era da avó de uma menininha da época dos meus quinze anos e ficava onde é hoje o Conjunto Nacional. Belíssima casa do Dubugras! Inventadíssima: uma varanda com uma forma inesperada, muito bonita, sem nenhuma linha estilística! Muito interessante, de cabo a rabo definida, não era neoclássica, não era uma mansarda, não era neocolonial, nada disso. Então, a grande questão sobre uma ideia de moderno na arquitetura, *stricto sensu* arquitetura, surge com qualquer hipótese. E é difícil dizer para cada um quando surgiu a consciência disso, de liberdade de invenção, e que se pudesse dedicar à solução específica enquanto problemas que lá estavam colocados.

Quer dizer que, para você — estudante na época inicial das bienais, das exposições de arquitetura, do prêmio a Le Corbusier, do prêmio a Gropius —, esses eventos não criaram um clima novo para a arquitetura moderna em São Paulo? Olhando a história, lendo a história, o que se vê é que, a partir desses eventos, essa arquitetura de São Paulo, onde atuavam indivíduos, passa a ser proposta a partir de um pensamento coletivo, que até então era uma característica carioca.

Eu nunca vi assim. Eu nunca vi assim, não! Porque esses viadutos, o viaduto do Chá, por exemplo, sempre foi para mim uma obra, uma construção com atributos ligados à possibilidade de fazer. Isso que era o moderno, principalmente. Porque o fazer, enquanto um fazer necessário, que se fizesse um porto, por exemplo, era o momento que eu imaginava que fosse de sentido moderno. E ficava claro, para mim, que para fazer essas construções sempre se empregava a técnica mais avançada. Ou seja, eu imaginava, por exemplo, o moderno como a primeira vez em que vi um tubulão sendo cravado para fazer um porto, uma vez que outros portos mais antigos não tinham sido feitos com tubulão pneumático, nem havia consciência sobre mecânica de fluidos e domínio dessa tecnologia toda, dessa técnica de ar comprimido e nem máquinas para fazer tudo isso, ou seja, deviam ter sido feitos pedra a pedra, lançados no mar com um simples enrocamento. Então, o fazer, o construir, o realizar empreendimentos úteis e necessários implicava sempre no emprego das últimas técnicas, e tudo isso era o exercício da contemporaneidade, da modernidade.

Os arquitetos que me chamavam a atenção especificamente, ou seja, Adolf Loos, Peter Behrens e alguns que mais me atraíam por razões difíceis de explicar — harmonias formais de linguagem sobre o seu horizonte de visão, o que você era, horizontes poéticos sobre a forma, tudo isso —, como esse arquiteto americano que fez casinhas tão bonitas, Richard Neutra. E muita casa de Le Corbusier, sem dúvida nenhuma, principalmente porque Corbusier contemplou o mundo colonial, a questão da Índia — são tão comoventes suas obras na Índia! —, vista por mim quando eu era um estudante como quem diz: é possível entre nós inaugurar novos horizontes para esses artefatos aí. Mas eu nunca me fixei em nenhum deles em particular. Sempre me impressionou tanto um arquiteto desses paradigmáticos europeus quanto um Affonso Eduardo Reidy na escola Brasil-Paraguai. Coisas assim, porque são belíssimas realizações, engenhosas, transparentes.

E, já naquela época, me impressionavam obras como o Museu de Arte Moderna do Rio de Janeiro, a escola Brasil-Paraguai porque eram mais cristalinas, mais translúcidas, mais transparentes. Mais parecidas com algo feito como uma palafita: poucos apoios e muita coisa realizada. Grandes espaços, entretanto aparentemente frágeis.

O MAM, por exemplo, possui grandes espaços, grandes recintos. Grandes no sentido geométrico mesmo da expressão: salões de 40 ou 50 metros por 20 metros, sem colunas, suspensos sobre o horizonte do mar, com todo o nível da rua livre. Quer dizer, uma visão objetiva sobre as realizações espaciais, como quem diz, "tire esse trambolho da minha frente", e você passa de um lado para o outro. Por exemplo, no MAM do Rio de Janeiro, que é uma obra muito particular, com um perfil tipo transverso maravilhoso enquanto estrutura, se você vem andando pelo chão da cidade em direção ao mar, lá pelas tantas você vê o Pão de Açúcar cortado por aquele prédio, que é um risco horizontal com poucos apoios. E, depois que você atravessa aquele pilotis e já fica do outro lado, todo defronte para o mar, você vê o Pão de Açúcar surgir, inteiro de uma vez, todo outra vez.

Essa interface com a paisagem, essa interlocução de qualquer coisa que você podia chamar de impenetrabilidade da matéria, quer dizer, aquela parede intransponível que, entretanto, se vê com uma visão cinematográfica, aquilo que era a paisagem original cortada pelo edifício e depois ela inteira de novo do outro lado da paisagem, aquela pedra enorme, aquele maciço rochoso, cristalino, do continente brasileiro que organiza o recinto do Rio de Janeiro... tudo isso me impressionava muito. E eu compreendia tudo isso.

Talvez não soubesse expressar como agora, mas a monumentalidade daquela paisagem... Por exemplo, no caso do Rio de Janeiro, há uma questão muito interessante sobre a América e a inauguração das cidades num lugar onde não havia cidade antes. Porque aquela configuração toda — o sofá da Gávea, a pedra do Redentor, as Tijucas, o morro dos Dois Irmãos, o Pão de Açúcar —, sem dúvida nenhuma, dava a impressão de ser um convite para dizer: olha, construam agora em torno disso aqui. Como se já houvesse alguma coisa edificada, entende? Uma natureza com uma morfologia que parecia conter a monumentalidade das próprias construções humanas. Como se você pudesse dizer assim: quem entra na baía de Guanabara pode, se quiser, se emocionar, alimentar essa emoção, como se fosse um ritual, apelar para si mesmo, evocar emoções de quem entra numa catedral. Simplesmente. Não como quem atribui valores de coisa humana à própria natureza in natura, mas como quem compreende que é possível transformar aquilo, de tal forma que aquilo seja, de fato, se você quiser, a sua catedral.

Bem, eu sempre me impressionei muito com isso, e veja que interessante, a música brasileira tem isso às vezes. Esses mais eruditos compositores populares, como o Tom Jobim, quando ele diz "da janela vê-se o Corcovado, o Redentor, que lindo!", ele já construiu a cidade inteira. Como quem diz: agora, da minha janela, eu vejo muito melhor tudo isso, com uma outra dimensão diferente daquela que se via, simplesmente, chegando de caravela pelo mar, não é? É como se você tivesse instalado uma janela no próprio sofá da Gávea. Habitou-se àquela paisagem. Tornou-se um habitat.

Eu não sei por que sempre compreendi isso. Acho que é porque vi obras de engenharia e transformações desde cedo. Qual é a graça da transformação e da obra de engenharia? Primeiro, enquanto obra de engenharia, você saber que namora uma coisa, projeta sobre ela desejos realizáveis — você está mobilizando carroças, tratores, pás, ferramentas que você sabe que possui para realizar o que deseja. Ninguém sonha fantasias puras! Portanto, quando você faz a dinamitação de um rochedo — o que, talvez, seja uma pena — e com os escombros, os pedaços de pedra, constrói um quebra-mar lá na frente e, depois, entre o quebra-

-mar e o continente, você aterra tudo, drena e ganha do mar um território plano, expandindo o espaço da cidade — porque você quer que ela seja ali, junto ao mar —, e aquilo que ficou lá junto ao muro se torna um cais e aí o barco para, e eis que surge o armazém que vai vender a mercadoria que vem na canoa, você organiza aquela primeira emoção. No fundo, você está organizando emoções.

O significado da arquitetura não é que se confunde — seria uma asneira dizer isso —, mas ela se associa com a natureza de um modo humano, quando você consegue revelar daquela natureza, que não era nada, suas virtudes. Que são virtudes, digamos, implícitas, que estavam escondidas e que você faz se revelarem. Eu navego lá, mas não consigo chegar até a minha casa, porque daqui até lá há um lamaçal enorme. Eu prolongo a terra até onde há calado para o meu navio encostar, e eis o navio na minha sala de jantar, qualquer coisa assim.

Bem, você pode transferir esse tipo de delírio, esse falatório, para toda e qualquer construção. A casa, por exemplo. E quando você compreende essas configurações dentro do caráter das condições sociais, digamos assim, já integradas com os problemas da cidade, a cidade passa, enfim, a ser uma verdadeira ciência tirada dessas emoções e dessa curiosidade do homem sobre a natureza. Que no fundo é uma curiosidade em torno, principalmente, da questão "o que sou eu nesse universo?". E descobre-se que nós somos apenas o que fabricamos; não somos mais nada.

Bem, voltando a esse momento da história de uma produção coletiva em que a arte, a ciência social e até a música, como você mencionou, vão falar da mesma coisa, eu imagino que esse tenha sido o momento de um projeto coletivo, sem ter sido articulado como projeto. Uma mobilização que é a grande culminância desse movimento moderno que havia começado aqui nos anos 20, dessa ideia da relação Brasil-Europa, vista por Oswald de Andrade, a antropofagia, a arquitetura carioca, e que vai eclodir depois, já nos anos 60, com toda a sua consistência social. Estou insistindo nisso porque...
Insista! Faz bem! Se é uma dúvida, tem que insistir!

Acho que no Brasil, e particularmente em São Paulo, esse momento tem uma força criativa que nunca aconteceu antes, e acho que esse projeto, que não foi exatamente um projeto, mas um movimento, aconteceu como fruto de uma vontade, um desejo, o amadurecimento de uma ideia que a ditadura dissolveu. E esse é um momento interessantíssimo! Só que é muito difícil falar sobre isso. Porque coletivo mesmo é o gênero humano. Se você aborda do ponto de vista do amadurecimento do indivíduo, é fatal que você passe por um momento da sua tribo, da sua nação, mas essa questão, aos poucos, vai compreendendo âmbitos maiores da questão humana, até que você entende que são problemas universais, do gênero humano.

Essa solidariedade, hoje, tem sentido — essa questão que você chamou do projeto coletivo tem sentido — enquanto solidariedade humana. Nós estamos, na minha opinião, vivendo justamente o momento de uma "passagem" que não há de ser tranquila, não há de ser "natural". Quer dizer, a grande perspectiva de caráter revolucionário é dar caráter humano a essa passagem, a essa compreensão de que, do nacional, do particular, nós temos que abordar a questão universal do gênero humano.

Ora, isso não se faz, simplesmente, abdicando-se das questões nacionais ou das questões particulares. Ao contrário, principalmente diante de uma América colonizada, da América Latina de passado colonial. Porque não se pode fazer dessa mundialização uma bandeira para banalizar as experiências que são, eminentemente, humanas. Como quem diz assim: não se deveria jogar fora nenhuma parcela de experiência humana desse "projeto da humanidade". E o que se vê hoje é uma tentativa por açodamento, por grosseria, por continuidade, digamos assim, de métodos coloniais, de passar por cima das reflexões indispensáveis sobre momentos desse processo. O momento latino-americano, por exemplo, dos últimos 500 anos é algo que, com certeza, o mundo inteiro vai reconsiderar, não só quanto à América Latina, mas quanto a toda forma de colonialismo.

O problema da Europa hoje é compreender o processo colonial — porque foi muito rápido —, claramente configurado como uma ideia de erro e acerto nos empreendimentos humanos. O colonialismo foi um momento de muita rapidez, digamos assim, 500 anos que passaram depressa, principalmente os últimos 200 anos, mais ainda os últimos 50 anos. Compreender toda essa interlocução, todo esse reconhecimento da dimensão do mundo e de toda a humanidade que estava aqui, todas as parcelas da população, é muito mais complexo do que simplesmente você passar por cima de tudo isso e conquistar novos espaços como se fossem, simplesmente, territórios, reservas naturais e coisas do tipo.

A reconsideração disso é uma questão belíssima. Espera-se um amparo e um entendimento a partir de uma visão paulatina, digamos assim, no sentido de aprofundar esse entendimento a partir de uma visão que já é mundial: movimentos sobre a defesa da natureza e dos direitos humanos.

Duvido que se possa prever exatamente o que faremos. O mundo está numa transformação brutal. Não sei dizer nada sobre isso, mas provavelmente a Europa teria muito que nos ouvir. No caso da arquitetura, sem dúvida, com a capacidade de inventar formas significativas, discursos. A América terá um discurso muito interessante, sem dúvida nenhuma, e já tem demonstrado que sim com o patrimônio arquitetônico recente entre nós, tão belo: Reidy — já falamos tanto dele —, mesmo os irmãos Roberto, o Artigas, o Oscar Niemeyer, o Atílio Correa Lima, de quem eu gosto tanto, jovens arquitetos como o Acayaba, e outros que eu não vi ainda.

Dentro desse âmbito, acho uma bobagem pensarmos em contextualismos locais, questão de recursos locais, de materiais. Tudo isso já passou. Os índios nativos daqui já mostraram tudo o que se pode fazer com material local, com madeira envergada, com palha. Não se trata de recuperar isso, reproduzindo ou criando estilos neo-não-sei-quê, neoindígena, neocolonial. Tudo isso já está ultrapassado. A saga do Lucio Costa, por exemplo, como um homem que se dedicou muito à ideia de um neocolonial, qualquer coisa assim. Eu acho que ele nunca compreendeu isso muito bem. É um homem tão respeitável sobre o qual é difícil dizer isso, mas ele compreendeu muito mais tarde. Quem compreendeu logo isso, de momento, como um grande artista, pela visão artística mesmo da questão, foi o Oscar Niemeyer, sem dúvida nenhuma o inventor de formas para dizer. Quer dizer, um camarada que tinha uma visão clara — tem até hoje — do valor da linguagem primordial: a linguagem que se falava antes dos tempos.

Essa é uma visão muito pessoal da obra do Oscar.
Acho muito bonito você considerar obras como essas, já tão discutidas antes, não é? A Pampulha toda é muito bonita; a Casa do Baile, a pequena marquise, marquise como nuvem. Uma vez eu vi um pano estampado africano que era muito lindo: preto e branco, e na estampa havia algo semelhante a grandes pássaros pretos. Parecia um Matisse. Só que os pássaros, independentemente da informalidade de um tecido sobre um corpo humano, mesmo esticado, tinham uma deformação estranha. Depois descobri que aquilo é o que um camponês, um lavrador vê, sem levantar a vista, como sombra de um avião nas colinas, uma sombra ondulada de um grande pássaro metálico. É uma maravilha quem inventou aquele desenho!

Eu cheguei a ver, talvez de um avião, a sombra dele lá embaixo, nas colinas e que tais, sobrevoando aqui os territórios em altitudes que não ultrapassam mil metros, 1.500 metros. Coisa que você vê assim, na hora da aterrissagem. Muito bonito isso. É um desenho. Não é propriamente uma invenção, porque já se viu isso antes; é uma descrição, um discurso feito com estamparia para vestir o corpo, como se fosse uma manta que nos protege à sombra dos aviões. É tão lindo isso, porque revela, inclusive, não um espanto, propriamente, diante das coisas, mas uma espécie de encantamento de quem já esperava que aquilo acontecesse.

Você acha que a arquitetura brasileira tem inspiração própria? Há uma visão do paraíso por trás dessa arquitetura?

Eu tenho a impressão de que os arquitetos mais inteligentes, que antes de serem arquitetos são homens, poetas, artistas, pessoas que querem fazer um discurso, devem ter claramente essa consciência de que, enquanto intelectuais, antes de tudo, se vamos fazer pela primeira vez aqui nessa paisagem límpida tudo isso que é uma cultura universal, histórica, antiquíssima, com certeza teremos a necessidade de fazer algo belíssimo. Há uma ideia inaugural da questão, enquanto questão erudita. Afinal de contas, se você tem — e é fácil ter — a consciência de que vai inaugurar a cultura, a cultura ocidental, a Grécia, a nossa memória, o nosso conhecimento aqui neste lugar, que estava tão límpido e era belíssimo por si só, a ideia de exemplaridade, a mesma ideia que deve perseguir qualquer arquiteto em qualquer lugar do mundo, se aguça tanto aqui, porque não se trata de homenagear isto ou aquilo, mas essa própria inauguração: vou fazer uma primeira escola aqui. Porque você está inaugurando a civilização neste lugar. E faz isso como quem faz de um modo já premeditadamente monumental. Nós somos monumentais de origem. Origem de qualquer pensamento, sobre qualquer pensamento.

E Brasília?
Brasília é uma questão bem controvertida porque há muitas questões envolvidas. Uma, muitíssimo estimulante: construir uma nova cidade no sertão. Um argumento, neste caso, favorável a Brasília. Já um argumento desfavorável é: mudar a capital do Rio de Janeiro, tirar do Rio o privilégio de ser capital. Eu tenho a impressão de que a destruição da cidade do Rio de Janeiro — que há de se recuperar, sem dúvida, mas que sofremos e estamos sofrendo ainda — se deve ao fato de que ela não é mais a capital. Ela não tinha nenhuma condição de ser outra coisa e ficou relativamente desmoralizada, digamos assim. Da mesma forma o outro fala em continente vazio, nós criamos uma cidade vazia, uma cidade sem razão. Como quem diz: o Ministério da Educação continua um prédio belíssimo, só que não é mais o Ministério da Educação. Bom... Será o quê?

Outro aspecto é a necessidade de avançar um pouco mais rapidamente quanto ao domínio do espaço, não só o domínio de caráter físico, mas compreender o espaço brasileiro, nacional, continental. Este era o argumento que faltava. Você vê como é idiota essa nossa sociedade. Talvez não se tenha necessariamente imaginado, a princípio, que se devia fazer uma nova capital. Mas, quem sabe, construir uma cidade de importância capital para ocupar aquele território e expandir as moradias, digamos assim, o habitat brasileiro. Mas sem o argumento de mudar a capital nenhum empreendedor conseguiria convencer a população da necessidade disso. São os empreendimentos humanos. Ninguém queria. Inaugurar uma cidade no sertão que pudesse ser uma universidade, um polo de desenvolvimento tecnológico, um polo de enfrentamento de problemas específicos desse sertão, como a agricultura do serrado, etc., a comunicação, tudo isso. Havia uma uma preguiça imensa, uma falta de visão da necessidade objetiva de fazer aquilo. Só dizendo: vamos construir uma nova capital — ou seja, usando argumentos um pouco anacrônicos já, argumentos do próprio conquistador, do próprio colonizador, não é? Adentrar o sertão, inaugurando a capital daquilo lá, enfim, tomar posse.

O mesmo gesto do Lucio Costa: tomar posse do lugar. É uma besteira enorme, porque nós podíamos ser mais serenos e mais desenvolvidos. Mais lúcidos. Nós, digo, todo o povo, para poder amparar um empreendimento desse porte, que mobilizou o país inteiro, e fundar uma nova cidade de produção agroindustrial, ou o que quer que seja. Não! O único argumento para um empreendimento desse porte seria: vamos mudar a capital para o hinterland. Erro! Mesmo quanto a isso, a cidade então, tendo que ser capital, cobre-se exageradamente de uma realização do ponto de vista formal, simbólica, toda ela exageradamente simbólica. Tudo é palácio disso, palácio daquilo. Sob esse aspecto ela não é moderna: é uma cidade antiquíssima. É uma Nínive. Não é nem uma Pompeia, que parecia um balneário para diversão, é mesmo uma cidade cheia de estabelecimento do poder, do domínio, etc... Sob esse aspecto ela não é nada boa.

Porém, um aspecto positivo de Brasília é a capacidade de invenção que, no caso, foi só do Oscar, ou quase. Fazer tantos modelos diferentes... senado, fórum, catedral, teatros. Acho muito interessante tudo isso. Nós somos esbanjadores de virtudes. É pena que o nosso chamado desenvolvimento ou progresso, avanço em relação ao conhecimento, tenha que se dar só assim, por meio desses grandes panegíricos. Nós não temos a serenidade para, de fato, consolidar uma visão sobre o conhecimento, a responsabilidade e a solidariedade com relação à população. Não temos tido, a sociedade brasileira, ânimo para fazer isso. Como se faltassem argumentos, como se a pobreza fosse uma balela. Ela não basta para nos mobilizar quanto a empreendimentos. Até hoje é assim. Esse é o grande risco dessas populações, seja colombiana, boliviana, peruana. Parece que basta viver. Ninguém tem medo do futuro, ninguém toma providências quanto ao futuro.

Os grandes empreendimentos, como você diz, que só se dão com uma comoção geral, mostram um resquício forte da mentalidade colonialista.
Bem, eu acho que sim, mas e o resto do mundo, como é que tem feito? Os países árabes foram sempre ricos do ponto de vista do Produto Interno Bruto, vendendo petróleo. Você não encontra uma bela cidade do ponto de vista da satisfação dos desejos humanos, contemporâneos — educação, universidades, escolas, habitação, conforto — nesses países. Não sei o que se faz com esse dinheiro todo.

Agora, como a consciência sobre a natureza — movimentos ecológicos, tudo isso — parece mobilizar o mundo todo, pode ser que haja uma inversão dessa incapacidade de assumir uma responsabilidade sobre o futuro do gênero humano. Pode ser, é provável que sim. Mas está tudo muito mais atrasado do que nós esperávamos hoje no mundo — as guerras santas são um exemplo, assim como alguns nacionalismos que parecem não ter muito a ver. Acho difícil. O processo colonial de um modo geral, ou de conquista desses novos lugares onde havia essas populações, não se importou muito com o que possa se chamar a revelação do conhecimento, em que estado de consciência sobre a natureza e sobre o universo nós estávamos.

É difícil você imaginar que em 400 anos os povos chamados colonizados não teriam tido a capacidade de compreender essas coisas. Claro que teriam! A eles foi sempre negada a participação em tudo isso. Eram outros. E principalmente nunca se pensou em aprender com eles tudo o que deveríamos aprender. Ou, como quem dissesse, vamos perguntar a eles de que modo eles estão abordando essa questão do Sol, das estrelas, do universo, do dia e da noite. Vamos confrontar os nossos mitos. O Ocidente não era todo sabedoria pura. Quantos erros, quantos enganos, em nome de mitos e crenças, não tinham esses colonizadores? Inclusive, não foram mesmo esses mitos e essas mentiras que serviram de instrumento e de argumento para as barbáries colonizadoras de extrato colonial?

Você está se referindo a uma ideia utópica de mundo? À ideia de Novo Mundo?
É, sem dúvida, por que não utópica? É muito difícil abarcar um empreendimento desse porte, descobrir o mundo todo em poucos anos do século XVI. Eu acho que foi mais do que ir à Lua. Mais, enquanto grande acontecimento entre os homens. Afinal de contas, na Lua não havia ninguém, e as relações de matéria, energia já se conhecia muito bem. É como você descer num paraíso, num Jardim do Éden, com canto de pássaros, um céu límpido e estrelado, água puríssima, tudo em abundância — aquilo que se pensava já ter quase acabado no mundo — e ver surgir, do meio daquele mato, uma gente "generosa e gentil", como dizem os historiadores, ansiosa por trocar bugigangas e dançar para o outro ver, e você exterminar aquilo tudo sem saber bem o que é, ou pretender encurralá-los em nome de Deus. Não tenho dúvidas de que é um erro histórico estúpido. Até de um Deus que, na própria Europa, nesse mundo chamado ocidental, digamos assim, já era contestado.

Contestado pela ciência.
Não só pela ciência, mas dentro do âmbito das religiões. Afinal de contas, o que foi o protesto de Calvino e de Lutero? Não foi para defender o protestantismo, mas para dizer que o assunto estava em questão. Ninguém tinha o direito de armar um exército para defender aquela posição. E ninguém perguntou aos índios se eles queriam ser cristãos ou budistas. Quem sabe eles achariam mais engraçado Shiva, que, afinal de contas, tinha sete braços. Seria mais interessante, num país de cascavéis, urutus e jiboias. E toda a mitologia grega devia encantar essa gente aqui, não é? A Lua, a neblina, os planetas, como é tudo isso?

Eu não sei o que é que a reconsideração desse erro todo vai dar no futuro imediato. Nos próximos anos. É difícil a Europa admitir que cometeu um grande engano, na frente de Galileu, na frente de Shakespeare. Freud sabe dizer isso, e nós temos convicção de que ele tem a sua sustentação plena, que é toda a cantilena edipiana, digamos assim: um destruir o Deus do outro.

Você leu muito Sartre?
Não li muito Sartre, não. Li o que todo mundo leu, os livros mais vulgares. Por quê? O existencialismo em si?

Porque há uma dimensão existencial muito forte no seu discurso, na sua obra, na forma até como você fala, e talvez não seja sartriana, mas uma dimensão existencial mais antiga...
O existencialismo é antes de tudo uma variante do marxismo que valoriza um pouco mais o indivíduo e as experiências emocionais, até mesmo individuais, perante o conhecimento. É uma via que afasta aspectos às vezes aparentemente inexoráveis de massificação, nas observações de Marx, quanto ao andamento de uma sociedade como se fosse uma totalidade sempre.

Mas nunca compreendi muito bem, por falta de atenção. Não por que eu ache incompreensível. Nunca me dediquei muito a essas questões existencialistas. Mas a essência do existencialismo é muito bonita porque toda a história que você queira imaginar história — nada mais comovente do que dizer a história —, a história somos sempre nós, os vivos. Ela de per si não existe. Ela existe entre os vivos. O recurso da estrutura histórica se dá sobre nosso entendimento e nosso conhecimento, que é uma visão marxista ótima. Não é interessante excluir a experiência individual. A interlocução entre indivíduo e sociedade, entre indivíduo e totalidade, é algo complicado...

Há uma dimensão social grande na sua obra. Inclusive essas virtudes que você coloca sobre a obra do Reidy traduzem também uma visão de sociedade, a dimensão do coletivo: grandes espaços abertos...
Essa questão da sociedade é um pouco conspícua, porque se você fala de gênero humano, todo mundo sabe o que você quer dizer. Agora, quando você fala de sociedade, qual delas? Justamente essa questão da sociedade, das sociedades, dessa ou daquela cultura, etc., é que... Eu não sei se hoje se pode pôr em questão o que é cultura, porque acho que nem todo conhecimento que oportunamente existe hoje é cultura. Não sei dizer. Estou dizendo a mesma coisa que o colonizador: só a minha cultura é cultura. Mas eu tenho a impressão de que o conhecimento objetivo do universo chegou a um ponto em que certos aspectos de cultura e culturas teriam que ser postos em permanente *simposium*. E rapidamente, porque vai ser muito difícil amparar culturas fora do âmbito da compreensão do que está acontecendo. Como se você dissesse: há um homem hoje que não sabe isso. Uma coisa é você compreender o modo de vir a saber — e ele deve ter a sua história —, todos esses modos prontos. Outra coisa é você adiar, digamos assim, a interlocução de tudo isso.

Eu falei em sociedade para falar de sociabilidade, que é algo que Flávio Motta fala da arquitetura brasileira em geral, não é? Grandes espaços, poucos apoios.

O que você vê da arquitetura brasileira, por exemplo, assim para generalizar, já que você mencionou esse aspecto de poucos apoios e grandes espaços, digamos que seja uma característica, pois se examinarmos melhor isso não é muito verdade; em todo caso, vamos admitir, porque existem alguns exemplos belíssimos... Então, eu chamaria de características não tanto o aspecto formal estrito daquilo, mas o que aquilo revela, que é uma distração, um descaso por qualquer ideia de proteção. As construções brasileiras não foram feitas para defender ninguém de nada. Você sempre entra por uma porta e sai pela outra. Eu acho que isso é um reflexo belíssimo de uma condição distraída e legítima. Queria que o mundo todo pudesse ser assim quanto a uma invasão, a uma agressão que possa vir do outro.

É uma ideia de um espaço que se organiza só para dizer: aqui é o lugar. Quando quiser entrar, entre aqui. Mas não está protegendo nada de nada. Não tem nada que ver com a paliçada, a muralha, o fosso, que afinal de contas são arquétipos da arquitetura de outros lugares: o castelo, o castelo fortificado, não é? Veja a casa do caboclo no sertão, por exemplo. Nada antecede aquela casa que, de repente, te espanta, pois você chega e lá está uma casa. Não há uma cerca, um fosso, nada. A tapera fica assim no meio da mata e você pode ver uma pequena roça de mandioca em volta. Bem, você tem que admitir que o palácio dos Arcos, por exemplo, em Brasília, do Ministério das Relações Exteriores, não tem nada de fortificação. Não tem nada que ver com o Pentágono, esse tipo de coisa...

Também é uma questão de época. O aeroporto Santos Dumont não pode ser trancado nunca, não pode ser fechado. Agora, veja os aeroportos atuais: têm sempre umas portas giratórias, alarmes, e entra para cá, passa para lá. No aeroporto Santos Dumont você desce da pista, atravessa e está na praça, no Rio de Janeiro. Até hoje se mantém assim. É muito bonito. Digamos que qualquer brasileiro, qualquer transeunte entra no saguão do aeroporto Santos Dumont. É uma colunata aberta numa praça. Você notou isso? Talvez não consiga passar para o outro lado e embarcar, mas...

Nós vamos perder isso, provavelmente. Os padrões internacionais de segurança, as invasões de modos de tráfego, de terrorismos... Quando isso terminar, ou se transformar, nós teremos com certeza perdido muita coisa.

Parte IV

Após alguns anos de uma entrevista para minha tese de doutorado, retomamos a conversa sobre as questões que nos ocupam em relação à arquitetura.[1] Para iniciar, seria importante saber sobre seus trabalhos atuais.
Eu estou fazendo alguns trabalhos bem atraentes atualmente. Não são concursos, mas consultas, convites. Estou desenvolvendo um trabalho para a Universidade de Vigo, que já foi até publicado, que é muito interessante. E, principalmente, um trabalho para a universidade na Sardenha, que é habitação para estudantes. Mil habitações, na frente do porto, uma coisa belíssima. Fiz, já está pronto e vai inaugurar o mês que vem, um conjunto de 60 apartamentos em Madri. Também fiz um estudo muito interessante, que ainda está em discussão, da recomposição do Museu de Belas Artes do Rio de Janeiro, na avenida Rio Branco. Um trabalho que eu não esperava. Quem demandou foi Paulo Herkenhoff[2], que era diretor do Museu nessa ocasião e que me conhece porque montamos juntos a 24ª Bienal, em São Paulo, da qual ele era curador.

---

1. Esta quarta parte da entrevista constitui-se de um depoimento concedido a Maria Isabel Villac em maio de 2007, que complementa e atualiza o de março de 1995, transcrito nas partes anteriores.

2. Paulo Herkenhoff nasceu em Cachoeiro de Itapemirim (ES), em 1949, e vive no Rio de Janeiro. Tem ampla atuação no campo das artes: foi diretor do Museu Nacional de Belas Artes (2003-2006); curador do departamento de pintura e escultura do MoMA (1999-2002); curador geral da 24ª Bienal de São Paulo, (1998); curador da 9ª Documenta de Kassel (1992); curador do MAM-RJ (1985-1990); e diretor do Instituto Nacional de Artes Plásticas/Funarte (1983-1985), entre outros. É autor de diversos textos sobre arte, dentre os quais destacamos: *Beatriz Milhazes* (Francisco Alves, 2007), *Raul Morão* (com Paulo Venâncio Filho e Agnaldo Farias; Casa da Palavra, 2007), *Manobras radicais* (com Heloisa Buarque de Hollanda; Artviva, 2006), *Eliane Prolik: noutro lugar* (com Ivo Mesquita, Cosac Naify, 2005) e *O Brasil e os holandeses* (GMT, 1999).

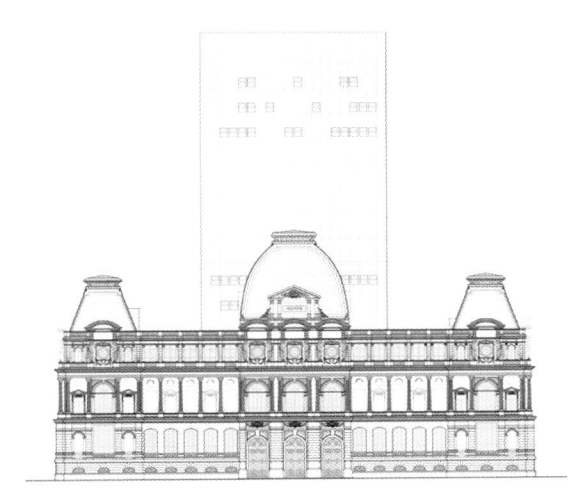

Projeto Museu Nacional de Belas Artes.
Rio de Janeiro 2004.

A preocupação principal é a restauração da monumentalidade histórica deste recinto da cidade do Rio de Janeiro, com a oportuna presença deste museu reformado, atualizado. Reconstruir o MNBA.
Para tanto, o partido adotado visa duas operações básicas:
1. Restaurar e recompor o edifício original, com sua característica histórica peculiar, para exclusivos recintos expositivos, abertos ao público. Esvaziá-lo de todas as instalações secundárias de apoio e, ainda, demolir o que foi acrescentado de modo prejudicial.
2. Construir uma estrutura nova, anexa, para abrigar todas as instalações administrativas técnicas de apoio e do maquinário, indispensáveis à modernização do museu.

Com a colaboração de Martin Corullon.

Estou fazendo um trabalho para a prefeitura de Guarulhos — onde já tínhamos trabalhado com Artigas, naquele famoso conjunto habitacional — que envolve uma questão da área central da cidade. Estou fazendo, ainda, um trabalho na cidade de Piracicaba: os antigos usineiros de álcool, comandados por Rúbio Almeto, me chamaram para fazer a recomposição daquela área da antiga usina de açúcar, talvez a mais antiga da região, na frente do rio Piracicaba.

Todos trabalhos muito interessantes e, como sempre fiz, com meus mais queridos amigos que eu gosto de trabalhar. Também espero fazer — estou em conversação — um trabalho na minha cidade de Vitória, mas que ainda está muito em preliminares. Portanto, eu tenho muito o que fazer. Preciso ver agora se não meto os pés pelas mãos, como diz o outro. Eu tenho muita sorte.

Qual o balanço depois de 50 anos de vida profissional?
O que podíamos dizer aqui entre nós? De modo central, em relação ao que eu digo e faço, é, mais uma vez, a questão da natureza e a questão de

onde está a arquitetura. E eu não estou dizendo isto com nenhuma ilusão de estar certo, ou de fazer disto tese ou coisa que o valha. O mesmo raciocínio, inevitável, para você estabelecer uma ideia de autossustentação, para não ficar louco, não se perder, afinal de contas, na imaginação. Para a lógica das questões, você tem que convocar, mesmo que você não seja filósofo, pois é inexorável à condição humana você procurar um andamento lógico no seu próprio raciocínio, que envolve memórias e a complexidade toda do seu psiquismo, do estado em que você está diante de tudo isso na vida. E eu comecei a ver que é bastante consistente a questão da transformação da natureza, porque é como se dissesse: a arquitetura sempre foi de fato "isso"! São variantes as manifestações no edifício isolado e na construção. Variantes de um raciocínio muito mais amplo e, ao mesmo tempo, de amparo para fazer essa mesma transformação da natureza, porque exigem os detalhes das instalações da casa, o edifício fabril, os escritórios e, hoje em dia, de cocheira de burro e lugar de ferrar cavalo na porta da cidade até a estação central, oficina central de manutenção/reposição da linha de metrô e coisas assim. São progressões calcadas nos recursos que a ciência e a técnica vão colocando à disposição do homem, mas sempre é a natureza.

Portanto, esse controle, a questão ética e tudo isso, diante desse confronto que sempre se colocou entre arte, ciência e técnica, em que a ciência é isolada, é preciso não esquecer o que de fato o homem sonha como autêntico e legítimo, sonho no sentido de desejo. É uma ilusão imaginar essa independência escatológica, digamos, da técnica e da ciência. O cientista não queria isso. É uma traição também, assim como na arquitetura, uma degenerescência das questões fundamentais enquanto objetivo.

Onde nós queremos chegar? Em vez de continuar de uma maneira difícil de dizer, porque tudo isso é muito difícil, pode-se apelar para quem já disse melhor. Não vamos esquecer nunca, por exemplo, os cientistas, na peça de teatro *Os físicos* [1962, Friederich Dürrenmatt] — ou, se quisermos nomeá-los, Heisenberg[3] e todos eles, atuais —, confinados no manicômio porque ficaram loucos diante da bomba atômica, isto é, eles não esperavam isso. Portanto, a questão é sempre política, do ponto de vista ético e moral, e, consequentemente, a decisão: o que fazer com o que se sabe? Saber ou não saber? Quanto mais se sabe melhor.

Deste modo, a grande questão aparece então para todo mundo ficar de acordo. Eu tenho a impressão de que vamos ficar, como questão, na cidade contemporânea, a convivência entre os homens e a consciência de que habitamos um planeta desamparado no universo. Porque, desde suas origens, a arquitetura é mesmo o estabelecimento no lugar. Se você vir aí os estudiosos que escreveram coisas belíssimas sobre tudo isso, nas origens, no neolítico, as primeiras pedras arrumadas... eles falam, antes de mais nada, sobre a decisão de ficar aqui e organizar o lugar, e só depois e, sempre depois, sobre a construção do particular, da casa, seja o que for, da distribuição da agricultura no território e tudo isso. Mas primeiro tem que ser aqui, porque sem água não se pode fazer isso; sem um porto abrigado não entra um frágil navio. E o território nesses lugares não costuma servir para habitação, são territórios alagados, é preciso transformar tudo aquilo. É muito — como é que se diz? — patente, é fácil ver. Saturnino de Brito[4] e a cidade de Santos, por exemplo. Não é preciso apelar para grandes imagens abstratas, são coisas muito concretas.

---

3. Werner Karl Heisenberg (1901, Würzburg-1976, Munique), físico alemão, recebeu o Prêmio Nobel de Física de 1932 pela criação da mecânica quântica e descoberta das formas alotrópicas do hidrogênio. Seu pensamento tem forte influência no desenvolvimento da física atômica e nuclear.

4. Francisco Rodrigues Saturnino de Brito (Campos, RJ, 1864-Pelotas, RS, 1929), engenheiro sanitarista considerado o pioneiro da engenharia sanitária e ambiental no Brasil. Realizou projetos urbanísticos e de saneamento em mais de 55 cidades do Brasil, como Vitória, Campinas, Ribeirão Preto, Sorocaba, Petrópolis e Paraíba do Sul. Em Santos, SP, de 1905 a 1912, deu início ao vasto plano de saneamento básico que incluiu os canais de drenagem e a Ponte Pênsil (inaugurada em 21 de maio de 1914 para dar suporte aos emissários de esgoto de Santos, cujos dejetos eram lançados ao mar na ponta de Itaipu). Seus processos técnicos de saneamento foram adotados na França, Inglaterra e Estados Unidos.

Consequentemente, fugir dessa facilidade alienada de construir, construir, construir edifícios. Justamente com tanto recurso, como no caso da bomba, e com isso desmantelar a vida urbana, digamos, que era o grande sonho. Viver bem nesse lugar é a questão fundamental da arquitetura. Por mais que isso seja repetido, nós não devíamos fugir disso. A procura da novidade, do sucesso e, principalmente, a questão do negócio e do lucro têm destruído esses altos ideais da arquitetura. E o interessante é sempre imaginar como mais uma vez você pode, entretanto, surpreender. Porque isso é estimulante, mas não para produzir algo que possa atrair mercado. Surpreender, no sentido de não desprezar esse atributo da arquitetura que é organizar o espaço, reconfigurar territórios.

Nos trabalhos que eu fiz, onde isso pode aparecer, esse estatuto, digamos, esse conjunto de ideias, esse constituinte de ideias está em qualquer obra. Está na arrumação de um passeio público, de uma calçada. Outra graça é essa do momento atual: a possibilidade dessa revelação, digamos, da realização desses altos ideais na arrumação de uma praça, na organização do piso de um passeio público. O que faz com que arquitetura esteja amparada por uma ideia de aplicação, emprego, se você quiser, ocupação, que podia fazer com que tantos formandos não parecessem, à primeira vista, um desastre em potencial. Ao contrário, nós temos tudo para fazer a cidade com uma visão arquitetônica da materialização construída desses altos ideais que são, aparentemente, uma abstração. É como quem segura um belo martelo e prega um prego, para no meio e diz assim: mas o que eu estou fazendo? Que maravilha esse negócio que junta duas tabuinhas! Então é algo realizado numa longa história, como testemunho, experiência. História como experiência.

Esse projeto que eu fiz, por exemplo, essa hipótese que eu fiz para a baía de Montevidéu é muito clara sobre isso. Porque é todo um lugar que se transforma como uma série lógica e em consequência umas das outras, atitudes e providências, obras, projetos que transformam a questão toda de uma cidade. Retificar as faces, para a água, de uma baía praticamente circular, com uma escala adorável, boa para isso, que sugere essa convivência em torno daquela água, como uma praça, distância São Sebastião-Ilha Bela. Coisas assim, que você conhece, que ali se convive de um lado para outro, para lá, para cá, três quilômetros. Lá são dois quilômetros e pouco, do tamanho da avenida Paulista. Se você retifica as margens, aterra, criando novas esplanadas em frente das águas...

Você conhece os exemplos de Veneza. Exemplos no sentido de sucesso de lugares agradabilíssimos, cafés, teatros, etc. Não têm nada que ver com o estilo de Veneza! Não vai se pensar em fazer nenhum palácio daqueles! São os edifícios de hotéis, escritórios, cafés, teatros; a vida urbana cotidiana. Pois bem, em Montevidéu, as habitações que agora surgem em frente das águas, inclusive todas com cais de atracação. Ou seja, essa baía será animada com um intenso tráfego de barcos ligeiros de passageiros. É muito bonito considerar isso como exemplo do que fazer com que aquela água inútil — e que não tem, no caso, nem beleza, uma vez que é um tanto quanto pobre de profundidade — revele a grande virtude da mecânica dos fluidos. Você navega facilmente aquilo. As embarcações não são poluentes como o automóvel; você se livra de um tráfego automóvel, grande parte dele, e inaugura um novo modo de viver, digamos, um tanto festivo, porque você revela o que estava lá e desfruta o que antes não se fazia. Uma ideia de sucesso das coisas que você faz. Essa ideia de uma arquitetura que vai além... Não é nem além, nem aquém, é uma arquitetura que, antes da construção do edifício como fato isolado, se preocupa com a organização do território.

Nós aqui em São Paulo, por exemplo, teríamos que ver isso com muita ênfase, porque podíamos dizer que grande parte do desmantelamento da vida urbana se dá ao longo das águas no recinto do Tietê, Pinheiros, principalmente, mas também em todos os afluentes e todo o sistema. Ou seja, no caminho do desmantelamento, desfrutou-se justamente dessa mesma natureza, as águas, como se pudesse ser simplesmente esgoto. E hoje as consequências estão aí. É como se fosse uma traição, uma vingança da própria natureza, que diz: vocês escolheram este lugar, por isso... e não prestaram atenção até o fim, uma vez que o sucesso foi tão grande que a riqueza, o dinheiro, os recursos permitiram fazer uma série de besteiras e, agora, eis uma série de contradições materialmente configuradas: construções pesadas e não removíveis que não respeitaram as regras desse discurso meticuloso entre o homem e a natureza.

Porque, por outro lado, essa consciência que está aí e que ampara esse discurso — inclusive é mundial hoje a consciência sobre a condição do planeta — pode, ela mesma, degenerar. O grande perigo é também esse, o grande inimigo dos nossos ideais tem sido sempre esse: aquilo que é bom degenera. Aliás, só pode degenerar o que é bom. Então aparecem movimentos tolos de preservação da natureza, mas de uma forma ingênua e que não têm nada que ver com a essência da questão. Não é uma natureza que se vê como paisagem, pura e simplesmente, é uma natureza fenômeno, é natureza consequência de erro e acerto das nossas decisões.

Isso não é um discurso melancólico. Ao contrário! Eu acho que a parte mais interessante dessas considerações é tentar vê-las como uma grande esperança. Porque então sabemos e podemos corrigir, pois não dá para conseguir um novo planeta tão cedo. Mas justamente os altos recursos desses engenhos todos fazem ver que é possível recompor aquilo que parecia desastre definitivo.

Eu acho que nas cidades — aliás, todo mundo sabe e acha também —, Roma, Londres, Istambul, São Paulo, não há de se procurar novos terrenos para então fazer a cidade ideal, porque não se poderia abandonar o que existe. Não faz sentido e, inclusive, o planeta é pequeno. Essas cidades serão recompostas por cima de si mesmas, muitas vezes, e são novas dimensões de projetos, esses em que a natureza não é mais campo aberto, florestas, ou o que seja, mas é a própria cidade malfeita, digamos. Porque a monumentalidade de tudo isso reside principalmente não nos artefatos já feitos, a não ser como exemplos de possibilidade/capacidade do homem, mas na possibilidade de fazer. A força está aí: no malfeito.

Logo, a monumentalidade está em nós mesmos. Uma cidade malfeita é sempre monumental, uma vez realizada. São Paulo é uma cidade belíssima porque é o reflexo de tudo isso. E hoje a população chamada pobre é mais corajosa e mais paulistana, verdadeiramente, do que qualquer outra faixa ou parcela da população que você queira julgar, comentar, criticar. Essa massa que vive pobre, entretanto na cidade, mostra que só ali ela viveria. Trata-se de fazer essa cidade para todos, para todos nós e para todas essas situações. Nem todas elas, como as situações advindas de sucesso dentro da visão estritamente capitalista de concorrência e êxito no mercado, se podem imaginar no futuro. Portanto, o que já está aí é para nós como cidade feita, é para nós, justamente, o lugar da intervenção.

O arquiteto, quando ainda muito jovem e ingênuo — e estou pensando em mim mesmo no tempo de estudante —, sempre imagina que vai receber, seja do professor, na escola, seja como for, no mercado de trabalho, um certo programa. Pode ser uma casa, pode ser um museu, e um terreno. A ideia do terreno... Então vamos ver: o terreno é uma coisa idiota porque você fica parcelando o mundo. Primeiro, o desenho desse lugar é o mais importante e ele geralmente aparece como uma sobra da matriz anterior, a matriz anterior no passado se dividiu em pequenos terrenos para vender... Mas não pode ser assim no futuro! Você não pode vender um pedaço do planeta! É uma coisa absurda!

Eu acho que agora uma questão interessante é você não ter medo de enfrentar a revisão de outros momentos da história. Quão desastrados tenham sido, tinham sementes de verdade! Embora seja difícil tocar na questão da propriedade privada do solo, na verdade isso não pode existir, não pode existir uma cidade onde qualquer coisa seja privada. Privada é a vida de cada um que ninguém pode mesmo tocar, mas não um pedaço de uma cidade, e por aí vai.

Nesse balanço você reafirma pontos fundamentais para você sobre o que nós estamos fazendo aqui, não só em relação à arquitetura, mas nós aqui, habitantes deste planeta. Agora, esta é uma época muito agressiva, muito violenta, onde a questão da casa para todos ou da cidade para todos parece aqui, deste lado do planeta, no nosso cotidiano, cada vez mais distante. E, ao mesmo tempo, nos países, vamos dizer, mais ricos, a arquitetura se tem voltado cada vez mais para essa construção da cidade-espetáculo, o edifício individualizado, a arquitetura individualista. O fato de você ter ganho o prêmio Pritzker num momento como este coloca a questão de que se está premiando não só a qualidade da sua obra, mas também uma visão de responsabilidade social da arquitetura neste momento histórico.

Bem, do modo como você pôs essa questão... É como se eu ficasse impedido de dizer qualquer coisa. São eles que têm de dizer! Essa questão política seria interessante cogitar junto às instituições que dão esses prêmios, outorgam esses prêmios. Eles possuem conselhos. Eu não posso dizer, não no sentido ético, simplesmente, mas por cerimônia, respeito pelas entidades. E não teria eficiência alguma eu mesmo dizer.

Nos comentários do júri, essa questão me chamou a atenção.[5]

Mas é aí que devia ser comentado, a partir daí — e não perguntar para mim. Não estou dizendo isso a você, mas digo às entidades. Edições e críticas deviam comentar isso para que tivesse algum reflexo útil, digamos. Que essas ações desencadeassem, de fato, transformações na política, no plano da política e da discussão, senão é um curto-circuito. Eu acho que quem recebe um prêmio nunca devia comentar. Quem dá o prêmio é que tem que dizer! Mesmo que se atribua a outras entidades, universidades e instâncias críticas essa tarefa. Ou deviam aproveitar, digamos, o consenso de oportunidade, que em política não é brincadeira. Porque essa revisão é muito interessante, sim.

A arquitetura tende a degenerar-se e a ficar servindo, de forma exacerbada, aos interesses cada vez mais mesquinhos de quem quer fazer negócio.

---

5. Entre outros aspectos, o júri comenta: "Materiais simples, generosidade de espaço, poética do lugar, alegria do Brasil, *compromisso social*, estruturas poderosas *apesar das limitações técnicas de seu país, responsabilidade social*, contribuição ao entorno, linguagem do modernismo, reconciliação entre natureza e arquitetura. *Uma arquitetura que busca manter sua identidade e tem, ao mesmo tempo, consciência global*. Utilidade, firmeza, beleza, a tríade vitruviana distinguem o prêmio." In: http://www.pritzkerprize.com/full_new_site/2006/pdf/comentarios.pdf. Grifos da entrevistadora.

Eu conheço um exemplo, e posso dizer que conheço no sentido da palavra. Eu não li, eu fui lá, vi, tornei-me amigo de uma pessoa muito extraordinária que é Roberto Soro. Um homem extraordinário, político eleito, governador da Sardenha, que fez passar uma lei que está em vigor por lá muito recentemente, um ano, um ano e meio, dois anos, não sei, mas é recente.

A Sardenha, uma ilha que é uma maravilha, toda ela, historicamente e tudo. Lugar que está aqui no Mediterrâneo e com história de ter sido frequentada por etruscos, assírios e fenícios. Uma coisa extraordinária a história e a vida daquele lugar no meio do mundo, do mundo europeu, do mundo ocidental, ali. África, França, Espanha, Itália, Grécia estão ali em volta, o Bósforo para o lado do nascente, logo ali. É um lugar, o centro do mundo da nossa civilização e tudo o mais.

Eu estive com Roberto Soro nos últimos meses, nos conhecemos, ele me chamou. Ele não, mas a universidade na Sardenha. Pois esse homem baixou essa lei, já se confrontando com a compra de todas as áreas de beira-mar e sua transformação nesses horríveis tecidos de recreação, vendendo propriedades e casas de recreação para uma Europa que está muito rica. A lei simplesmente diz o seguinte: a dez quilômetros, se não me engano, da costa para o interior, ninguém pode construir coisa nenhuma. Nem comprar, nem fazer nenhum negócio, a não ser passando por uma comissão muito especial que vai decidir o que fazer. Não reservar áreas para loteamento de férias e coisas do tipo, mas sim fazer uma cidade, uma universidade. Enfim, não retalhar e expulsar populações locais, muitas vezes de maneira intempestiva. Não que as coisas sejam inamovíveis, mas tampouco que a costa seja para construir esses grandes hotéis de beira--mar que, no fim, têm vida curta, como se viu em Cancún, no México. Essas coisas saem de moda e, depois de destruído o lugar, se tornam banais, porcarias. Esse governador teve essa coragem.

Aqui do Brasil... também é preciso ver isso. Eu estou repetindo coisas que aprendi inclusive com os meus amigos contemporâneos aqui no Brasil, quando o nosso querido colega Fabio Penteado foi presidente do

Campus Universitario E.R.S.U – Viale La Playa – Cagliari.
Cagliari, Itália, 2007.

Estudos de arquitetura do Campus Universitário E.R.S.U. Viale la Playa da Universidade de Cagliari, com habitação estudantil (1000 leitos), aula magna, salão de eventos, restaurante universitário e edifício administrativo.

Com a colaboração de MMBB Arquitetos e Francesco Deplano.

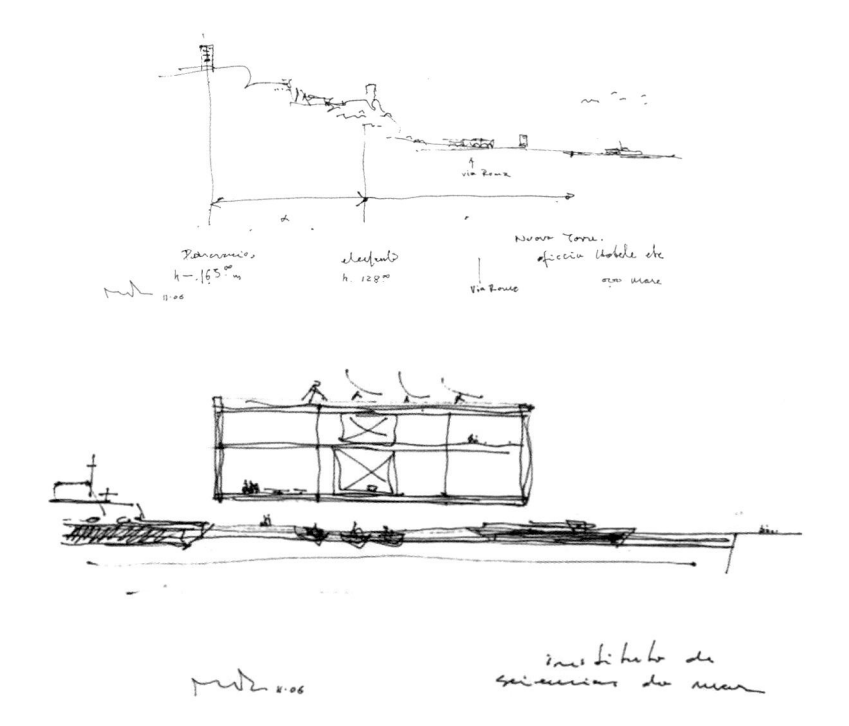

IAB Nacional e fez um esforço imenso para proteger o nosso litoral, e a ideia do Instituto de Arquitetos, já amparada por ministros, pelo Senado, era promulgar uma lei no mesmo sentido, para evitar que a nossa costa fosse invadida por esses loteamentos idiotas de casinha à beira-mar. Que, inclusive, não realizam o desejo de quem quer essa casinha, porque em pouco tempo aquilo tudo se transforma num verdadeiro curral de fossas sépticas, você polui o próprio mar que queria, coisas assim, e destrói a natureza completamente, com lotes de casinhas e coisas e tal. Quem furou tudo isso em reuniões extraordinárias públicas, ministros, Instituto de Arquitetos, amparo da União Internacional de Arquitetos, aqui entre nós, que eu me lembre, particularmente, foi o senhor Carlos Lacerda e um ministro, o Roberto Campos. Exterminaram qualquer possibilidade desse discurso continuar, de preservar o litoral para projetos e planos consistentes. Não para ficarem intocados, é claro!

Portanto, você vê que essas questões, essas lutas envolvem nomes de pessoas que, inclusive, muitas vezes, nós podíamos chamar, infelizmente, de heróis, porque alguns foram assassinados logo depois. Os episódios que eu estou contando são dos anos 60, da abertura dos anos 60 um pouco para diante; logo depois vem o golpe militar de 64, e tudo isso foi, no Brasil, entre nós, afastado do plano das discussões consistentes sobre essa questão da arquitetura, natureza, geografia, ocupação de territórios e espaço habitável construído a partir da própria reconfiguração do território, e coisas assim. Hoje o Brasil está infestado desses loteamentos, marinas e coisas do gênero.

Você vê então o Brasil, com a incumbência de zelar por essa parcela do planeta, e não vender e desfrutar simplesmente, como uma grande questão. A ideia de propriedade, do "ter", pode ser o começo de um "não ter"?

O que eu penso que é indispensável num momento desses — se fosse possível conceber alguma coisa com toda a nitidez — é que é absolutamente impossível pensar, imaginar que a posição seja contra essa ou aquela arquitetura. Porque toda a manifestação do pensamento humano, principalmente nessa área de grande dimensão artística, digamos, a arquitetura, é uma contribuição enorme a essa cogitação toda: aonde vamos? Todas as manifestações da arquitetura, inclusive atualmente, são objetos, devem ser objetos de reflexão e consideradas como grande contribuição ao humanismo, ainda que você tenha que dizer: por aí, não! Porque se esses caminhos não tivessem sido trilhados seria muito difícil imaginar então o que seria. Uma reflexão crítica é uma revisão crítica da política colonial, que envolve praticamente toda a história da humanidade e degenera muito quando as possibilidades dessa expansão colonial surgiram com as navegações, ou seja, a materialização, a efetivação de má política, no caso, como foi revelado.

Você podia dizer por absurdo — é muito interessante raciocinar por absurdo: se o colonialismo não tivesse havido, como fato concreto, nós estaríamos falando de quê? Da condição humana. Você não pode imaginar um homem que teria sido outro que não fomos. A graça da questão é essa. Tudo isso se torna uma questão porque é possível enfrentar como coisa efetiva das ações humanas, "coisa" no sentido de universo que se vê e se manifesta. É isso que se quer dizer com coisa.

A palavra coisa não é para se desprezar porque é muito genérica. Aquilo que é coisificado geralmente contém um discurso imenso. E, se você quiser, eu não sei se isso é verdade — esse raciocínio —, mas, lá pelas tantas, um poema que você conhece de cor, digamos, de Alan Poe, é uma coisa. Você enviar o poema de algum livro, que é uma coisa, de uma certa página, que é uma coisa, com tipos gravados em tintas a, b, c, que são coisas. Portanto a própria ideia de um alfabeto, de um léxico, de uma sintaxe da língua tem o sentido de coisa. Você poderia dizer que arrumar palavras para fazer um poema é coisificar até certo ponto uma ideia, sem dúvida nenhuma. Isso não quer dizer que o raciocínio abstrato não exista, quer dizer que ele só existe quando se coisifica, quando se transforma em discurso público, quando se publica.

Mais uma vez aparece a intriga entre público e privado. Nem o seu pensamento você pode considerar como propriedade privada, só se for um tolo. Porque a primeira ideia que você tem é publicar o seu pensamento, se você acha que ele vale alguma coisa. E você sempre acha que seu pensamento vale alguma coisa quando age, porque você é movido por um estímulo fundamental da existência humana, que é justamente a consciência que advém da ideia de consciência e linguagem. Você tem que avisar o outro, você sabe que é necessário avisar o outro sobre aquilo.

A maioria dos cientistas, dos que se chamam descobridores, tiveram lutas terríveis no plano da sua vida pessoal para enfrentar as suas comunidades, seja de cientistas, seja de filósofos, seja o que for. Isso se discute. Você pode ver isso, por exemplo, na saga do homem que descobriu a origem das espécies: Darwin. Ele navegou, esteve aqui nas ilhas, lutou com os mares, visitou lugares incríveis para comprovar o que ele estava observando da natureza e regressa para discutir isso no âmbito dos cientistas de Londres, da Academia de Ciências. Foi escarnecido e discutido, ou seja, o homem discute o que ele vê com animação, entusiasmo, com uma força que advém da visão que se tem de que aquilo é o que precisamos saber de fato. Não é que você descobriu, é que a natureza se revela.

Eu tenho a impressão — nunca passei por um episódio desses, não sou cientista nem descobridor de coisa alguma — que advém uma grande angústia de ver que, se o outro não souber, vai para o brejo. Você está prevendo o desastre, evitando o desastre. Eu acho que a existência humana — e isso eu já vi filósofos afirmarem que sim —, eu vejo que a nossa existência está calcada nesse binômio de existência íntegra entre formação da consciência e da linguagem. Aquilo do que, sobre o que você se torna pouco a pouco consciente te obriga a anunciar aos outros. É por isso que a tragédia grega, como se diz, as tragédias gregas, o teatro grego são prenúncios de discursos sobre a formação do psiquismo humano. O doutor Freud sabe disso. Nós todos sabemos, é claro; só para lembrar nessa conversa simples, imediatamente, diante de um certo quadro, ele diz que o quadro é edipiano e Édipo é uma figura grega, e assim por diante. Ou seja, o nosso discurso é uma reiteração e uma revisão sempre. Portanto, essa discussão é infinita. E, no caso da arquitetura, todo mundo está nessa, eu tenho a impressão, da revisão crítica da cidade contemporânea.

O passado colonial, vale a pena comentar em duas palavras, não é privilégio de país colonialista. Hoje vê-se que essa política colonial se volta contra o colonizador, ou se reflete nos problemas agudos da matriz anterior, da metrópole colonizadora. Todas as cidades do mundo estão enfrentando problemas com aqueles que foram discriminados por eles mesmos.

Você acha que o debate contemporâneo seria essencialmente esse?
O debate contemporâneo, na minha opinião, é essencialmente isso, justamente porque podemos fazer praticamente o que quisermos aqui embaixo. Singelamente, não estou falando da possibilidade de expansão da vida humana no universo, que é uma coisa muito extraordinária, inclusive, que está na nossa frente: a possibilidade de examinar com satélites e tudo isso. Extensões muito maiores do universo, do ponto de vista mesmo da vida humana, do que simplesmente essa pequena esfera de biologia humana possível, esse pequeno planeta e sua fímbria de atmosfera quase irrespirável de tão pequena, pois a 180 quilômetros lá pra fora, como daqui a Piracicaba, você já está fora da gravidade, fora do planeta. Antes disso, e justamente por tudo isso, a casinha nossa aqui devia ser uma maravilha, porque você tinha que dizer: é fácil, deve ser fácil. E é essa a questão fundamental da arquitetura para mim, da discussão da questão da arquitetura: arquitetar o quê? Planejar o quê?

Existem dentro desse universo de reflexões, fundamentalmente, a ideia de revisão das experiências humanas, a Revolução Socialista e tudo isso. Ninguém diz que tem que dar certo na primeira experiência, digamos assim. Ao contrário, seriam prováveis mesmo grandes desastres. Mas, pela consciência, se os homens pudessem enfrentar, de fato, os problemas da crítica da sua política passada... Por exemplo, se nós prestarmos atenção à eleição hoje na França, podemos dizer que, para a cidade francesa, a cidade alemã, a cidade holandesa, a cidade espanhola, o grande problema são os imigrantes, os que estão acordando agora para um mundo tão possível que parece absurdo. A dominação do modo anterior, é também necessário vê-la sem uma ideia de simples piedade, não é isso. E, ainda, nós jogamos fora sabedorias incríveis; o mundo oriental foi estupidamente abandonado, rechaçado, ignorado em grande parte por essa prepotente chamada civilização ocidental. Esse é um negócio muito discutível, ou melhor, não é discutível, é o que temos que discutir. Mas o mundo, você podia dizer assim — uma bela notícia ou a notícia de um tolo —, o mundo é muito maravilhoso! Quem são os heróis do século? Se você começar a alinhavar você tem que pôr Chaplin, Picasso, mas tem que pôr Mandela, e aí vai. É essa a questão. Eu não sei como, mas é preciso enfrentá-la.

É o nosso debate em São Paulo também.
É o nosso debate em São Paulo, e o que é mais estimulante para mim nesse horizonte todo é a revisão da ideia de ensino/educação, a escola desde o curso primário. Se nós tivéssemos, os arquitetos, suponha, que fazer um levantamento, um balanço, um grande simpósio, um grande congresso sobre ensino de arquitetura, exclusivamente sobre ensino de arquitetura, das escolas, das universidades, eu acho que, entre muitas coisas, o que se deveria considerar, basicamente, seria o ensino secundário, o ensino desde os meninos pequenininhos. É impossível educar um arquiteto como eles chegam hoje nas faculdades!

Antes de criticar as faculdades — que eu tenho certeza de que estão um pouco furadas, ou muito furadas —, é preciso considerar que basicamente não há educação que prepare ninguém para a biologia, para a física. Então, cada vez mais se fabrica heróis. E eu tenho a impressão de que talvez seja oportuno dizer que uma das infâmias, que pode aparecer como degenerescência, é justamente o estatuto do prêmio, da medalha e de tudo isso.

Luís Carlos Prestes já disse isso: "Ai do povo que precisa de heróis!" Nós precisamos é de consciência da humanidade. De nós todos, sejamos o que for. Inclusive, temos de enfrentar outros problemas seriíssimos, porque muitos também não podemos ser. A grande questão que nos aflige hoje, primordialmente, é a superpopulação. Uma questão que só se pode enfrentar pela consciência. Não se pode diminuir a população do mundo. A partir do quê, cara pálida? Ninguém vai imaginar soluções drásticas. É uma transformação da mentalidade, das relações masculino e feminino. Eu acho muito difícil se formar arquiteto sem cogitar tudo isso.

Você pode dizer assim: mas do que você está falando? Tudo isso tem um sentido pernóstico, antes de mais nada. Pode ser. Mas eu preciso levar em conta. Se você vai, afinal de contas, logo depois sentar e desenhar um edifício com uma função específica, como sempre se faz para a vida cotidiana de hoje, tudo isso redunda em quê? Eu acho que, fundamentalmente, você não vai empregar técnicas não necessárias, com exibição tola. Por quê? Para mostrar que é simples construir e fazer. Amparando o quê com isso? Que pode-se fazer para todos. Que casa é coisa muito simples; que depende basicamente de luz elétrica, água, telefonia, transporte público e endereço, portanto.

Eu não acho que esse seja um raciocínio que leva a uma visão de algaravia da nossa existência. Aí é que a coisa fica muito delicada, com um tropeço aparentemente intransponível. Sempre a ideia: o que fazer, portanto? Na minha visão, não se trata de um raciocínio complicado no sentido mecânico da questão. É extremamente complexo porque é infinito e abrange tudo. Mas nós sabemos, e historicamente nós podemos comprovar isso, que você reduz tudo isso e consegue chegar em casa e fazer com que o fogão não encha a caverna de fumaça, ou fazer o cabo da colher mais comprido para sua mãe não queimar a mão quando cozinha.

Nós sempre sabemos chegar na questão fundamental da vida cotidiana. Historicamente, sempre soubemos fazer isso. Não há razão para duvidar que agora também. Portanto, sem nenhum reducionismo, o que eu acho que é um raciocínio que simplifica a questão é que eu sempre vi como negativo, como uma das forças de tudo que eu vejo como reacionário, como conservador, destrutivo, justamente, a ideia de elitização e complicação das questões. Para nós é tudo muito simples. "O inferno", como dizia Sartre, "são os outros". Portanto, a questão de "nós todos" é fundamental. E mais os aspectos líricos, que não deixam de ser encantadores, que eu já disse várias vezes e vou repetir, porque vem da viagem de Walter Benjamim a Moscou em 1900 e poucos. Ele nunca tinha estado lá, e disse: Moscou é uma cidade que em nenhuma parte se parece consigo mesma, mas com a sua periferia. É exatamente São Paulo. Nós estamos vendo São Paulo com essa estupidez de abandonar aquilo que já fizemos, sempre com a ideia de lucro e fazer para lucrar. E vai se inaugurando a cidade mais para lá, mais para lá em territórios que eram vazios, transtornando todo o processo, todo o sistema de transporte, como nós já estamos vendo.

Você abandona uma cidade que estava pronta e a periferia está aqui. Aquilo que estava na periferia mudou-se para a área central. Portanto, é preciso ver, com uma visão um tanto dialética, que uma Cracolândia... tudo bem enfrentar como um desastre, mas não com uma ideia de extermínio e de simplesmente afastar aquilo dos olhos. Mas dizer que aquela é a cidade de São Paulo, sem dúvida nenhuma. É a melhor quadra da cidade de São Paulo.

Se você quisesse mostrar para um estrangeiro, por exemplo, que veio não sei da onde, seu amigo, duma hora para outra, saindo do avião, a cidade de São Paulo, acho que seria meio tolo você fazê-lo visitar a Paulista, Faria Lima e os conjuntos habitacionais de elite, fechados, com altos prédios. Isso ele já sabe, tem na terra dele. A cara de São Paulo é a Cracolândia, mesmo, e todos os seus derivados. Afinal de contas, aquilo se dá na porta da cidade inaugurada quando o grande sucesso das comunicações, da distribuição das riquezas, do café e do mercado era a ferrovia. Ora, quando nós precisamos da mesma ferrovia para o transporte interurbano, pois como em todo lugar do mundo você viaja em trens de 300 quilômetros por hora, nós abandonamos tudo isso, e esse lugar, porque está vazio, é onde estão os desamparados, desgraçados, alijados do plano econômico que nós montamos estupidamente aqui. Portanto, aquilo é a cara de São Paulo e não a cara deles.

Eu sempre acho interessante levantar: não pense em fenômeno urbano! Aquilo não é fenômeno nenhum; aquilo foi muito bem fabricado, projetado e construído. É o desastre que produzimos. Meticulosamente. Não são fenômenos. É a nossa cara.

SE É ESPAÇO, DEVERIA SER PÚBLICO

Entrevista a Anatxu Zabalbeascoa.
El País, Caderno Babelia,
Sábado, 9 de junho de 2001.

A imagem exterior da arquitetura brasileira está, até hoje, consolidada pelo experimento que foi a construção de Brasília e pelo peso da figura que, com seus 92 anos em 2001, continua sendo Oscar Niemeyer. Às gerações posteriores só resta escolher entre a continuação e a ruptura?
Niemeyer é, para nós, uma expressão muito fértil da imaginação humana em um país que é todo um continente novo. A América surge para o mundo todo como uma esperança e Niemeyer é um artista capaz de inventar as formas que mostram que tudo é possível. Por outro lado, a questão principal da arquitetura é a transformação de lugares em espaços humanos, fazer de uma natureza aparentemente inóspita uma cidade onde se possa viver. Por isso, o caso de Brasília é paradigmático de nossa maneira de ser. Os americanos do Norte escolheram fazer sua capital neoclássica; nós a construímos como os índios, no meio do sertão.

Até que ponto esses exemplos se tornaram um lastro para os arquitetos que vieram depois?
Niemeyer é um modelo para os arquitetos brasileiros, mas não porque estes copiem suas formas. Não se copia um artista, emula-se sua atitude de homem capaz de inventar. Essa é sua grande lição. O senhor acha que Niemeyer tem sido mais um modelo abstrato, por sua façanhas e riscos, que concreto, pelas formas que criou?

É um grande construtor, mas talvez hoje em dia seja mais um personagem porque custa compreender seus feitos. Não foi apenas um autor de formas
sensuais, foi um arquiteto que pensava como engenheiro. Demonstrou que se podem fazer curvas com linhas retas.

Mas o senhor não o faz. Seus edifícios são sóbrios e essenciais.
Para mim não são só as formas que dizem as coisas. É no comportamento dos materiais que está o campo aberto para a criatividade.

A obra que ganhou o último Prêmio Mies van der Rohe contrasta com o primeiro galhardão, que os mexicanos Norten e Gómez Pimienta receberam por um edifício nada arraigado em sua tradição cultural ou em seu contexto.
Nunca me interessaram os edifícios isolados, autorreferentes, porque não é assim que funciona a vida. Os edifícios são instrumentos para a cidade da mesma maneira que as pedras o são para as catedrais. Esse prêmio é importante para nós, brasileiros, que ainda temos tudo por fazer: devemos construir trens e tornar os rios navegáveis. Tudo isso são questões arquitetônicas que mudarão a vida dos homens. Pense nos rios. As águas não sabem quando saem de um país e entram em outro. Com isso deveríamos aprender que, para conseguir as coisas, as pessoas precisam se unir. Na Europa há 30 mil quilômetros de canais navegáveis unindo todos os países, um autêntico sinal de civilização.

Qual seria a arquitetura desse mundo sem fronteiras?
Os edifícios isolados não encarnam a liberdade arquitetônica: ao contrário, representam incompreensão, incapacidade. A arquitetura é sempre uma invenção, algo vivo que deve mudar com o mundo e com a vida dos homens, portanto depende claramente não só de um contexto físico, mas também de muitos outros contextos.

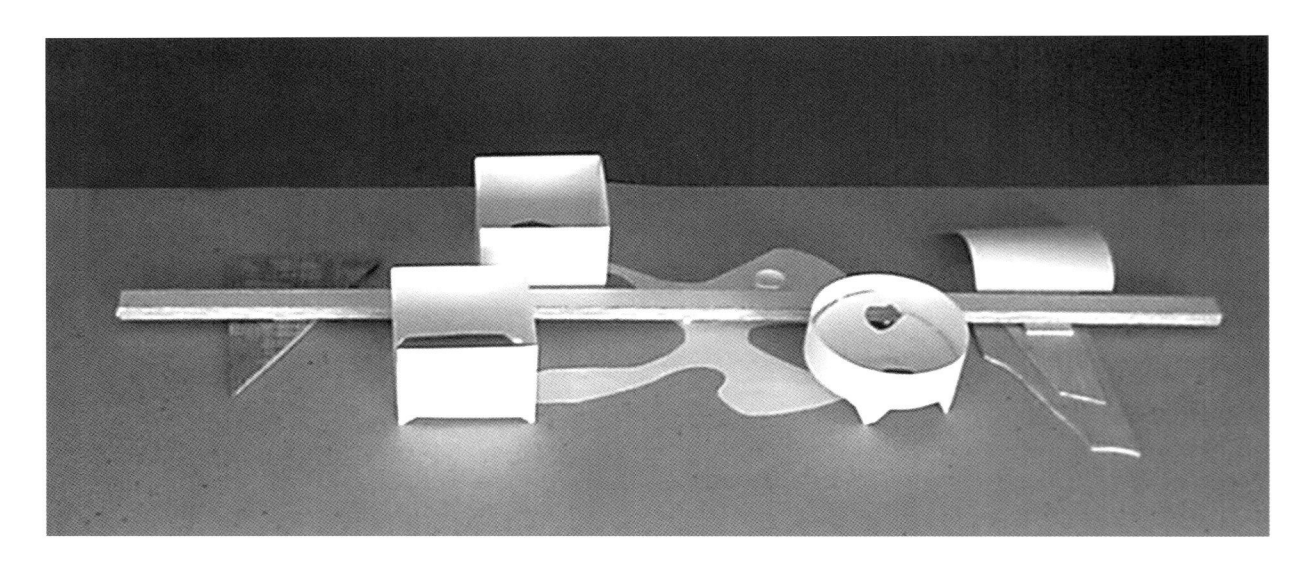

Praça dos Museus da USP, 2000.
O Programa consiste na implantação de três Museus da Universidade de São Paulo – Arqueologia e Etnologia, Zoologia e Museu de Ciências, cada um com especificidades e particularidades – com o objetivo de fortalecer os vínculos da Universidade com a sociedade e portanto, com a cidade.
Com a colaboração de Piratininga Arquitetos Associados.

Museus da USP, 2000.

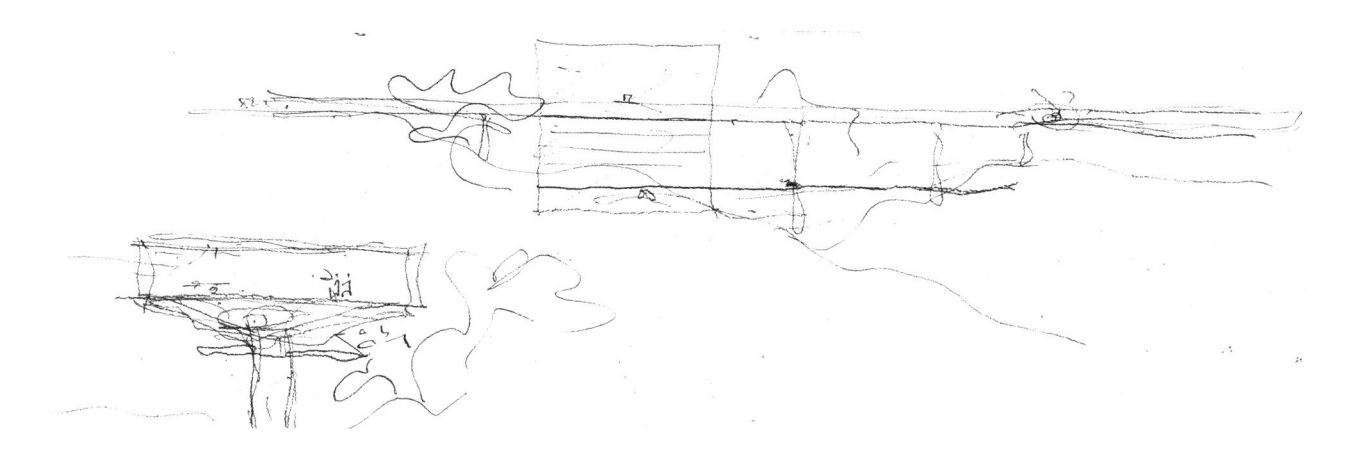

O senhor comentou que, em arquitetura, não entende a separação entre o público e o privado.
Nós, arquitetos, não deveríamos pensar em espaços privados e espaços públicos. O único espaço privado é a mente humana e o grande desejo do homem é que sua mente se faça pública, que consiga se comunicar. Sem os outros não somos nada e a arquitetura deveria refletir isso.

Como assim? Nas cidades de seu país o espaço público e o privado estão drasticamente diferenciados.
A maior parte das cidades são uma herança de um passado amargo que privou dos benefícios da cidade a maior parte dos indivíduos. Isso desemboca nas casas na periferia e em uma apreciação meramente técnica da arquitetura, quando o principal valor deveria ser o do lugar, o do espaço em que se encontram os edifícios. Para que as cidades tenham vida, as pessoas têm que viver nelas, não utilizá-las apenas por algumas horas. Os políticos deveriam compreender isso. Uma cidade é o que há de mais caro no mundo. É caríssimo construí-la, mas custa muito também fazê-la mal. Ao ter que escolher, é melhor fazer as cidades para todos os cidadãos. Só assim estes a levarão em conta e contribuirão para mantê-la.

Como podemos fazer as cidades mais públicas?
Esse é o desafio. É uma atitude. A cidade para todos deve permitir a vida: o transporte, o ensino, o cuidado sanitário, a água ou a luz para todos os cidadãos. Como se todos vivêssemos em uma mesma casa.

Isso parece impossível.
Não tem por que o ser. Na vida há muitas coisas absurdas. Nos aviões o mais importante é o voo e, entretanto, existem primeira e segunda classe, como se o êxito ou fracasso do voo fosse fazer a distinção entre as classes. Com as cidades acontece o mesmo. Pense: uma cidade não tem duas classes de água potável nem dois tipos de eletricidade. Essa mesma ideia deveria estender-se a outros aspectos. Uma cidade sem fronteiras será, com certeza, uma cidade melhor.

HÁ UMA IDEIA ELITISTA NOS CENTROS CULTURAIS

Entrevista a Luiz Camillo Osório — Rio de Janeiro, 12 de agosto de 2001

Como foi sua formação?
Terminei meus estudos de arquitetura quando se construía Brasília. Você pode imaginar meu entusiasmo diante das possibilidades de transformação oferecidas pela arquitetura, transformações estas imprescindíveis em um país como o nosso. O crescimento desordenado e violento das grandes cidades nos obriga a tratá-las seriamente. Naquele momento, a cidade surgia como a grande questão da arquitetura. O foco da arquitetura não era mais o edifício isolado, mas a cidade. O Rio de Janeiro também passava por modificações urbanas significativas. A minha geração recebeu um legado importante de arquitetos como Affonso Reidy, Oscar Niemeyer, Vilanova Artigas e Lucio Costa. A ideia de construir a cidade, um novo habitat para o homem, diante da rápida transformação do Brasil, era muito forte. Isso tudo, claro, conscientes do que acontecia no mundo, da busca e da construção da paz. Saíamos da última e horrível grande guerra. Podemos dizer, portanto, que eu fui formado em um momento de grandes esperanças, não só para a arquitetura, mas para a nação como um todo. Veja a questão da educação e como ela surge em torno da própria construção de Brasília, cujo grande sonho era ser uma cidade feita para o lazer e a cultura. Como capital, é claro, teria de abrigar a burocracia da administração, mas o foco era a Universidade de Brasília. Nós começamos a pensar na vida como arquitetos por essa via, conscientes do que estava havendo no mundo e mobilizados pela situação brasileira.

Como você vê esse legado da arquitetura moderna brasileira levando em consideração um certo enfraquecimento da ousadia entre as novas gerações de arquitetos?

É uma questão de momento e estímulo. Veja o nosso estímulo com Brasília e toda sua invenção. O que sempre nos entusiasmou foi a ideia de que havia entre nós esta confiança nas transformações. Compará-la com outras cidades novas no continente americano nos estimulava, como a capital dos Estados Unidos, Washington, que era uma cidade interessante, mas fundada em um desenho neoclássico, de uma simbologia ultrapassada. Então você pode imaginar o orgulho que nós tínhamos de estar inventando a nossa nova espacialidade e dar a ela expressão. Este era o grande estímulo. Tome outros exemplos: o MAM do Rio de Janeiro, o Aterro, esse jardim magnífico. É bom que se diga que a presença de Burle Marx entre nós era muito importante. Uma reflexão sobre a transformação da natureza com sentido poético é uma exibição da consciência que tínhamos sobre a construção da cidade, sobre a transformação da paisagem. Nesse aspecto, particularmente, o Rio de Janeiro sempre foi muito estimulante. Olhe todos estes novos territórios conquistados do mar. Que maravilha o aeroporto Santos Dumont, vendo-o com essa visão ampliada da arquitetura que vai além do edifício como fato isolado. Tudo aquilo é o desmonte do morro do Castelo, transformando aquele território com uma engenharia adequada, criando aquela plataforma sobre o mar, fazendo um aeroporto dentro da cidade. Uma reflexão sobre tudo isso instala, no âmbito da arquitetura brasileira, um pensamento sobre as virtudes de uma natureza que aparece no meio destas transformações. Portanto, este Rio de Janeiro, belíssimo, é muito mais belo do que sua paisagem: é belo pelos aterros, pelos jardins, pelo museu, pelo aeroporto e pela abertura das avenidas. Naturalmente, surgem aí as grandes contradições, que não são só nossas, mas de toda a América Latina, que é a questão da miséria e da pobreza. A degenerescência, sei que você não mencionou essa palavra, mas a perda daquele ímpeto inicial da nossa arquitetura, que você mencionou e com a qual eu concordo, deve-se justamente à inversão dessas perspectivas, e nós principiamos a degenerar, na minha opinião. Vemos que se sobrepuseram a tudo isso os interesses mal conduzidos da especulação, a cidade se transformou em um pasto de especulação pura e simples. Em nome de uma arquitetura atual vemos esses monstrengos que só fazem o elogio da mesma coisa. Há entre nós, coisa recente, um sintoma muito estranho que não podemos deixar de considerar, que é a transformação de tudo o que é abandonado em centro cultural. Você delega a responsabilidade para a cultura de edifícios que foram deixados de lado, que tinham outros fins e que pretendem transformar em centros de cultura. Ora, era melhor deixar a cultura em paz e se responsabilizar por esses escombros de outro modo. Por que não revitalizar esses locais centrais de outro modo, criando novas indústrias não poluentes? Isso me parece muito mais promissor para combater a miséria, dando utilidades concretas a esses edifícios e não essa ideia abstrata de centro cultural, que ninguém sabe que diabo de cultura é essa: a própria cidade é o grande centro de cultura. Esse é um quadro, na minha opinião, que tende a desmoralizar aquilo que é verdadeiro na ideia de cultura. Nós temos que contemplar novas parcelas, novas quantidades e qualidades da nossa população, que veio para os centros urbanos justamente no desejo e na ânsia de transformar as suas vidas com os recursos do seu tempo. Só vejo por trás desses centros culturais uma ideia elitista de cultura que serve para destruir mudanças mais promissoras da cidade.

A relação entre arquitetura e natureza é apresentada, na primeira parte do seu livro[1], como fundamental para a arquitetura feita nas Américas, no Novo Mundo. Qual o lugar da natureza na virada de milênio?
Nas Américas, sem dúvida, a natureza aparece como uma novidade para o Ocidente. Portanto, a natureza representa na América um grande cenário, um grande espanto. Mas a ideia de transformação da natureza que nos comove e mobiliza vem de uma natureza tomada como um fenômeno e

---
1. R. Artigas (org.), *Paulo Mendes da Rocha*, São Paulo, Cosac Naify, 2000.

não como um dado estável, cujo desafio é justamente realizá-la enquanto habitat humano.

O que pode aparecer como americano e brasileiro é uma reconsideração crítica e atual desse aspecto fundamental que é a relação entre construção e natureza, arquitetura e natureza. Isso pode caracterizar um momento brasileiro da arquitetura. Se você tomar a Holanda, por exemplo, verá que sua existência como território habitável depende dessa transformação da natureza. Então você poderia perguntar onde está a questão que nós estamos querendo focar. Considere o Museu de Arte Contemporânea, em Niterói, que é uma das últimas obras do Niemeyer: a beleza lá está justamente na coragem de fazer surgir aquilo como uma demonstração de possibilidades, antes de tudo. É um fato novo diante da natureza, revela a possibilidade de fazer qualquer coisa. Isso é que é interessante nesse museu. O MAM, também, fica em frente ao mar, levemente elevado, deixando o território livre para o pedestre descobrir a baía com seus gigantes de granito cortados e que depois voltam a aparecer inteiros; enfim, essa visão de uma espacialidade desfrutada e de transformação da natureza. Não é só uma natureza para ser contemplada, mas uma natureza que inclui a mecânica dos fluidos, dos solos, o poder e a estabilidade da construção. São essas transformações da natureza e não simplesmente os aspectos cenográficos. Seria uma natureza humana. Essa consciência pode ser retomada, mas é evidente que o país tem que estar à altura, pensando nos horizontes de largos espaços, tratando a questão da habitação e da revitalização dos espaços centrais das cidades que foram abandonados.

O arquiteto moderno, então, é sempre um urbanista? Qual a dimensão social da arquitetura e quais as responsabilidades do arquiteto diante da especulação imobiliária?
A responsabilidade dos arquitetos não reside na arquitetura em si, mas em uma ação política. O conceito de arquitetura envolve a ideia da espacialidade e de uma visão de totalidade da cidade. O que nós temos

que pensar com mais seriedade, com mais energia, é a absoluta necessidade de defendermos pontos de vista diante da política cultural e de desenvolvimento do país. É impossível que a arquitetura seja apenas o resultado final de alguma coisa. Ela é um agente de reflexão sobre todo um processo de desenvolvimento. Até hoje nós estamos condenados ao canal do Panamá e ao estreito de Magalhães. Por isso, nós, arquitetos, temos que nos unir na América Latina para alimentar, especular e raciocinar sobre a necessidade política de organização e construção de uma espacialidade que desenhe a paz na América Latina enquanto um novo habitat como região. Precisamos de uma nova visão de modernização no sentido de transformação e atualização do estado de vida das populações abandonadas. Portanto, é impossível falar de arquitetura sem pensar em combater a miséria e construir a paz; enfim, sem pensar em situações que são de uma espacialidade objetiva e material: os portos, as ferrovias, mais contato entre as pessoas, a mobilização da universidade e da pesquisa, uma reaproximação com o continente europeu. Temos que combater a competitividade exacerbada e uma visão inculta do mundo que está hoje por toda parte, um consumismo fora de propósito que está nos levando para caminhos pouco agradáveis. Inverter essa rota de desastre tem muito a ver com a arquitetura. É o compromisso com uma cidade que não pode ser desastrosa e nem infeliz. O primeiro sintoma de que as coisas vão mal é o crescimento da miséria nas cidades. Então, você tem razão, todo arquiteto é um urbanista, mas todo urbanista é um político. Todo urbanista deve ser um político porque a cidade nasce antes de existir concretamente, ela é uma ideia anterior à sua execução.

Como podemos transformar cidades como Rio e São Paulo, que nas últimas décadas tiveram um crescimento tão desordenado? Como desfazer esse processo de desregramento generalizado?
Imaginemos a favela, que é onde se revela melhor nosso quadro de extraordinárias contradições. Ela é a mais monumental expressão da urba-

Estudo para pavilhão de exposições e centro de eventos em Santo André, 2003.
Maquete.
Com a colaboração de Marta Moreira, Milton Braga, Fernando de Mello Franco, Jacques Rordorf, Márcia Terazaki, Marina Sabin, Renata Vieira e Thiago Rolemberg.
Arquivo Paulo Mendes da Rocha.

nização do nosso meio. O desamparo com que nós temos contemplado tudo isso, imaginando que a cidade tenha que ser qualquer coisa que não possa abrigar essas pessoas, acaba condenando-as definitivamente à marginalidade. Esse é um erro estúpido. Habitação popular só tem sentido no coração da cidade, porque é aí que está o melhor transporte público, a comunicação fácil, os hospitais, as escolas e o trabalho. Veja a contradição: quem está bem estabelecido na vida e mora nas áreas mais centrais, gasta menos roupa do que o desgraçado que deve se deslocar loucamente e subir barrancos inacreditáveis. Essa contradição é tão extraordinária que merecia uma reflexão mais serena sobre políticas que pretendem ser solidárias a essas populações e acabam sendo erráticas. Não adianta só ficar fazendo conjuntos habitacionais na periferia, quando o desejo dessas populações está muito claro: frequentar a vida ativa da cidade contemporânea. Um outro lado dessa questão é que acabamos ficando todos mais pobres.

Se você tem um horizonte de falta de perspectivas, ela vai atingir a população na sua totalidade. Isso tem que ser discutido nas escolas e universidades, entre os arquitetos, filósofos, cientistas, artistas, operários, todos nós. Poderia ser dito, com uma certa graça, mas de verdade, que os arquitetos não têm responsabilidade nenhuma, não é só deles a responsabilidade do ponto de vista específico da arquitetura. No entanto, por outro lado, você pode dizer que há questões de caráter ético, até moral, em você simplesmente se tornar conformista na rota do desastre e se prestar, em nome da arquitetura, a favorecer a mesmice com cara diferente que acaba destruindo a cidade. Mas voltemos à questão das populações chamadas marginais. Elas são a revelação da mais sábia consciência sobre o que seja a cidade contemporânea. Já não há uma outra imagem de lugar para se viver que não seja a cidade, e essa cidade que é sonhada há tanto tempo não pode se tornar um desastre, ela tem que ter o maior êxito. Esta é a principal questão: como tornar as cidades bem-sucedidas? Elas não podem ser miseráveis. Isso tudo nos faz crer que a questão da riqueza e da pobreza é essencialmente política e está levando o mundo atual, inclusive a Europa, a uma situação de grande impasse. As populações são atraídas para as cidades, que passam a exigir milhares de novos trabalhadores, que chegam de todo lado, árabes, marroquinos, turcos, todos vítimas do processo colonial. Ou seja, nós estamos vivendo uma revisão crítica do colonialismo e os países devem se unir para discutir essas questões. Assim, vemos que o desafio das grandes cidades é mundial e todos devem pensar em como sair dessa rota de desastre e conquistar uma nova mentalidade que não alimente uma visão fascista do futuro.

Tem-se discutido bastante no Rio de Janeiro o tema da preservação. Por um lado, há os que defendem uma preservação mais seletiva, já outros têm uma visão mais dilatada, propondo o tombamento de grandes áreas da cidade para se preservar um tipo de qualidade de vida. Como você vê essa tensão entre preservação e desenvolvimento?
Essa é uma questão complicada, que deve ser tratada caso a caso. Mas

se formos generalizar, veremos que a cidade toda é uma qualidade. É difícil em uma cidade você dizer que aqui a qualidade de vida é melhor do que ali. É como o Brasil e a Argentina, nós somos a mesma coisa. Se um vai para o buraco, o outro vai junto. Portanto, eu sou a favor de se pensar não em preservação, mas em uma transformação contínua que não contrarie os nossos ideais. A ideia de preservação, em princípio, não é boa. Bom é se perguntar sobre modos de transformação, que direção nós queremos dar às coisas. Veja esta moda de pegar os prédios abandonados e transformá-los em centros culturais e todo mundo achar ótimo! Isso pode ser uma grande besteira. Muito amparo e muito raciocínio acabam sendo uma forma de escravização. Deixemos a cultura em paz. O que a cultura precisa é de acesso às escolas e às universidades e não essa sistemática elitização que nós estamos vivendo. Eu gosto muito de uma história do Graciliano Ramos, que não sei onde li, dele saindo da prisão e sendo perguntado como se sentia em liberdade. Sua resposta foi a seguinte: eu sou um escritor e para mim tanto faz escrever na cadeia ou em casa.

Você tem dois projetos magníficos, o MuBE (Museu Brasileiro de Escultura) e a Pinacoteca, ambos em São Paulo. Como vê esse crescimento de museus espetaculares? Serão eles nossas novas catedrais?
É mais ou menos isso, sim, de se querer construir uma cidade como expressão da cultura, da invenção humana e das artes. Por outro lado, se a moda pegar, vai ser um desastre, pois nenhuma cidade brasileira pode ser resolvida com um museu. Não podemos fazer disso um panegírico, em que pretensamente se salva uma cidade com centros culturais e museus. O supremo museu é a própria cidade. Entretanto, nenhum de nós pode imaginar o Rio de Janeiro sem o MAM. Mas é preciso esta atenção, para não ser um engodo, para não se repetir mais uma vez os espelhinhos dos jesuítas enganando os índios. É preciso saber muito bem qual é o mito que está por trás do espelho. A suprema expressão do nosso futuro está

mesmo nas populações que surgem, na juventude, e em que expectativa nós vamos criar para elas. Portanto, o museu é uma âncora de reflexão, mas não pode ser a expressão suprema da cidade.

O museu da escultura e da ecologia será visto como um jardim, com uma sombra, e um teatro ao ar livre, rebaixado no recinto...

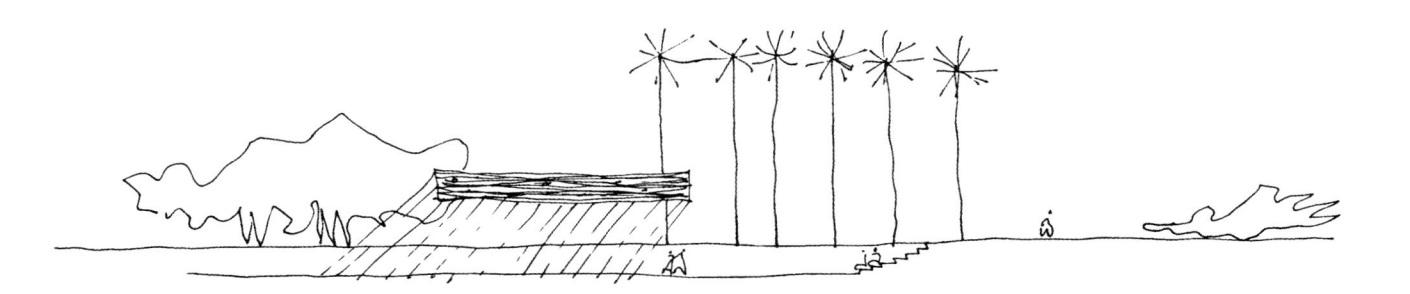

Museu Brasileiro de Escultura - MuBE.
Concurso nacional 1º prêmio, 1988.
Com a colaboração de Alexandre Delijaicov, Geni Sugai, Pedro Mendes da Rocha, José Armênio de Brito Cruz, Carlos José Dantas Dias, Rogério Marcondes Machado, Vera Domschke.
Paisagismo: Roberto Burle Marx.

E seus projetos mais recentes? Tem algum no Rio?
Não, não tenho nada planejado para o Rio. O que fiz de muito estimulante ultimamente foi um projeto, ou melhor, uma especulação, um estudo, diante da expectativa na época de Paris abrigar as Olimpíadas de 2008, que, já sabemos, vão acontecer na China, o que é muito bom. Mas esses estudos não foram feitos só por mim. Éramos doze arquitetos de vários lugares do mundo e foram imaginadas situações bastante interessantes. Estou também fazendo em São Paulo alguns estudos para revitalizar o edifício que era a parte administrativa da antiga estação da Luz, em frente à Pinacoteca, que é uma recuperação e ao mesmo tempo uma transformação de um prédio histórico do final do século XIX, começo do século XX, projeto do Ramos de Azevedo, mas ainda está em fase de estudo.[2] Tenho feito pouca coisa.

E o Guggenheim? Acha que o Rio tem vocação para receber esse museu?
O Rio é uma cidade que tem vocação para receber tudo o que se quiser de melhor do mundo. Mas, por outro lado, o Rio também tem vocação de dizer com sua força o que ele gostaria de ter. A situação do Guggenheim, particularmente, eu não entendo bem. Mas a excessiva mercantilização da arte também é perigosa. Eu preferiria uma reflexão sobre a capacidade do homem de ser artista e de usar a expressão artística como uma das forças de linguagem do gênero humano. Não adianta ficar simplesmente discutindo museus. Precisamos das artes influindo mais nas universidades, na ampliação dos horizontes de comunicação e menos nessas áreas de exibição e demonstração. Mas não tenho muita certeza de nada disso. O que eu tenho visto são exposições que atraem multidões, mas pouco discurso crítico sobre o significado de tudo isso.

---

2. Trata-se do Museu da Língua Portuguesa, inaugurado em 2006.

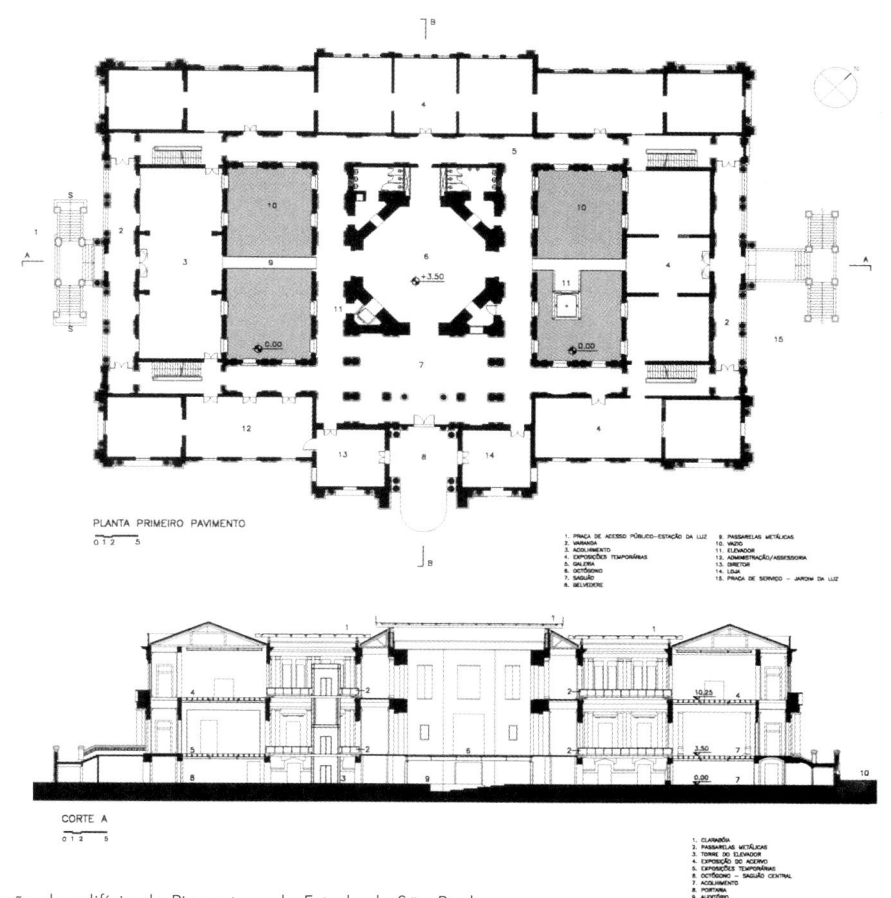

Reforma e reestruturação do edifício da Pinacoteca do Estado de São Paulo.

Data da construção: original: 1896 / 1900
Datas do projeto: 1993 / 1997
Data da conclusão da obra: Fevereiro de 1998.

O acontecimento mais extraordinário de toda esta empresa está orientado pela ideia de construção da cidade como ação urgente no continente americano, desde suas origens. Arquitetura e geografia. Sobretudo, porque este trabalho se desenvolve sobre um edifício onde o padrão de representação do projeto do arquiteto Ramos de Azevedo surge apoiado na tradição e nos cânones da arquitetura neoclássica.

Com a colaboração de Eduardo Colonelli, Welinton Ricoy Torres, Ana Paula Gonçalves Ponte; Elisa Cristina Marchi Macedo; Miguel Lacombe de Goes; Adriana Custódio Dias; Celso Nakamura; Eloise Scalise; Andrea Ferreti Moncau; Marina Grinover e Sílvio Oksman.

Há uma frase interessante que aparece no livro: "A arquitetura não deseja ser funcional, mas oportuna."[3]

Não me lembro exatamente como ela surge no livro, mas imagino que eu quisesse dizer que toda forma de dogma ou de preestabelecimento de horizontes definidos tende à decadência. A ideia de funcionalidade pode ser assumida de imediato como um pragmatismo e a arquitetura não pode se tornar submissa a estruturas conceituais já ultrapassadas. Portanto, se ela é oportuna, assume uma funcionalidade dinâmica, que acompanha as transformações. Voltando às favelas, é claro que elas são oportunas, pois você quer ficar ali no coração da cidade, apesar de faltarem as condições funcionais mínimas para se viver decentemente. Não queremos defender uma estética da pobreza, a casa do pobre, mas sim a casa moderna que é antes de tudo água encanada, esgoto, luz elétrica, transporte na porta, escola. A casa, então, tem que ser inventada dentro dessa nova situação, que é a da liberdade da cidade para todos. Portanto, nós não estamos prontos nunca, nem a cidade nem o próprio homem. Nós estamos ligados à ideia de uma passagem da natureza. Se nós não formos oportunamente engajados nessas transformações, nossa tendência é degenerar. Nós não tememos o atraso, nós podemos enfrentá-lo, mas temos pavor da degenerescência. Daí a ideia de que a arquitetura não seja funcional, mas oportuna.

---

3. R. Artigas (org.), op. cit.

AULAS

Página anterior: Paulo Mendes da Rocha
Exposição em Barcelona,
ETSAB/UPC, setembro de 2004.

Foto: Maria Isabel Villac.

AULAS UNITAU

Taubaté - SP, 10 de maio, 7 de julho e 22 de novembro de 1990

Primeira aula

Cumprimento todos vocês com muita emoção, porque de fato é emocionante estar nesta sala, nesta universidade, trazido pela mão de colegas, da maneira como fui. Queria dizer-lhes o seguinte: isto que nós pretendemos é um ensaio. Nessa medida, penso que deveríamos travar uma aproximação afetiva e efetiva que encurtasse distâncias que não são, entretanto, reais. [...]

Antes de ir mais adiante, gostaria de ressaltar o fato de haver nesta cidade, Taubaté e, com ela, integrada a ela, uma Escola e, muito particularmente, uma Escola de Arquitetura. [...]

A Escola é uma manifestação da vontade da sociedade, que se organiza desta forma. Pode-se sempre inventar uma Escola onde se vá para exibir o saber e não só para saber pela voz do outro. É impossível discutir qualquer questão de arquitetura, quanto mais imaginar uma Escola de Arquitetura arregimentando a ignorância local para depois começar a aprender. Ao contrário, a Escola ideal é um lugar onde se cultiva um saber primordial, trazido nas raízes da memória, forjada particularmente em cada biografia individual, na sua experiência desde a infância, confrontada com a memória da idade do homem, que é tão distante quanto se queira imaginar. A Escola ideal é o lugar onde se pode cultivar essa distância como algo realmente palpável, considerável no plano do conhecimento enquanto especulação sobre as origens, em

Nova sede do Instituto Caetano de Campos, São Paulo, 1976.
Concurso.
Com a colaboração de Abrahão Sanovicz.

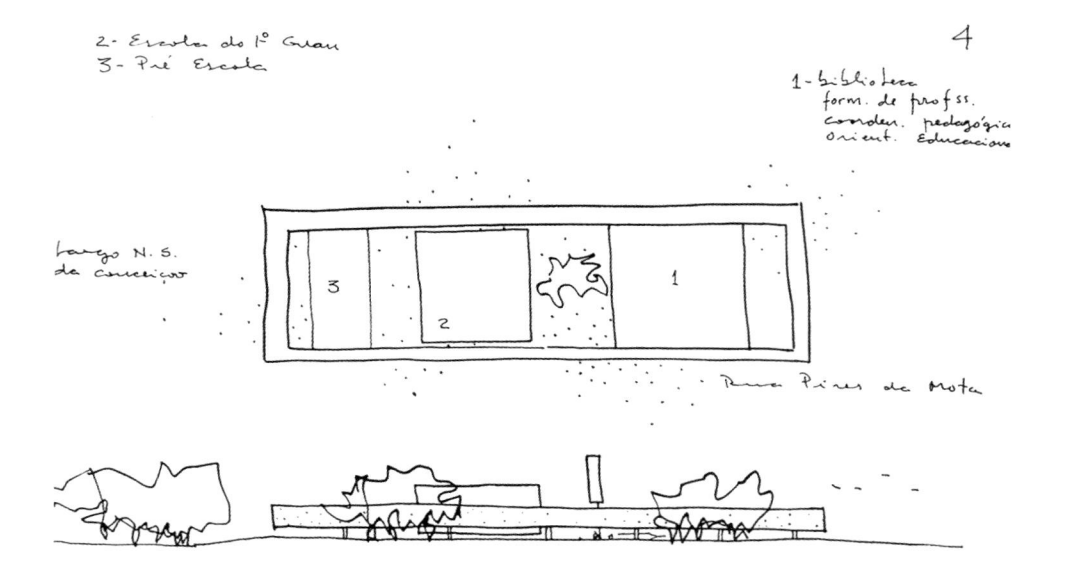

todos os aspectos, seja pelo lado da antropologia, da arqueologia ou da história.

[...] O nosso século é particularmente destacado, porque foi quando se deu um avanço muito rápido na eficiência das comunicações, com possibilidade maior de os homens se entenderem, de trocarem suas ideias e especularem sobre a consciência humana. [...]

O saber do gênero humano é capaz de projetar-se. [...] A ideia do projeto, muito importante para os arquitetos, precisa ser concebida como um lugar de onde se pode ver como se fosse um mirante. Um mirante do qual se possa olhar a realidade. É responsabilidade nossa ver a realidade para assumirmos decisões sobre o que vai ser projetado, sobre o que ainda não é, mas vai se tornar real, objetivamente material; coisas reais cujas construções iniciam-se na nossa imaginação: uma maçaneta, um copo, um trem, uma casa, um avião — a parte construída do mundo que acompanha a história da humanidade.

O homem deve compreender que ele transforma a sociedade transformando uma gruta em uma casa, a soleira da casa em ponte para cruzar o rio. Transformar o outro lado do rio em outra casa. O homem conversa, fala, transmite e constrói objetos materiais, máquinas, televisores, ventiladores, telefones, trens, automóveis, fechaduras, ferraduras para cavalos. E isso é resultado de uma projeção: imagina-se o futuro e planeja-se o projeto, considerando a materialidade necessária para realizar aquele projeto.

Desde cedo, o homem aprendeu que essa projeção é monumental. É a sublime capacidade de prever antes o que vai ser feito. É a antevisão da forma resultante, prevista anteriormente, de todo o engenho fabril, de toda a movimentação da máquina, da energia necessária tornada, em determinado instante, imóvel na forma.

E eis aquilo que foi elaborado como produto de um trabalho, uma previsão humana! Nessas projeções, o homem sempre foi além da necessidade estrita que a forma poderia suprir; ou seja, além do seu conteúdo útil, simplesmente. Ele passou a projetar a visão que tinha de si mesmo nas formas. Talvez aí esteja a raiz da arquitetura. Talvez essa seja a razão da arquitetura: o agora com luzes, com informações, com notícias sobre o vir a ser também. Uma visão poética sobre a forma, a forma que ultrapassa, na sua dimensão humana, a estrita necessidade.

A história da arquitetura, a história da humanidade é uma história de sublimes edificações diante da beleza da própria vida e das questões que estavam na frente, como projeto. Isso nos leva imediatamente a imaginar que a arquitetura não se aprende. Podemos apenas educarmo-nos como artistas, pois a arquitetura será sempre a arquitetura comum dos homens, será sempre nova, será da sua época, de acordo com os inexoravelmente novos projetos que deveriam conter o que já sabemos. A arquitetura é uma invenção contínua, onde a história entra como a memória para ser transformada.

O que se pode perceber é que há questões particulares de uma nação, por exemplo, uma nação indígena, de um agrupamento de pessoas, de uma região, que podem ser enfrentadas à luz do que são as questões mundiais de um certo momento. Elas, enquanto particulares, daquela nação, daquele grupo de pessoas, podem adquirir uma dimensão de contribuição ao conhecimento universal.

Daí a importância desta universidade, desta Faculdade de Arquitetura; daí a importância do Vale do Paraíba, desta região; daí a importância da consideração sobre esse pedaço do país, dessa parcela de nossa geografia na construção do território americano, particularmente do Brasil. Quem somos nós dentro dessa estrutura? Quais são as peculiaridades desse lugar? Assim poderíamos abordar nossos problemas urgentes, com uma visão sobre seu interesse mundial a partir das questões locais, das questões daqui e da redondeza, compreendendo-as na sua dimensão universal, na sua importância pela forma com que as enfrentaremos. São, principalmente hoje, questões ligadas à natureza. [...] Eis o momento de cuidarmos da nossa parcela dentro dessa dimensão. Estou lhes dizendo isso como quem quer esboçar uma imagem dos pensamentos que me passam pela cabeça, como abertura para um curso de arquitetura.

[...] Falo sobre a necessidade de se tentar compreender a importância do lugar para chegarmos a um entendimento, para entendermos o mundo. Nesse sentido, precisamos estar atentos à história desta cidade, no Vale do Paraíba. Há o fato de existirem nas duas pontas desse eixo — fixemos esta dimensão — a cidade do Rio de Janeiro e um centro industrial, São Paulo. A proximidade do mar e a constatação do que já se processou aqui em termos de história podem levar a alguns exercícios muito interessantes sobre espaço habitável, sobre a ocupação de espaços e natureza, sobre a geografia e sobre as instalações humanas. Estes são novos horizontes para o desenho do futuro, para a arquitetura, para o desenho das cidades. Precisamos dar à nossa Escola um tom peculiar de experimentação objetiva, de conhecimento aplicado sobre seu espaço real. Este é o meio de transformarmos a nossa vida numa experiência efetiva em relação à arquitetura. Assim poderemos desenvolver temas, modelos, ensaios.

AULAS

Assim seremos capazes de enfrentar todas as áreas do conhecimento, enquanto verificação, enquanto aplicação da ideia de um projeto. O exercício sobre o espaço real que nos circunda, à luz de um quadro desse tamanho, com essas dimensões, à luz das questões e das exigências reais da sociedade brasileira, à luz da questão habitacional, da questão do transporte, da produção material dos recursos que fazem a riqueza de uma sociedade, com a objetividade de quem quer construir o seu lugar. Desse modo, será possível transformar rios, serras, encostas e várzeas em estabelecimentos humanos com significativa dimensão. [...]

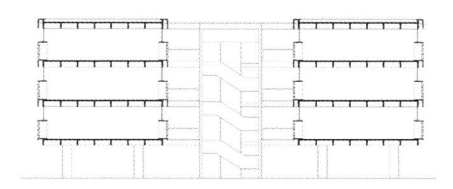

Conjunto Residencial Cecap – Secretaria do Estado de São Paulo | Caixa Estadual de casas para o povo – "Zezinho Magalhães Prado" Cumbica, Guarulhos - SP, 1967 - 1971.

Plano de Urbanização da Área de 180 ha Para a instalação de escolas; hospital; núcleos de comércio; estádio e setor esportivo, sistema viário e, com uma densidade 320 hab./ha, projeto de 11.000 unidades habitacionais (apartamentos) para trabalhadores com uma faixa de renda familiar em torno de cinco salários mínimos.

Arquitetos: Vilanova Artigas, Paulo Mendes da Rocha, Fábio de Moura Penteado, Arnaldo Martino, Renato Nunes, Giselda Visconti, Geraldo Vespaziano Puntoni, Ruy Gama.

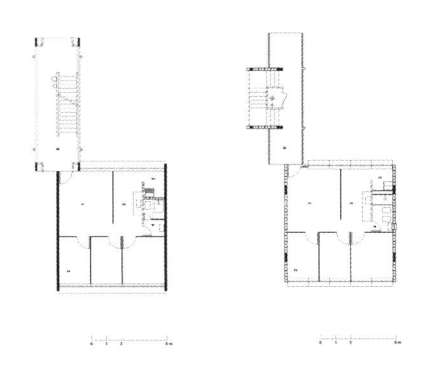

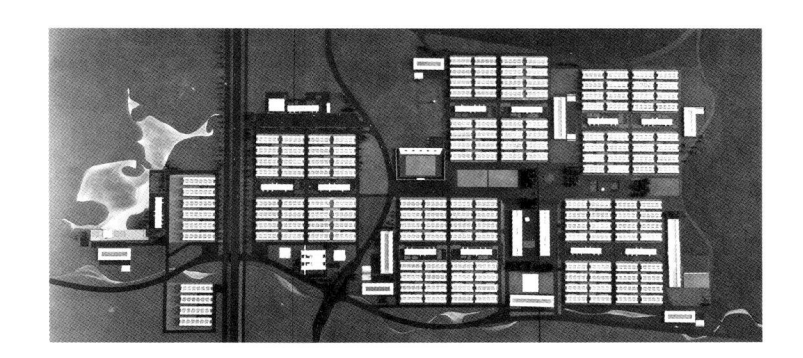

Pergunta[1] — *Gostaria de saber sua posição quando se fala em universalidade de projeto. [...] Gostaria de saber como, com base na sua experiência, levar a arquitetura do Vale ao mundo. A universalidade é a mesma?*

[...] A dimensão universal de que eu falo é a dimensão no trato dos problemas mundialmente configurados. É essa a dimensão do universal, que não deve ser compreendida no sentido de banal, de que qualquer um compreende à primeira vista, não é isso. É a dimensão capaz de dar notícias sobre você, do seu local, em relação ao trato de seus problemas, que interessa universalmente ao conhecimento humano. As questões de trato com a natureza, a abordagem dos problemas de topografia e da natureza, essa nova ideologia sobre a natureza. De fato nova, sobre a qual o homem fatalmente agora vai se debruçar, ao conhecer tanto quanto conhece do universo. Portanto, se nós, no trato das questões do Vale do Paraíba, assumirmos a importância desse problema e dermos um justo tratamento a essas questões, esses projetos, esses artefatos que viermos a fazer terão uma dimensão universal como contribuição ao conhecimento. [...]

Já descobrimos que não são finitos os recursos materiais de que nós precisamos para viver. Há novas esperanças e perspectivas objetivas no espaço, em geral. Hoje o mundo possui um laboratório astronômico, na forma de um satélite artificial da Terra. São essas as dimensões de interesse universal no tratamento do existir humano. Então nós temos que fazer uma Escola de Arquitetura que trate os problemas locais — porque só nos cabe tratar mesmo os locais — com essa visão que possa ser uma contribuição ao conhecimento universal. [...] Não acredito muito em arquiteturas específicas. O que há são problemas específicos aqui como em qualquer outro lugar e ninguém mais apto a tratá-los, a fazer deles objetos de estudo, do que os moradores da região.

Vocês precisam estar atentos às relações espaciais entre cidades, às reservas, às serras, ao mar, às ligações econômicas, às novas vias

---

1. Rubens Negrini Pastorelli Júnior.

PROJETO INSTITUTO TECNOLÓGICO VALE DE DESENVOLVIMENTO SUSTENTÁVEL - ITV - CIA VALE DO RIO DOCE
Belém - PA, 2010.

Edifício longilíneo com seu eixo longitudinal no sentido norte-sul (terra-água), totalizando 11.377 m². A construção é suspensa em pares de pilares a cada 20 m, em um total de 14 pares. No sentido transverso o vão é de 30 m com balanços de 10 m de cada lado. Como apoio ao bloco principal e integrado a este, um edifício próprio, proposto como uma estrutura de forma circular com 28,50 m de raio em estrutura metálica com pilares e lajes de concreto, recebe 228 vagas de estacionamento além de abrigar no último pavimento 28 apartamentos para pesquisadores convidados.

Com a colaboração de Piratininga Arquitetos Associados.

de comunicação, ao desenvolvimento do porto de São Sebastião. Quais as perspectivas da viabilidade das instalações humanas, no valor da vida neste Vale? Há os que sonham mudar para a Inglaterra, ou sonham construir a Taubaté que possa durar mais 500 anos. Quais são as perspectivas? A resposta a essa questão depende, também, da visão do que seja a nação. Lembremos, também, que o nosso país empobrece dia a dia e que a nossa América Latina, desunida, está num estado de crise permanente. De que maneira nós poderemos ter prestígio para opinar e influir? Não basta opinar, é preciso opinar de maneira significativa, de forma a promover modificações na estrutura nacional, no planejamento nacional. Somos a favor do quê? Somos contra o quê? Precisamos nos engajar nos desejos da sociedade, nas suas decisões, e incluir nessa perspectiva os projetos que formarão a opinião capaz de dizer quais projetos esta sociedade gostaria que fossem feitos, quais modificações ela deseja no território e quais as restituições e recuperações. Pode-se recuperar o Paraíba como um rio plenamente saudável? Evidente que sim, é o desejo de todos. O que se precisa fazer para isso? Como se faz? Pode-se navegar no Paraíba? Podemos cruzar pontes, na nossa cidade, e transformar esse rio para receber embarcações? Vamos considerar o porto de São Sebastião? Será possível, no futuro, escoar a economia da região do Vale direto para um dos melhores portos do mundo, o de São Sebastião, que tem 50 metros de calado natural? O porto de Santos tem oito metros dragados sistematicamente, o que custa uma fortuna. Assim é o porto do Rio de Janeiro. São Sebastião, Ilhabela, por sua conformação protegida, dispõe de um canal natural com três quilômetros de largura, que permite manobrar, ao mesmo tempo, vários dos maiores navios do mundo, petroleiros, navios para transportar minério. Esse futuro interessa? Ou pelo menos interessa por algumas décadas? Quais são as perspectivas? Serão construídos estaleiros? Será utilizada tecnologia avançada?

Qual é a perspectiva da juventude? No que é que vocês pretendem trabalhar? [...] Aqui se falava com muita ênfase sobre a beleza desta universidade, porque ela está dentro do espaço urbano. Há quem imagine um Centro Universitário. Essas questões foram discutidas. Qual é a opinião de vocês? A universidade anima a cidade? É ela que é a verdadeira alma da cidade? Haveria algo melhor para o desenvolvimento e urbanização desta cidade do que ela se educar, sendo ela mesma a universidade? Vocês já discutiram isso seriamente, a ponto de garantir que o que se faça esteja de acordo com a sua decisão? Isso é o que interessa! Não apenas para ter uma opinião a mais, mas para modificar a situação.

A arquitetura é profundamente modificadora do espaço visível, das circunstâncias sociais. As pessoas são transformadas pela existência ou não de um restaurante, de um clube, de uma escola, de um hospital. Como se fazem essas coisas? Como vocês querem fazê-las? Que cara devem ter as coisas? E a cidade?

Essas decisões podem ter um interesse universal diante da preocupação com o conhecimento. E isso não é meramente um jogo de palavras. Fazer as coisas como vocês efetivamente querem fazê-las é tratar a questão de acordo com as circunstâncias que as envolvem, porém como um vetor de transformações.

Biblioteca Pública do Rio de Janeiro, 1984.

Concurso.

Com a colaboração de Eduardo Colonelli e Eduardo Aquino.

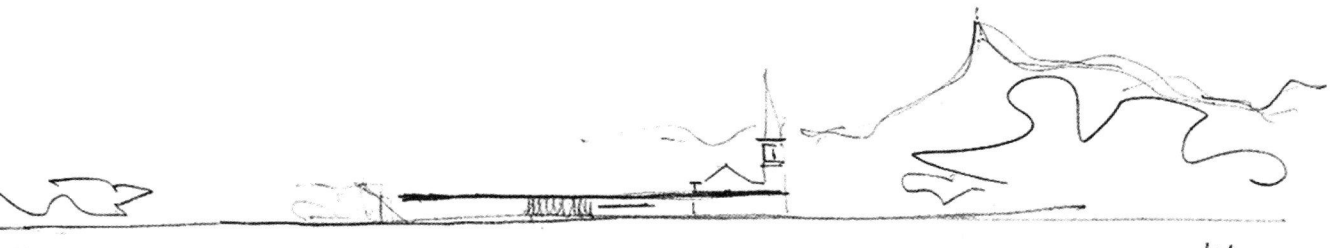

Não é esperada uma arquitetura universal ou um estilo internacional. Nem seria desejável. Seria como se se esgotasse um discurso, como se todos os cantos virassem um só, todo mundo cantando uma só música. A dimensão universal que um certo particular pode ter, conter e transmitir é a justa medida do interesse do outro. Tudo que nós fazemos tem de ter um traço de absolutamente sedutor. Se você escreve, espera que outro leia; se escreve vinte páginas, o outro tem de ler a primeira, a segunda, a terceira. Como se faz isso? Qual a consistência que um discurso precisa ter para levar o outro a ler tudo aquilo? Como é que se faz esse tipo de discurso?

Pergunta[2] — Você falou sobre a questão do conhecimento, sobre o que a pessoa já sabe e a descoberta disso. Para ser um pouco mais claro, há toda uma questão universitária, todo um processo de investigação, de leitura, de procura de fontes de consulta. Como tratar da produção da pesquisa e da produção desse outro conhecimento dentro da universidade?

Esta questão é fundamental. Eu teria uma pena enorme de ter deixado passar a ideia de que o que se sabe é suficiente. Não foi isso que eu quis dizer! Mas, sim, que é preciso mobilizar o conhecimento para adquirir novos conhecimentos. Porque sobre a esterilidade do Nada não se consegue acrescentar nada. Quando se lê alguma coisa que impressiona, um discurso complexo e de prospecção filosófica sobre as ideias e o significado das coisas, se não se for capaz de se impressionar, não se vai adiante. E a única maneira de se impressionar é sentir uma ressonância dentro de si, alguma coisa precisa se encaixar, tem de se articular com algo que você já sabia. É uma espécie de encontro. Não existe conhecimento espantoso, senão seria renegado e isso não é possível.

[...] É preciso calçar de consistência a pesquisa, ou seja, pesquisar o que se quer pesquisar e, até certo ponto, sobre o que já se sabia. É um aprofundamento do saber. [...]

---

[2]. Arquiteto Urbano Patto.

Pergunta[3] — *A minha é uma pergunta que sempre se faz com relação à arquitetura, sobre a função* versus *forma que vai definir um projeto. Qual é a sua concepção? Ao começar a realizar um projeto, sua ênfase recai na função ou na forma? A forma é uma condição da função? Ou do programa? Gostaria de ouvi-lo discorrer sobre a elaboração plástica do seu trabalho.*

Todos nós podemos nos obrigar a explicar o que fazemos. É legítimo e muito desejável. Entretanto, é preciso não esquecer uma coisa: o universo da arquitetura transita no plano das artes e existe um dado de caráter poético que é muito difícil de explicar exatamente como se faz. Mas há uma pergunta objetiva, no sentido de como decidir finalmente por aquela forma. Geralmente se está calcado em experiências concretas, em coisas já vistas em outras ocasiões, em outra oportunidade, não aquela mesma forma, mas sim porque são coisas que têm razões semelhantes e que foram resolvidas com outras formas e que atraíram a atenção. Por exemplo, a marquise circular[4] só com seis apoios não foi o mesmo peristilo grego. Não se pode dizer que ambas tivessem a mesma função. É melhor dizer que houve um mesmo desejo aproximado de se fazer o interregno entre o dentro e o fora, o que é uma forma de acolher certos comportamentos, experiências e significados humanos. É a forma de penetração num edifício; é a forma de se aproximar pouco a pouco e que não pode ser sempre uma parede e uma porta.

[...] Toda arquitetura é funcional; porém, ao projetar o necessário, projeta-se algo mais. Quer dizer, coloca-se na forma, de alguma maneira, também notícias sobre o futuro. Que desejos estão escondidos na forma? A arquitetura nunca foi tão liberta na história da humanidade como em nossos tempos. Na sua expressão poética, no que está além da necessidade, porque nunca a funcionalidade esteve tão dissociada da forma. A

---

3. Aluno Wilson Macedo Pereira.

4. A marquise circular é o anel de concreto que aglutina os seis pilares, também de concreto, em um sistema estrutural unitário e idôneo. Ver croqui do Ginásio do Clube Atlético Paulistano às pp. 198-199.

arquitetura se transforma, cada vez mais, na expressão do desejo, do vir a ser, na beleza que se quer imprimir às coisas, ao se descrever a visão que se tem da monumentalidade do existir humano nas suas providências históricas.

Se há uma grande liberdade hoje, por razões maiores, há ainda que se ater a discursos que sejam das teses e das questões do momento, que sejam da consciência humana sobre a natureza; que sejam da condição do seu país; que sejam da sociedade. É preciso fazer sobressair, portanto, cada vez mais, a ideia de arquitetura e cidade, em razão de sua expressão poética sobre o existir humano.

Na verdade, a liberdade sempre existiu. Todavia, sempre houve quem não a visse. De modo geral, somos educados — eu deveria dizer deseducados! — para perder a visão da liberdade. Nas obras de arte notáveis sempre é possível descobrir um ingrediente, entre tantos outros, que é a coragem de fazer aquilo, de dizer aquilo.

Segunda aula

Dando continuidade à nossa conversa, [...] quero que vocês compreendam minha estada aqui como um verdadeiro desejo meu. [...] São extraordinariamente importantes as circunstâncias que tornaram nossos encontros possíveis. Para mim, eles são absolutamente desejáveis.

Ninguém tem a completa convicção do que sabe, apenas tem a convicção da necessidade de dizer que sabe, para ver se aquilo se sustenta. A nossa vida é uma permanente experimentação, é um processo de aproximação permanente. Essa aproximação deve ser um empenho: temos de fazê-lo em relação a uma possibilidade de muitas formas de realização, seja de uma obra concreta, seja de um diálogo como o nosso. A nossa vida é feita principalmente de comunicação. Comunicação não para fazer mais uma vez o elogio às máquinas que comunicam, mas comunicação efetiva e afetiva: comunicação real! As entidades do conhecimento, as muitas coisas que se afirmam, não são verdades absolutas, mas são as questões sobre as quais nós podemos discursar. E isso nos reporta, mais uma vez, à relação existencial do homem com a natureza ou à pergunta primordial: quem somos nós?

[...] Na minha opinião, o tema radical que deve alimentar nossa conversa é a nossa posição diante da situação antiquíssima e histórica até as origens da natureza humana. [...] Desse modo, iremos considerar as relações humanas, o âmago do que é o interior afetivo do homem, a parte sensível da nossa alma, as capacidades de comunicação e de produção de sensações no outro e, fundamentalmente, a questão da linguagem. A linguagem é consequência do conhecimento; é aquilo que nos obriga a inventar novas formas para transmitir o conhecimento; é a maneira abstrata de registrar tanto quantidades quanto comportamentos, seja através da matemática, das fórmulas, seja através da pintura, da música, do olhar, até das línguas faladas ou escritas. Uma ideia histórica de tempo e de formação da cultura. O ingrediente fundamental da linguagem implícito na sua natureza e na sua própria razão de ser é aquilo que se quer transmitir. Tomemos, por exemplo, o teatro grego ou os tratados de filosofia, as especulações sobre o existir humano. O que se queria dizer com aquilo? Para que se registraram aquelas formas de pensamento? Este universo todo é a entidade do conhecimento sobre nós mesmos. O fato de estarmos num lugar particular, como fato que nos atinge, como estarmos no Vale do Paraíba. Ou o fato de sermos particularmente quem somos, de termos o nome que temos, de pertencermos a um sexo ou a uma família, tudo isso constitui particularidades dentro desse universo que é eminentemente histórico na sua gênese. Nossas particularidades só têm interesse quando conseguimos descobrir a dimensão universal desses particulares.

[...] Portanto, o que é particular no nosso caso antes de mais nada é o fato de termos passado pelo colonialismo, o fato de sermos americanos e o lugar onde estamos, neste Vale do Paraíba. A nossa questão é sabermos onde nos situar no concerto universal, no presente momento. E este momento é extremamente importante porque — eu já disse e quero repetir — há uma consciência mundial sobre a natureza do homem, sobre sua dependência dos recursos naturais, sobre a própria constituição da natureza, sobre a reprodução, a expansão e a constituição do espaço habitado terrestre e do universo. [...] Sem esses parâmetros e sem que todos tenhamos consciência de que é disso que se trata, ficaremos no ar e talvez se torne muito banal discutir qual forma dar aos edifícios. Temos de ligar as particularidades. Tecer o particular, aquele problema específico a ser enfrentado, com dimensão primordial e universal do existir humano.

Fazendo um contraponto, partindo do geral para o particular, tomemos um exemplo contemplando a perspectiva de uma nova cidade. Aprofundemos a questão revelando esses aspectos da formação da consciência e da linguagem. Falemos de uma simples casa como entidade, da constituição da sociedade humana como a conhecemos. Todo mundo conhece perfeitamente o que é uma casa, a sua casa, a casa do outro. Eu estou falando com a experiência concreta de quem morou numa casa. Nem estou pensando nos estudos eruditos sobre as casas que se fizeram no passado. Falemos da experiência real de morar, de ter sido abrigado numa casa, do valor da janela, do que seja uma cozinha ou um fogão, como se abandona a casa para sair para o trabalho, para o campo, e volta-se para casa. O que é essa casa? Todos nós somos, de alguma forma, especialistas em casa. Esta Escola é uma forma de casa. Nós somos casa, somos abrigo. O homem exige a organização de recintos capazes de abrigá-lo e, ao mesmo tempo, recintos onde ele possa dar expressão ao que imagina ser. O homem é movido também por conceitos ou critérios de caráter ético ou estético de beleza. Surge então a necessidade, também essencial, de transformar um recinto específico no que possa haver de mais bonito.

A ideia de bonito é aquela sobre algo que possa ser tão extraordinário quanto possa comover o outro, para que ele compreenda quanto calor é dado a este mesmo algo. Faço a casa de tal maneira bela, que sua forma

Edifício Residencial Guaimbê, 1964.

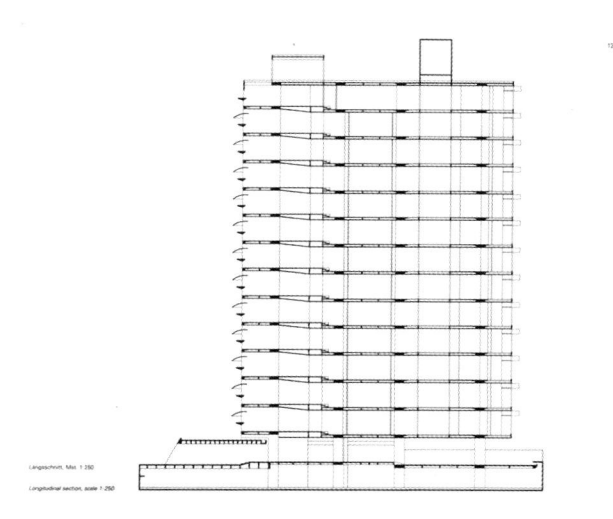

Edifício de apartamentos para 12 residências, uma em cada andar, e 24 vagas de garagem no subsolo, concebido estruturalmente em cortinas de concreto armado.

Com a colaboração de João Eduardo de Gennaro.

Wohnhaus Guaimbê

1. Erschliessung
2. Service
3. Küche
4. Wohnen
5. Essen
6. Schlafräume
7. Ankleideraum

1. *Access*
2. *Service*
3. *Kitchen*
4. *Living room*
5. *Dining area*
6. *Bedroom*
7. *Dressing room*

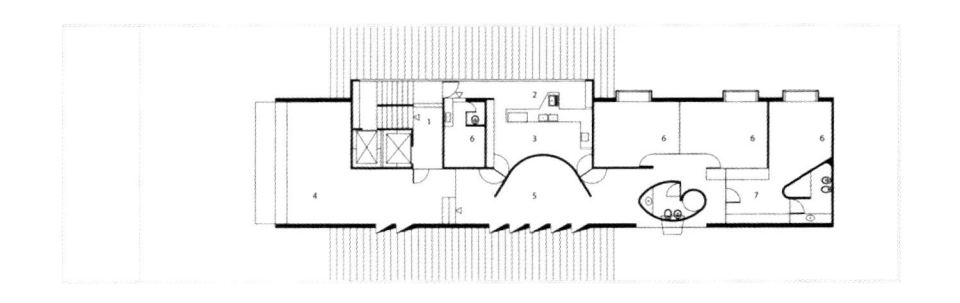

final seja uma expressão subjetiva — sem dúvida nenhuma! — para que o outro compreenda que tenho consciência de quanto nós somos o que somos. A rigor, uma casa, do ponto de vista formal, da tecnologia, ou dos recursos materiais para a construção, pode ser uma banalidade qualquer. Por que, então, estamos tão preocupados com a questão da arquitetura e com o saber como se deve fazer uma casa? E, até com certa graça ou desafio, pode-se dizer que seja uma banalidade qualquer? Pode ser! Pode ser uma idiotice, uma coisa que nunca se viu antes, algo inesperado na sua insignificância cultural. Porém, o inesperado, quando representa uma situação humana candente, pode configurar um valor monumental. Por exemplo, a favela. Como é que se consegue construir uma cidadela monumental com lixo? O que tem de monumentalidade numa favela, que seja capaz de comover a todos? Como compreender que a favela seja tudo que se quiser imaginar enquanto casa, enquanto castelo, enquanto cidade? Como uma favela como a Rocinha se torna monumental se é uma pilha de lixo? Afinal, se ela não passa de madeira velha, de material de demolição, folha de zinco, lata!... por que é monumental? Porque reflete relações e empreendimentos humanos diante de circunstâncias extremamente complexas da cidade, das relações da sociedade, das divisões entre pobreza e riqueza, da discriminação, do uso indevido do espaço urbano! Ela é o resultado de uma providência tomada pelo homem que, de repente, comove o mundo inteiro. Lá foi estabelecida uma ordem e uma solidariedade especiais, uma estética indiscutível que, sob certos aspectos, é belíssima diante da arquitetura do mundo. Tanto quanto as palafitas do Norte, a favela talvez seja uma das maiores expressões da monumentalidade da arquitetura brasileira. Essas razões de caráter humanístico, essas expressões das razões humanas são a essência da arquitetura.

Se nós tivéssemos de harmonizar as diferenças indesejáveis, se tivéssemos de reconhecer a providência humana, se tivéssemos de desenhar as casas e a cidade ideal, como o faríamos? Onde esse valor de caráter humanístico apareceria no seu projeto? Como você desenharia uma casa? [...] Podemos ampliar a complexidade dizendo: se tivéssemos de fazer hoje, aqui em Taubaté, todas as casas que faltam para completar o Planejamento — suponhamos que tivéssemos de fazer 20 mil habitações, é um exercício, estamos numa escola e vamos fazer as 20 mil habitações que faltam nesta cidade —, quais providências vocês acham que deveríamos tomar de saída? Provavelmente, entre as primeiras não estaria a escolha de um terreno porque, se nós colocarmos 20 mil casas em um só lugar, haveria uma dissociação da cidade. Então já ficaríamos com outra hipótese, que parece mais consistente.

Depois disso, teríamos de considerar como a estrutura urbana já existente haveria de enriquecer, de se transformar, se amoldar, para receber as 20 mil casas. Elas seriam todas da mesma qualidade? Provavelmente não. Haveria casas maiores, outras menores; a princípio, só esses dois tipos de casa — maiores ou menores. Onde deveriam estar essas casas? Vocês conseguem imaginar casa como objeto isolado? Cada uma dessas 20 mil casas seria posta em cima de um terreno, no chão. Elas teriam um jardim do lado, um jardim na frente e um quintalzinho no fundo? Ou seria mais conveniente juntá-las de lado, umas nas outras, como já se fez nas ruas daqui? Ou seria melhor dividir 20 mil por 10 e ficar só com 200 construções e fazer 200 prédios de dez andares? Ou seria melhor ainda imaginar quatro ou cinco tipos, com a visão da tipologia, tirada da experiência já existente, e procurar no plano da cidade como adaptar essas casas à malha urbana? Seriam construídas em vazios da cidade? Ou seriam demolidas parcelas da área, já construída e deteriorada, para a reconstrução de casas novas? Todas as casas seriam familiares? E se os professores solteiros da universidade também quisessem morar aqui e, não tendo família, preferissem outro tipo de casa? Será que entre as casas, em relação à questão do morar, o hotel não poderia ser incluído como casa provisória, casa para a população itinerante? Então, nesse elenco, faltariam alguns hotéis.

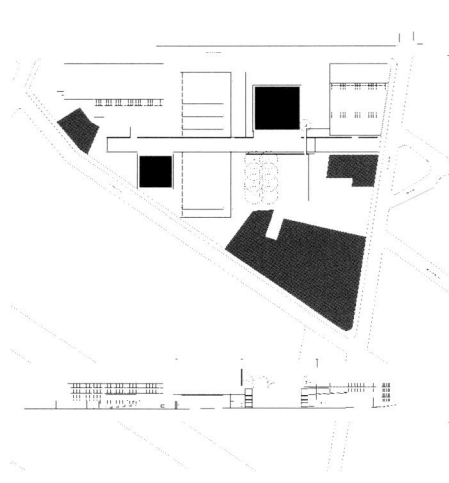

SESC Tatuapé, São Paulo, 1996.
Concurso.
O projeto SESC para a construção dos centros populares de esporte e cultura é experimental tanto quanto a visão moderna de urbanismo. Enquanto a ideia ensaiada nas disposições espaciais construídas, estas instalações surgem fluidas e móveis na forma de uma arquitetura com poder de urbanizar um lugar descrevendo sua transformação.
Com a colaboração de MMBB Arquitetos.

Não seria o caso, também, de imaginar pessoas tão ocupadas que não pudessem se preocupar com cozinhar e, portanto, preferissem um tipo de pensão? Também algumas pensões?

Eis um universo de especulações. Este é o objeto da arquitetura: configurar a manifestação sobre a beleza, sobre a cultura e sobre os valores humanos, humanísticos do nosso existir, ao construir aquilo que é necessário.

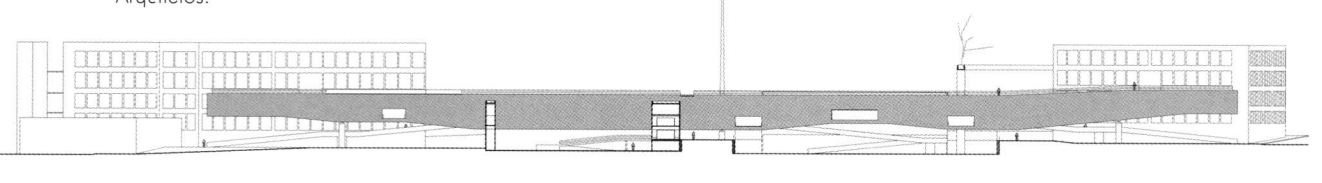

Vamos além. Pensemos, agora, nas unidades produtivas do campo, da agricultura, nas fábricas, no comércio, na universidade, nas escolas, nos hospitais, nos centros de saúde. O que é uma cidade? O conceito de cidade é algo a ser cultivado, inventado e transformado no tempo. Temos de examinar as cidades, estabelecendo sobre elas um plano crítico capaz de transformar a situação existente. No processo de construir aquilo que falta, fatalmente estaremos transformando o espaço. Podemos fazer de modo que seja absolutamente desejável e com atributos de beleza! Esse é o momento da criatividade, da expressão, naquelas coisas que são artefatos, daquilo que imaginamos que nós mesmos somos. É uma visão de caráter poético sobre a forma. Uma forma que tenha beleza poética capaz de dizer a consciência que temos ao fazer aquilo. Como se o outro, vendo nossa obra, pudesse entender grande parte daquilo que somos ou pretendemos ser.

Quero lhes lembrar um exemplo de edifício. Provavelmente todos conhecem: o Edifício Copan, em São Paulo. Até hoje, para o senso comum da compreensão e da crítica que se faz sobre a cidade de São Paulo, esse exemplo costuma passar como algo a que se dá muito pouco valor, ou se dá valor errado. [...] A 50 metros da Estação República do metrô, o embasamento está associado ao plano da cidade: abriga cinemas, teatros, quitanda, empório, alfaiate, lojas de móveis, cafés, botequins, lanchonetes, tudo isso num lugar onde se pode caminhar. [...] É uma habitação popular de cinco mil pessoas, o que é mais ou menos a quarta parte da população de muitas cidades brasileiras. É uma associação excelente no aprimoramento daquilo que se chama moradia. Um quarteirão, uma freguesia! E esse prédio nunca foi tido como de habitação popular. [...]

Vocês podem notar que existe nesta situação um ingrediente de política de ocupação do espaço urbano. Há um enorme poder de transformação de uma coisa em outra. Nada pode ser nada a não ser aquilo que nós atribuímos como valor. Se atribuímos valor ao Copan como habitação popular, este valor não se atribui aumentando o preço da habitação popular. Então, diante do nosso problema das 20 mil casas que faltam, qual modelo adotaríamos? Acharíamos que o melhor modelo seria concentrar as habitações para que, em vez de construir casas isoladas, a cidade progredisse e se animasse? Como se faria isso? Esse é o tipo de decisão chamada partido arquitetônico. É a ideologia primordial, é aquilo que, uma vez assumido como ponto de partida, orienta todo o desenvolvimento do projeto. É esse o momento em que se associam, primordialmente, planejamento, urbanismo, tecnologia, arquitetura e responsabilidade cultural face ao objeto construído. Essa atribuição engloba, enfim, um valor artístico, valor significativo para um artefato construído. E temos de decidir à luz de considerações desse teor. Em qual nível de elevação colocamos o estatuto humano ao decidir sobre a forma que daremos à casa? [...] É preciso que vocês tenham muito claro que estudar arquitetura não corresponde a uma forma de arranjar um lugar na sociedade apenas para conseguir sobreviver profissionalmente. Esse é apenas um aspecto da profissão. Mas o tipo de consideração que estamos fazendo é outro. É sobre o que leva ao necessário aprofundamento do nosso plano crítico para que nós, arquitetos, sejamos uma entidade, para que a arquitetura seja assumida como uma entidade de conhecimento indispensável na tomada de decisões sobre as construções humanas. E as construções por si, sem essa atribuição de valor humanístico, degeneram e fazem degenerar o espaço urbano e a sociedade humana.

Essas indagações são discutidas por antropólogos, por artistas de outras áreas, filósofos... Mas o arquiteto tem de levar ao limite esse ingrediente de caráter criativo humanístico, tem de tratar os empreendimentos humanos fundamentalmente como linguagens. É a nossa tarefa! É o nosso empenho e o nosso objetivo, a ponto de nos termos tornado indispensáveis no conceito dos grupos, nos simpósios, nas associações interdisciplinares que decidem sobre o futuro da humanidade, sobre a ocupação do espaço. É uma responsabilidade que estamos assumindo. Temos de inventar, de desenvolver planos críticos sobre as questões de representatividade e do significado das coisas para podermos contribuir na decisão de fazer as coisas, na abertura de estradas, na determinação do lugar dos portos, na defesa da natureza e na preservação dos recursos naturais. Essas decisões, objetos de planejamento, necessitam da presença da arquitetura. Visão arquitetônica sobre a própria paisagem...

[...] Pensemos nos Ianomâmi, a nação indígena descoberta recentemente e, por isso, ainda detentora de uma memória não corrompida pelo nosso tipo de sociedade. Na construção da oca eles revelam a inteligência e a sabedoria do olhar sobre a natureza. Sua casa é o resultado evidente da observação arguta de quem quer tirar da natureza algo que ela contém, mas ainda introduzindo, sob a forma de um desejo, altas aspirações existenciais, subjetivas e mágicas. Como todo homem, o Ianomâmi quer possuir uma casa que reflita coisas que ele já está fazendo, mas que vá além de um simples morar, que seja um processo associativo, que seja o abrigo do discurso que, imagino, os índios façam à noite, trocando ideias e impressões a respeito de seus empreendimentos e caçadas. Uma casa que seja a manifestação do caráter ritual, para eles fundamental, no plano da educação e da transmissão do conhecimento. Ele teve, olhando para a natureza, de engendrar na mente, prever sua casa. E olhando para a casa do Ianomâmi, podemos imaginar seu morador dizendo: eu sou de tal sorte que quero fazer isso: cravar uma haste, trazer um tirante leve de madeira dando dimensão a isto de acordo com toda a complexidade do meu existir. Vou cobrir de palha um trecho, deixando uma fresta, até um pouco menor do que eu, de modo que tenha de me abaixar para entrar. Farei com isso uma figura fantástica, com dimensão de catedral e, no meio, poderei fazer meu fogo, que não vai atrapalhar. Abrirei a minha rede e ficarei com a família. Eu posso exercer plenamente, nesta magnífica construção, aquilo que eu já era antes de construí-la. Ela será o produto da minha imaginação sobre a natureza que transformo em novos recursos. E tenho consciência de que esta casa, usada por um tempo, pode ser simplesmente abandonada e que posso construir outra, em outra cidade. E esta será tomada pela mata, porque é biodegradável, sumindo com o tempo.

Clube da Orla, Guarujá, 1963.
Concurso.
Júri: Vilanova Artigas, Joaquim Guedes e Oswaldo Bratke.
Com a colaboração de João Eduardo de Gennaro e Waldemar Herrmann.

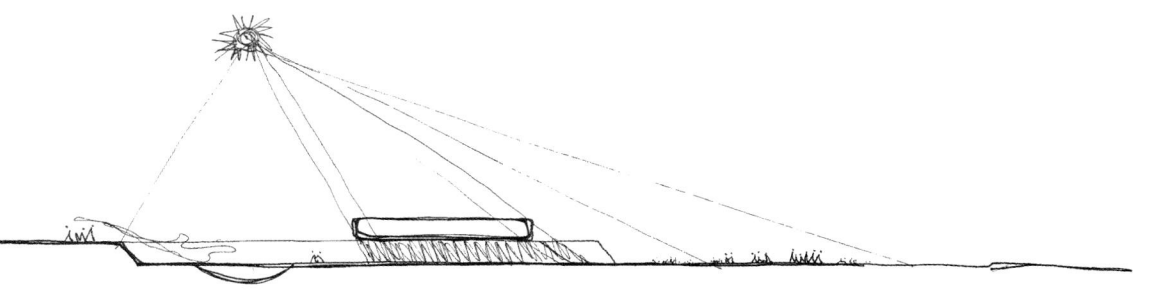

Este é um exemplo de expressão da mentalidade de uma nação Ianomâmi. A nossa nação, por acaso, não teria uma outra expressão, como a deles? Nós temos consciência do que somos? Não temos nenhum plano, nenhum projeto? Somos apenas papa-hambúrgueres ambulantes e ouvidores de asneiras? Não teríamos um ideal mais alto com relação à miséria em que está o país? Será que nenhum de nós teria um plano crítico sobre a idiotia de uma rodovia que liga São Paulo ao Rio de Janeiro e que acumula casebres em volta, onde todo mundo morre atropelado? Temos ou não uma visão política capaz de interferir e intervir sobre a natureza e sobre a natureza construída, sobre a geografia *in natura* e sobre a geografia construída pelo homem? Sabemos ou não avaliar o valor do trabalho humano, discernir um rio que já é um canal e aquela costa brava que já é um cais de porto? Temos ou não uma visão capaz de projetar, de maneira formal e visível, a ideia que nós temos de nós mesmos? Essa questão é fundamental para a arquitetura!

O quadro de apoio é histórico. [...] Se mobilizarmos mesmo esta consciência alçada até o nível em que seja possível imaginá-la, se, com este estado de espírito, numa espécie de loucura premeditada, sentássemos para projetar as 20 mil casas que faltam em Taubaté, quem sabe pudéssemos fazer excelentes exercícios de arquitetura. Exercícios de arquitetura, nenhuma empresa estaria nos encomendando. Não teria nada a ver com a profissão, nem com a possibilidade ou não de construir. Como seriam as 20 mil habitações, para cerca de 100 mil habitantes, que gostaríamos de ter aqui, próximas de nós? Onde estariam os habitantes? Por onde entrariam e sairiam? Como seria seu trajeto, rua após rua? Se é impossível imaginar, pega-se o mapa da cidade. Como se fica conhecendo um lugar? Conhecer não é só chegar lá, olhar... Conhecer criticamente é reportar-se ao passado para projetar o futuro. Isso contraria de algum modo o nosso projeto. E qual é a nossa posição diante de modificações de projetos, às vezes inexoráveis, como é o caso dessa estrada? Dizendo, no meu entender, isso deve ser assim!

É preciso imaginar um complexo de benfeitorias humanas, trem expresso de passageiros, rodovias com todas as pistas necessárias, descidas para o porto de São Sebastião, trechos de mata preservada — apesar de cruzada por estradas —, cidades nascendo desse complexo, de forma exuberante, plena, advinda de uma visão utópica, mas calcada em todos os recursos disponíveis, porque muitos desses recursos já estão gastos de forma desordenada! Mobilizar esse tipo de perspectiva para ensaiar um projeto é o que caracteriza uma atitude de arquiteto!

[...] Quanto àquele exercício sobre a cidade, que eu acho muito interessante experimentar, como é que uma cidade pode ser revista, pode ser transformada naquilo que ela deseja vir a ser? Como ela pode ser modernizada? Enfrentando o problema das suas necessidades, particularmente o que é mais candente, a questão da casa popular. Não seria desejável a casa na área central da cidade? Não todas, mas um dos tipos de casa, não seria ideal morar aqui? Morar na rua aí do lado? O que seria esse prédio? E com relação às lojas? Sobrelojas? Com comércio e casa em cima? Que modelos vocês são capazes de imaginar para essas situações? No quadro da casa e da habitação, um dos mais importantes no nosso país de hoje, convém considerar ainda dois ou três aspectos. Uma das mais sérias considerações sobre a questão da casa popular, especialmente no caso de Taubaté, é lembrar que o trabalho agrícola não exige necessariamente habitação no campo. Os trabalhadores da agricultura desejam ser e precisam ser cidadãos urbanos, trabalhando no campo e podendo voltar para a cidade. Eles são homens cujos filhos precisam ir à escola. Eles poderiam querer ir ao bar tomar uma cerveja, conversar com os amigos e ler jornal; poderiam frequentar cursos noturnos. Aos sábados e domingos precisariam conviver nos bares e cinemas, teatros, na vida urbana. Esta é a perspectiva histórica do seu próprio trabalho, nunca foi um sonho do camponês ser camponês, viver na solidão dos descampados.

O segundo dado importante é, imaginando a habitação nas áreas centrais das cidades, considerar modelos que permitam a convivência das

AMÉRICA, CIDADE E NATUREZA

Edifício Residencial Jaraguá, São Paulo, 1984.

Tal que se mantivesse a visualização nas direções leste-oeste, a estrutura se compõe de duas empenas e seis pilares recuados 2,5 m da fachada e a distribuição dos espaços propõe um desnível desejável.

Com a colaboração de Eduardo Colonelli, Alexandre Delijaicov, Eduardo Aquino, Fernando Soares de Freitas, Geni Sugai, Marina Cobra, Rogério Marcondes Machado.

atividades fabris, principalmente terciárias, de prestação de serviços, comércio e indústrias leves, diretamente com a habitação. Esse é um modelo que o mundo conhece, há muito tempo, o comércio e a habitação juntos. Essa é uma seção que poderia ser belíssima, que se teria de rever, a galeria de comércio, a casa, a circulação por praças internas, por ruas laterais, o lugar de recreação em estreito convívio. Faz-se necessária uma nova série de modelos. Então, a projeção desse ideário da experiência humana e da história abre mais uma perspectiva, completamente outra: a de procurar modelos alternativos, a de rever o que está na moda com uma ideia de tipologia, o que possa ser moderno, ou pós-moderno, hoje em dia.

Para nós, modernidade é, antes de mais nada, um estado de espírito. Modernidade não é outra coisa senão a consciência do estabelecimento de uma perspectiva objetiva sobre a natureza, sobre a história e sobre a adequação do espaço urbano para uma vida plena, com liberdade. Por que não?

Pergunta — Qual é a relação entre trabalhador e criatividade?
Um calo na mão de um trabalhador é um tipo de transformação. É aquilo que ele acabou sendo. As coisas tomam um pouco esse sabor: é como uma faca muito usada, uma ferramenta cujo cabo se adoça ao tato com a mão. Eu tenho uma goiva, que não sei de onde veio, mas que está na minha casa. Eu, que nunca fiz gravura, percebo uma doçura no cabo de ébano, que foi feita pela mão de tanto trabalhar com o instrumento. Essas marcas têm um valor particular. [...] Na procura do porquê fazer algo é que se tem as razões que fazem com que o objeto ou o artefato produzido tenha um potencial, um arcabouço de linguagem e de informação indispensável na evolução da História do Homem. Isso é o que se faz em cada gesto e em cada coisa.

Pergunta — Se o arquiteto começa por determinar a dimensão da cozinha e não é isso que os moradores querem, como relacionar o espaço externo com o de dentro da casa, com o que eles querem?
Eu não concordo com a ideia de "eles". Não estamos aqui para fazer a casa deles. Eles somos nós. Não existe nós e eles. O arquiteto não é uma pessoa privilegiada que vai fazer a casa para eles. Nós somos o povo, e quem não for, trate de aprender a ser! Não existe diferença!

[...] Há ainda outro aspecto a revelar: a poética da improvisação popular. Na verdade, todos fazemos nossa casa à nossa feição. Se, por um exercício puramente intelectual, imaginássemos trocar de casa uns com os outros durante algum tempo, não reconheceríamos mais o nosso próprio quarto, porque um toca violoncelo, o outro enche o quarto de livros até o teto e um outro gosta de dormir no chão e não ter nada no quarto além de gravuras. O habitat humano chega ao nível da individualidade extrema da cela onde se mora, dorme e trabalha.

Vou lhes contar de quando estive em Havana e visitei a casa do senhor Hemingway. Não foi ele quem fez a casa, mas talvez tenha feito alguma reforma. Sei que a caixa d'água foi ele que fez. Parece um castelo: pode-

-se subir até lá. Muito bem, o que eu queria contar é sobre o arranjo daquilo que é peculiar na casa de Hemingway. Há uma mesinha dessas que se prendem na parede em balanço, de uns 40 centímetros por um metro e meio, um aparador. Naquele aparador havia uns papeizinhos e uma máquina de escrever e, no chão, todo de ladrilho, uma pele de leoa muito macia. Eu perguntei: Que altarzinho é esse aqui? O que será isso? Responderam-me: aqui é onde ele escrevia. A casa era cheia de mesas, havia até uma escrivaninha para um secretário que respondia às cartas. Para escrever, entretanto, Hemingway ficava descalço, com os pés no chão, durante cinco, seis horas, às vezes sem parar, na maquininha de escrever. Por isso a pelezinha de leoa, porque o ladrilho era frio.

Nenhum arquiteto faria uma casa prevendo onde iria ficar aquela máquina de escrever e se precisaria mandar buscar uma pele de leoa! [...]

Esta é uma questão do morador. Tanto melhor que as construções tenham tecnologia mais avançada, porque a estrutura não dependerá das paredes. Se um solitário quiser comprar uma dessas casas, se for professor de flauta e toca na Orquestra Sinfônica, ele poderá mandar tirar todas as paredes, pôr um colchão lá no fundo e fazer daquilo um estúdio, tocando flauta o dia inteiro no salão. Não se pode prever isso. Quer dizer, não é que não se possa prever esse tipo de coisa. O que é preciso é prever que faltam 20 mil casas e que temos de fazê-las, como ponto de partida.

É preciso não confundir a poética popular com a manutenção da pobreza para que se exerça inexoravelmente essa poética. Sabe-se lá o que faria o senhor Van Gogh sem tinta e sem pincel! Com certeza, algo extraordinário também! Com as mãos, com a lama, com a saliva! Mas não seria necessário colocá-lo nesta angústia, nesta contingência. Seria melhor que ele tivesse suas tintas, seus pincéis e suas telas. É preciso não confundir a questão do popular com uma posição reacionária de achar que o mundo é assim mesmo e ainda bem que existem os pobres, porque senão não teríamos panelinha de barro! Tomara que nunca tivéssemos tido panela de barro, contanto que não houvesse nenhum pobre!

A história da cerâmica, a descoberta da fusão das terras, uma coisa que veio do saber humano, há longa data, tem muito pouco que ver com a pobreza e com aquilo que é feito por necessidade extrema com recursos pobres. [...]

Pergunta — E quanto à inovação no Brasil?
Com uma interpretação que me parece oportuna para sua indagação, lembro que a arquitetura no Brasil tem tido uma grande importância inovadora no estímulo ao desenvolvimento da técnica e da indústria da construção. Por meio de projetos brasileiros há um incentivo ao desenvolvimento tecnológico em geral, ao desenvolvimento da engenharia e da indústria da construção. A invenção formal é solicitante quanto à mecânica dos solos, tecnologia dos materiais de construção, metalurgia, novos artefatos com emprego de materiais sintéticos e uma infinidade de produtos. A indústria do vidro, a indústria química para impermeabilizantes, tintas, materiais de revestimentos, etc. A arquitetura lida diretamente com a ideia de transformação. Acompanha e sugere novas formas de vida em sociedade através de projetos que inovam ou elogiam modos de comportamento social, e sempre em trânsito. [...]

Pergunta — Quanto ao espaço humano referente à verticalidade e à horizontalidade: será que não seria mais agradável, no Brasil, criarem-se espaços mais baixos, mais abertos, habitações mais horizontais do que verticais?
[...] Acho que não há nenhuma contradição entre espaço humano horizontal ou vertical. Não acho que o horizontal seja mais humano ou que a moradia em altura seja necessariamente desumana. O que eu vejo é uma necessária racionalidade dentro desses conceitos discutíveis, que dizem respeito ao que seria a virtude da forma no saber arquitetônico. [...] Não vejo associação direta do valor humanístico com a horizontalidade ou verticalidade.

[...] Dizem que perguntaram ao Lucio Costa porque ele fez os prédios dos conjuntos habitacionais de Brasília com seis andares. Qual foi o critério? Hoje eu sei, por minha conta, mas a resposta dele sabem qual foi? "Olha, eu achei que a experiência de quem mora na praia é que no máximo do sexto andar a mãe pode chamar o filho porque está na hora do almoço." São relações que se estabelecem. [...] Um projeto envolve muitas variáveis de interferências, às quais se deve dar a justa medida para adotar a que parecer mais justa.

Pergunta — Gostaria que se fizesse uma ligação entre Los Angeles e São Paulo. Los Angeles é uma cidade horizontal...
Esta é uma observação que é melhor não deixar passar. Ninguém defende a construção vertical como em São Paulo. Ao contrário. Estamos chamando a atenção sobre isso por causa das razões do planejamento, para que se previna com que desenho se vai verticalizar, aceitando ou não alguns exemplos, alguns modelos verticais. [...]

Aqui deu-se o desastre com relação à natureza primordial. Paris, por exemplo, tem esgotos há muitos séculos. As primeiras construções de Paris foram sua igreja e sua universidade. Aqui estamos brigando até hoje para construir um conjunto universitário. Temos de superar esse atraso e não adotar os modelos de especulação e da exploração da natureza. [...]

A questão da verticalização é muito interessante, uma questão formal, evidentemente. E está muito ligada aos problemas relativos à natureza: de uma forma objetiva em relação ao que os arquitetos pensam sobre o espaço, as paisagens, mesmo o paisagismo, a reprodução da natureza. Já podemos, hoje em dia, ter um olhar arquitetônico sobre a natureza, sobre a arquitetura da natureza, uma projeção humana sobre a natureza e não uma arquitetura na natureza — isso seria inumano. O humanismo projetado na natureza, a visão arquitetônica da natureza, é a consciência aguda sobre a paisagem, sobre a ocupação do espaço. [...]

Terceira aula

[...] a título do que seja oportuno dizer hoje, vou levantar algumas questões, de forma conclusiva, digamos assim, de tudo que se possa falar sobre arquitetura. Evidente que o que fica, fundamentalmente, é aquilo que vai nos acompanhar a vida inteira nesta profissão, nesta tarefa, que são as dúvidas, as indagações em relação à realidade concreta de nossa vida, o que nós vamos fazer, o que vocês vão ter que fazer, as posições, os momentos de tomar decisões. Por que eu vou fazer o quê? Diante desse quadro, é indispensável que nós tenhamos aquele espírito crítico, sobre o qual já falamos aqui. E, evidentemente, temos que olhar diretamente para o agora, para a arquitetura que esta aí, a que está se fazendo, a que mais nos solicita sobre todos os aspectos. Aspecto intelectual com relação à emoção de ver aquelas coisas lá, feitas.

Do ponto de vista do que se pode chamar de a intriga da sociedade em relação à ideia de sucesso — o que quer dizer "isso vende, isso não vende", é desejável... —, quem demanda a arquitetura? É a intimidade de cada um, a consciência de cada um. O que nós discutimos aqui são questões fundamentais sobre o conhecimento humano relacionado com a arquitetura. Para descer a esta prática imediata há, sem dúvida, uma dificuldade muito grande. Nós temos que observar o mundo como ele é, as coisas como elas são. Não podemos transformar o mundo de uma hora para outra. [...]

O que acontece na produção artística, cultural e intelectual é que nós temos que aproveitar, na vida, os momentos que desaparecem de uma forma ou de outra, procurar incentivar esses momentos, ver a possibilidade de fazer política sobre urbanismo, sobre ocupação de espaço, política sobre habitação popular, política sobre habitação de uma maneira geral, política sobre transporte. É indispensável que vocês assumam essa posição, para uma perspectiva das suas vidas. Vocês terão que se engajar, de uma forma ou de outra, em situações onde estas questões possam assumir caráter reivindicatório. Caráter de condições, em nome de um consenso social, que possam ser defendidas, que possam ser reivindicadas. [...]

Nesta medida, a própria Escola de arquitetura é um recinto de produção intelectual nesta direção do sentido político que se possa dar ao

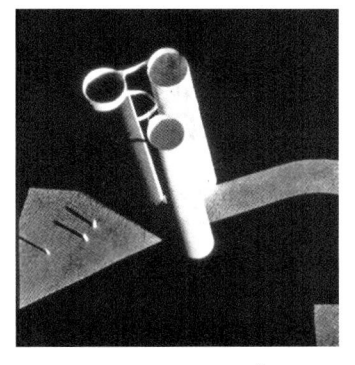

PROJETO PARA RESERVATÓRIO ELEVADO
URÂNIA - SP, 1968.

500 m³ em três reservatórios irmãos ligados, pelas bases, como vasos comunicantes, e nos topos, para manutenção, com acesso previsto através de um elevador interno a um dos cilindros. O sistema construtivo proposto para cada cilindro de concreto armado é o de formas deslizantes limitadas a 5 m de diâmetro.

Com a colaboração de Horácio Hirsch e Newton Arakawa.

conhecimento. A Escola em si tem este poder. Não se pode ver a Escola de uma forma passiva, como o lugar onde necessariamente se adquire o diploma que lhe dá o direito de exercer uma profissão sobre a qual não se discute e não se têm posições de caráter teórico e até mesmo com poder político, no sentido de que todas essas entidades do conhecimento, de uma forma ou de outra, transformam a sociedade.

[...] Li recentemente no jornal um poema de um brasileiro, Frederico Barbosa, que praticamente resume o que eu quero dizer. Poema muito bonito, cujo título era Lascaux, que, como vocês sabem, é uma caverna onde existiam pinturas de milhares de anos atrás. [...] Lascaux fala de imediato, num texto muito curto, muito conciso, de cinema, de televisão, de Paul Klee, de Billie Holiday e coisas por aí. É uma poesia belíssima em que essas imagens são associadas. A ideia desse poema é que aquela caverna, as pinturas, e depois a literatura, e depois o cinema, e depois o canto de Billie Holiday são momentos do conhecimento humano. São os momentos onde você registra aquilo que descobre como fundamental para a própria vida. Os desenhos dos animais são também estudos de biologia, de anatomia, maneiras de organizar melhor a caça, de prever a alimentação daquela sociedade que lá está. São momentos de reflexão sobre as ações humanas. E são, aquelas pinturas, momentos de invenção de linguagem, como cantar, como vocês estavam dizendo agora. São manifestações que levam a dizer o que nós somos, como nós dançamos, como nós nos alegramos, como nós falamos uns aos outros sobre o que sabemos, sobre o que somos. Os "altos ideais da festa", para lembrar que, "durante a festa, a voz do tempo fala principalmente do futuro".

A arquitetura também é isso.

[...] A situação do mundo modifica-se substancialmente, velozmente com esta nova perspectiva de paz mundial. [...] Eu acho que este é o paradigma do momento que estamos vivendo, sem dúvida nenhuma. E diante desses fatos que nós estamos vendo, que estão às vezes até unidos, digamos assim, nas filmagens a que assistimos, de grande humor, humor no sentido de grande esperança, de grande desafogo. Humor no sentido do que estava acontecendo aqui há 20 minutos, essa alegria de vocês. Eu vi na televisão, talvez vocês também tenham visto, empresários, pequenas empresas, reportagens engraçadas sobre o que fazer com os tanques de guerra que estão na Alemanha. Existem na Europa, hoje em dia, milhares de tanques de guerra. Então já apareceram empresários que transformam esses tanques de modo, podia-se dizer, carnavalesco. Eu acho isso fantástico... Transformam em engenhos agrícolas, mas carnavalescos, porque não é a única coisa que se tem que fazer com um tanque. Porque se fosse um projeto original para aquele objetivo, não seria daquela maneira. Portanto, fica um tanque meio geringonça, digamos assim. E apareceu, inclusive, um americano rico que fez questão de comprar um inteiro, como estava, para passear. Passeia naquele tanque com o capacete, vira aquele canhão para lá e para cá, como quem compra um automóvel antigo, coisa assim. É uma visão rabelaisiana deste senhor. Rabelais, que escreveu coisas tão bonitas sobre a Idade Média, numa perspectiva de carnavalização, de encenação popular dos valores culturais. Ao mesmo tempo é uma reflexão!

Ao fazermos essas coisas, desmantelarmos artefatos de guerra sob novas perspectivas, novas esperanças desse mundo de paz, estamos promovendo uma forma de revisão da história. Mundo esse que interessa ao Vale do Paraíba, interessa aos nossos rios, interessa à perspectiva do nosso povo. Uma inversão por correção racional, imposta por uma realidade inexorável da vida humana. Nós mesmos chegamos a este ponto de inversão das perspectivas de destruição às perspectivas de paz.

[...] É o momento em que a voz de uma Billie Holiday tem o mesmo valor das pinturas de Lascaux. Nós compreendemos agora aquelas pinturas das cavernas. As notícias e o cantar dos homens sobre si mesmos. [...] A nossa vida é isso. É uma vida onde só cabe esperança. Ela não pode ser efêmera. Ela necessita do cantar, do desenhar, do fazer permanentemente. Contínua elaboração de linguagem. E, com essa linguagem, um contínuo dizer ao outro o que somos. E a arquitetura das formas entra, então, diretamente nesse universo, sem dúvida alguma.

Essas ideias fazem lembrar outro poeta, o senhor Cruz e Souza, negro dos últimos anos da infame escravatura no Brasil, que num poema introduz um verso muito importante, dos mais sublimes, que poderia ser o ABC da arquitetura: "Ó formas alvas, brancas, formas claras...." Por que não? Porque se faz cada cozinha, organiza cama e fogão, se fazem as fábricas, as escolas, e deste fazer todo resulta uma cidade, caminhos, encontros. É das mais sublimes manifestações, sem dúvida, do engenho humano: o fazer arquitetônico. O transformar. Essa transformação é poética, com a lírica de um povo, toda a cultura com coisas feitas como paredes brancas, com sombra e calor, de dentro e de fora, e tudo isso. Essas coisas simples já são naves espaciais, vêm de lá para cá.

Nós nos tornamos a imagem de nós mesmos. Nós já podemos nos ver no mundo todo. E isso é tremendamente importante. Eu digo isso para vocês quase como saudação, para comemorar este fim de ano e como quem diz: não se assustem com as coisas assustadoras, porque elas não foram feitas senão como as experiências do homem. E tenham esperança, porque a realidade é de uma concretude tão grande que tudo deve nos animar. [...]

O momento é o das realizações, das utopias. Quer dizer, cabe perguntar a cada um de vocês, como se fosse fácil, como vocês gostariam de morar, quais são os sonhos que vocês sonham, os projetos que vocês têm em mente e que perspectiva têm de poder realizá-los, etc. Isso é muito interessante. É o momento de aguçar o olhar para ver além daquilo que é simplesmente visível, o concreto e o abstrato.

[...] para a mente de um homem é possível ter uma visão arquitetônica sobre o universo, sobre a paisagem. [...] Ouvir uma coisa aqui, outra coisa lá. E construir uma resposta capaz de ser íntegra em relação a várias áreas do conhecimento. [...] Tanto a arquitetura é paisagem como a paisagem é arquitetura. Porém, natureza é natureza, trabalho do homem é trabalho do homem. Essa distinção precisa ser feita. É uma ideia de humanização da paisagem que é transformada em espaço habitável, como manifestação de cultura, com construções.

Justamente a monumentalidade da favela reside — na maior parte, se é possível pegar a entidade "monumentalidade" e dividi-la em ingredientes —, na manifestação da vontade, da consciência da urbanização. É lá que eu tenho de morar, etc... É uma forma de se tornar cidadão na marra. É a parte mais interessante da monumentalidade da qual eu falava. Não é a forma do barraco em si. Aquilo já é uma expressão formal daquela monumentalidade.

AULA INAUGURAL — 50 ANOS DA FAU-USP

FAU-USP, 11 de março de 1998

Esta aula inaugural de 1998 é especial e se propõe comemorativa. Inauguramos os tempos que haverão de suceder os primeiros 50 anos de uma experiência extraordinária para o conhecimento do âmbito da arquitetura e do urbanismo. Fundada essa experiência sob a determinação de que "foi criada uma faculdade de arquitetura original, no Brasil e na América Latina, com uma realidade artística voltada para o fazer, não para o exibir".

Dizer que foi criada significa que terá de crescer e se expandir como na imagem de Vieira: "Quereis ver com os olhos de ver, então vede: a árvore possui raízes, tronco, galhos, ramos, folhas, flores... e frutos." E, para comentar este empreendimento extraordinário, a fundação de uma escola calcada nas mais remotas memórias do gênero humano, enquanto já está diante de nós o planeta pequeno e desamparado no universo, convocamos a palavra cidade, com a imaginação voltada para a palavra desenho, título da aula matriz desta escola proferida por Vilanova Artigas ainda nos anos 60.

Estas memórias carregadas de vontade fazem aflorar a ideia de promessa, sucesso e sucessão. Exortam, estas memórias, a enfrentarmos o futuro fundados na crítica, instrumento da ação, e nos esteios das dimensões do desenho desta escola, que pode dizer de si mesma o quanto aqui se desencadeiam, engendradas na dificuldade das contradições entre ideia e coisa, imaginação e construção. Construção de um território para ser habitado no modo humano, no confronto com o espanto inaugural da nossa presença no universo revelada na consciência e na linguagem. A cidade, que não é fenômeno, é premeditada ação, projeto.

Assim, convidamos a nós mesmos para uma viagem aos remotos tempos das cavernas, para assistir como aprendemos a andar, falar, desenhar e escrever. Como aprendemos a imaginar. A ideia de estudar, centrados num plano crítico, interpelando sempre as origens da nossa existência para animar a nossa vida com a ideia de estarmos vivendo a mesma e eterna aventura de destrinchar e desvendar o que somos no universo, faz com que a memória crítica e a imagem de uma sempre inacabada narrativa acompanhem a vida dos arquitetos e do ensino da arquitetura.

Mais do que nunca, hoje chegamos a um estado da nossa existência em que o conhecimento, mais do que a natureza, nos surpreende. Na tentativa histórica de simular a natureza e obrigá-la a revelar os seus mistérios, chegamos a um momento da nossa existência em que o que de fato nos apavora não são os trovões, as manifestações que não sabíamos de onde vinham e nos surpreendiam. Hoje o que surpreende é a consciência sobre o nosso próprio corpo. Hoje o que exige de nós integridade, o que exige de nós estoicismo é o confronto com o nosso próprio conhecimento, saber que somos fruto da mesma matéria com que é feita a luz das estrelas, saber que contemplamos o mundo de fora dele mesmo e ter, para forjar, uma consciência, que será nova como um fato novo no universo. Diante disso, a biosfera, a crosta terrestre, o território que habitamos não é outra coisa senão um frágil vestíbulo dos espaços que começamos a sondar, imaginar, fotografar, mas ainda esperamos, como nunca haveríamos esperado, expandir a vida humana no universo.

Os tempos em que vivemos acentuam a dimensão trágica e dramática da nossa existência. Acentuam-se os quadros de horror, porque a distância entre o que fazemos e o que sabemos cada vez mais torna-se espantosa, mensurável. Conhecer, hoje, a formação do nosso próprio psiquismo, indagar o que significa a condição dual da existência humana masculina e feminina, considerar dimensões nunca antes compreendidas faz de nós o gênero humano, o habitante do planeta, os vivos, ao mesmo tempo diante do estatuto da arquitetura e do urbanismo, figuras destinadas a dizer o que nunca foi dito antes. Não são denúncias sobre amargos erros do passado o que nos move, mas aspirações calcadas no que se pode chamar de altos desejos, altos desígnios do gênero humano. A dimensão política da nossa existência.

No âmbito desses raciocínios surge uma contingência particular e extraordinária para nós, brasileiros: o fato de termos uma experiência peculiar dos problemas do mundo contemporâneo nesta América Latina, sobre o estado do homem, o estado das artes, o estado das instalações humanas, da filosofia. A ideia de uma filosofia útil, um pensamento não para dirigir, mas que engendre um horizonte capaz de alimentar aspirações particulares. Considerar a América para convocar o que se poderia chamar o mundo moderno para a arquitetura.

A palavra moderno pode ser banalizada ao nível do escárnio pelo intelectual pedante e alienado. É preciso compreender que as palavras são instigações, elas também magníficas construções, e a ideia de modernidade, dizem os mais fortes e amados pensadores, deveria, para nós americanos, estar voltada para o momento em que o discurso de Galileu sobre a posição do mundo no universo anuncia uma contraposição aos dogmas indignos da nossa existência. Como um incentivo à imaginação e ao espaço das navegações, medindo o tamanho do planeta, talvez a mais espetacular aventura humana tanto quanto possa ser uma aventura assim pela última vez na história da humanidade, um empreendimento aventuroso que comprovaria as afirmações da ciência, inaugurando a Terra inteira ela mesma navegante, amparada nos espaços pelas mesmas forças que sustentam as pedras das catedrais. E nós somos protagonistas particulares daqueles fatos, nós que vindos de longe, de todas as partes do mundo, transformamos estes novos recintos descobertos, nós que comprovamos, que descobrimos um planeta novo, que se dizia que não haveria de existir. A revisão crítica do colonialismo, da sua miserável e destruidora prepotência quanto à questão da arquitetura e do espaço habitado é fundamental hoje para o estabelecimento da integridade do que possa querer ser um homem contemporâneo, para todos os povos do mundo e para os colonizadores principalmente.

A prática que se vê na Europa na tentativa de reconstrução das cidades destruídas por guerras infames, com uma mesmice desoladora, faz com que voltemos os nossos olhos para a ideia de erguer, na natureza, a cidade aqui na América e estabelecer sobre tudo isso, sobre o estado das águas, das montanhas, das planícies, das entranhas da Terra, da espacialidade de um continente pacífico e atlântico, novos horizontes para os raciocínios, para as nossas aspirações, para a nossa imaginação quanto à forma e ao engenho das coisas que haveremos de construir. Na contradição que nos acompanhará sempre na existência, por todos os próximos milhões de séculos, é que devemos dizer hoje tomara que aconteçam, na contradição entre ideia e coisa construída, feita, material. Territórios ganhados do mar, rios canalizados, a mecânica dos solos e dos fluidos imaginando que o habitat humano é a cidade. Hoje o nosso mundo é uma constelação de cidades. O mundo aparece como astro inédito no universo cravado de cidades cintilantes que se intercomunicam, realizam e constroem o que será o nosso futuro, cidades que fazem com que o planeta agora possua uma luz própria, uma estrela falante que nasce com os homens.

Essas ideias são para a arquitetura absolutamente fundamentais porque a lógica, a urgência com que teremos de enfrentar tarefas do tipo consertar, acudir desastres nas cidades, deve ser orientada para o lado da razão primordial que deve nos animar: desenhar a cidade nunca vista antes. Produzir aquilo que a nossa imaginação engendrar como a suprema e possível instalação humana no universo. Uma ideia que poderia ser expressa assim: não teremos a dimensão, não teremos a capacidade, não teremos a justa imaginação para essa expansão da vida no universo se não for editada de um exemplo primordial, se as nossas ações neste planeta não forem de tal modo exemplares que possam ser editadas para o universo, como quem diz: a vida na Terra deveria se tornar de tal maneira desejável que pudesse seduzir o que vem a ser o futuro para adiante das dimensões estreitas deste planeta.

A América deveria ser vista por nós como uma possibilidade que vai além do infame Tratado de Tordesilhas. Concretamente, um brasileiro deveria dizer: se há uma reserva de ferro do tamanho das minas de Carajás, o nosso país não pode vender um território como esse sem consultar os povos dos outros países da América Latina. Uma consciência de riqueza que há de pertencer a todos nós, uma vez que a ciência e a técnica dizem que a natureza não se divide de uma forma mercantil e mesquinha. A esperança quanto a tudo isso é que deve ser capaz de mover as ações humanas para transformações sempre modernas. A vida dita ativa é como a vida de tudo que vive na face da Terra. O que caracteriza a particular vida do gênero humano é que essa vida não é dedicada puramente a uma atividade biológica, mas a uma atividade planejada e premeditada, um trabalho. E a ideia de projeto reside exatamente na possibilidade de uma configuração espacial, material e objetiva de construções que realizam desejos que nunca, em nenhum momento, foram realizados antes, e por outro lado se pode dizer os mesmos e sempre sonhados desejos. Como dizem os filósofos, nós somos assim: mesmo sabendo que vamos morrer, sabemos que não nascemos para morrer, mas nascemos para começar.

Esta escola representa isso, na medida em que chama para si uma responsabilidade imensa ou que não é preciso medir, mas que haverá de nos amparar a cada minuto na vida, qual seja, instalarmo-nos de modo significativo, discursivo, narrativo no âmbito da universidade. Esta escola cada vez mais há de, necessariamente, saber ensaiar modelos que possam seduzir, recompor e estimular todos os campos do conhecimento. É a arquitetura que será capaz de seduzir a física, seduzir a matemática, para dizer assim o que fará com isso ou aquilo. Realizações que objetivamente transponham distâncias, realizem aspirações humanas no âmbito da filosofia, da antropologia, da física e de todas as ciências que animam uma universidade. Não imaginamos uma universidade que produza conhecimento disponível, mas haveremos de dispor do conhecimento como quem diz: tudo que diz respeito a nossa vida resume-se a uma ideia de disposições espaciais nítidas e claras, mesmo antes de se tornarem coisas, ainda no estado de ideia.

Há uma constante na questão dos trabalhos humanos, da arquitetura, que persegue e aflige o espírito humano: a contradição entre criatividade, imaginação e coerção, limitação na racionalidade da técnica. Há uma expressão de um ilustre arquiteto que resume muito bem de quantas maneiras podemos fazer viver esta contradição. Eis a dimensão humana da inteligência, os largos desejos de liberdade e os instrumentos da racionalidade da ciência e da técnica. É uma reflexão que diz que a arquitetura seria um dispositivo feito de desenhos amparando a imprevisibilidade da vida. O que desenha a imprevisibilidade da vida é justamente a construção que é necessariamente nítida e rigorosamente técnica; não pretende determinar fim, modo, meio e programa, mas amparar a indeterminação, a imponderabilidade da liberdade individual. Nitidamente o desenho da cidade será aquilo que nos obriga a arrumar o território, a reconfigurar a natureza, suas forças e manifestações na superfície da Terra, de tal modo que possamos, como homens de hoje, flutuar sobre tudo isso, libertos das dificuldades e das angústias dos desastres. Diz-se também, enfatizamos aqui, como quem escolhe só o essencial para dizer nesta aula inaugural, que a arquitetura, na promessa de sua instalação primordial que se destina ao fazer e não ao exibir, realizar e não simplesmente espantar, pode surgir como uma visão estupenda naquilo que realiza essa concretude entre a racionalidade e a liberdade. Surgir com os indizíveis valores da beleza. A visão futura do tempo presente.

Com este andamento mais uma vez eu me lembro das palavras de Vieira, construindo um humano e desejado saber, uma genealogia da imaginação quase que premeditada. Ele disse nesta encantadora imagem: "Suponhamos que diante de uma visão estupenda saiam os nossos

Concurso de projeto para o novo campus da Escola de Administração de Empresas de São Paulo da Fundação Getúlio Vargas - FGV, 1995.

O projeto responde às condicionantes geomorfológicas do terreno, topografia acentuada, presença de bosque consolidado, cursos d'água naturais e localização suburbana, através de um conjunto de edificações implantadas com o mínimo de interferência com o terreno original.

Com a colaboração de Fernando de Mello Franco, Marta Moreira, Milton Braga, Ana Paula Kouri e Roberto Klein.

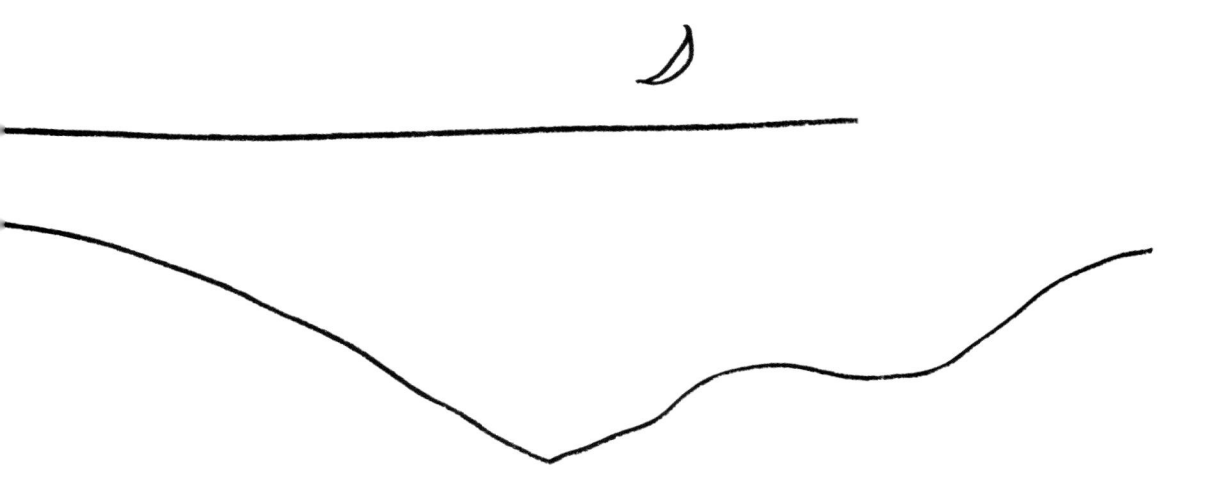

sentidos de suas esferas e tenhamos que inaugurar o ver com os ouvidos e o ouvir com os olhos." Ideia de uma imaginação capaz de, na mente, engendrar aquilo que entretanto teremos de saber construir.

Muito recentemente, estive numa pequena capital do nosso país onde se dava um encontro nacional, um congresso de arquitetos, onde havia milhares de estudantes que frequentavam aquela sucessão de eventos por alguns dias. Passei uma noite em um hotel dessa cidade e fui acordado sucessivamente, muitas vezes, por um alarido onírico que não sabia se espantoso ou musical. Risadas. Vozes isoladas, grupos diziam e falavam como se fosse uma estranha e maravilhosa indizível melodia, que encantava de modo espetacular minha noite de insônia. Numa das vezes, já com o dia clareando, saí ao balcão, nesse plano mágico que se debruçava sobre a cidade construída pelo homem, aquele lugarzinho, aquele hotel, e vi, porque de lá se viam largos espaços daquela cidade, grupos que corriam em fim de madrugada, estudantes, jovens que tinham passado a noite em claro, rindo juntos, conversando, bebendo, cantando, divertindo-se, espantosamente livres, descuidados naquele espaço magnífico, ocupando toda a esfera da madrugada com aquela inesquecível melodia. E vi na fria e límpida madrugada lá da Gávea, naquele balcão, o quanto é urgente a crítica sobre o passado colonial capaz de inverter os rumos dos desastres que espantam o mundo atual.

O olhar sobre o passado da América Latina significa defender no âmbito do nosso espaço a paz. Que jamais seja aqui o lugar de destruição e guerra, e que queremos, em nome desta paz, construir possível a ideia de esperança, de confiança, e alimentar a nossa imaginação para um futuro onde cabe a cidade para todos. É o que desejo para esta escola: ser capaz de irradiar para este país, para esta América e para todo o mundo uma nova consciência sobre o território, sobre o espaço e sobre o habitat humano.

PROVA DIDÁTICA PARA PROFESSOR TITULAR

FAU-USP, 26 de agosto de 1998

Meus cumprimentos à Universidade de São Paulo, à Faculdade de Arquitetura e Urbanismo e à banca que está examinando este concurso: professor Milton Santos, professor Guilherme Motta, professor Teixeira Coelho, professor Giancarlo Gasperini e professor Júlio Roberto Katinsky, diretor desta escola. Aos alunos e todos os presentes.

Eu gostaria de dizer, eu tenho a impressão de que cabe aqui dizer, antes de tudo, da emoção que todos temos com a consciência da importância extraordinária da presença da escola de arquitetura da Universidade de São Paulo. Uma escola com a preocupação em arquitetura solicita à totalidade do conhecimento, convocação que leva a questão da nossa presença e do nosso discurso no âmbito da nossa existência para os limites do possível.

A questão da construção do habitat humano é uma questão indizível, e essa situação faz com que a presença da ideia de arquitetura no âmbito de uma universidade torne-se necessariamente um estímulo e uma inspiração àquilo que é mesmo a essência da presença do homem no universo, a construção do seu próprio habitat. A arquitetura fica diante de nós como uma indagação antes de tudo, e pressupõe uma nitidez absoluta quanto às urgências e às fundamentais situações que amparam a vida humana.

Essas ideias fazem com que nós, particularmente na América, tenhamos que nos colocar como portadores de uma experiência extraordinária e recente quanto a habitarmos uma parte do planeta muito recentemente inaugurada. Inaugurada no plano do conhecimento, que é a nossa própria história, a história de toda a humanidade, pela indagação com a aventura ou pela comprovação com a aventura do nosso próprio corpo, daquilo que a mente e a ciência diziam que provavelmente seria — a descoberta da América — e que talvez tenha sido a última vez que o homem empreendeu esse tipo de aventura. A última vez em que se discutiu fora do plano da teoria, exigindo a experiência da aventura quanto à configuração daquilo que se passava, numa época e num momento em que os homens eram condenados à fogueira e havia de se inventar fantasias e quimeras para se obter recursos para os empreendimentos.

Hoje é também uma indagação. A ideia de futuro e de progresso é contraditória, mas teremos, sem dúvida, que considerar as transformações. Somos outro, o homem é no universo, na natureza, eternamente inacabado. Somos uma presença num determinado instante e isso leva a considerar que precisamos ter essa consciência de que não somos o mesmo. Hoje louva-se a ciência, não se duvida dos anúncios de satélites e planetas. Sem dúvida vivemos outro momento, mas de uma forma extraordinária, dada a velocidade com que tudo se passou. No âmbito da organização do espaço, e essa verdadeira revolução permanente nos leva, aqui na América e enquanto arquitetos, a considerar uma questão ligada à ideia de urgência, do essencial e da oportunidade, onde se deve, na minha opinião, fazer aflorar o fundamental: o estabelecimento do horizonte primordial da arquitetura, que é o horizonte da paz.

Para pensar em arquitetura, nós teríamos que fundar nosso raciocínio na questão eminentemente humanística da serenidade e da paz, para engendrar projetos que sejam realizações de antiquíssimas memórias, no sentido de fundação mesmo do gênero no universo, e da esperança nos projetos que poderíamos fazer. O território americano é ameaçado por um grande erro cometido no contexto do processo do descobrimento, qual seja, as políticas coloniais. Cabe hoje, no plano da universidade, discutir a questão do espaço americano fundado na paz, na associação dos países americanos. O papel dos arquitetos é muito importante nisso, porque se trata de estabelecer territórios reconfigurados para que os altos ideais do gênero humano se efetivem, inclusive na contradição da obtenção dos recursos materiais objetivos para realizá-los, que implica em território.

Há na América um desenho incrível, como quem risca. Desenho até mesmo no sentido material, gráfico: o Tratado de Tordesilhas. E nós teríamos que, na imagem de tudo isso, contrariá-lo. Unir o Atlântico ao Pacífico e nos aproximar da efetivação e realização dos nossos sonhos enquanto ocupação dos espaços do território e estabelecer uma visão, portanto, quanto a tudo isso, eminentemente geográfica. Há uma forma, talvez um tanto incrível, de dizer assim: a primeira, a primordial arquitetura é a geografia. No plano crítico, no âmbito das artes podia-se estabelecer para isso uma relação com o brutalismo.[1]

Um trabalho como a geografia pode ser arquitetura. É, na minha opinião, o fundamento, a fundação da arquitetura, porque antes de construir, o homem com certeza escolhe um lugar onde se antevê uma situação arquitetônica sobre o espaço: aqui fundaremos uma cidade, nesta enseada; deste estuário construiremos um porto, e assim por diante. A ideia de projeção desse universo das instalações humanas implica, eminentemente, numa ideia da construção a partir da configuração inicial que já está na geografia. Dessa maneira, tenho a impressão de que não haverá dúvida de que, se formos percorrer de modo histórico, com significado, as ações humanas, vamos encontrar nas fundações das cidades uma preparação que começa com o domínio, nas tentativas de dominar com instrumentação mecânica as águas e a configuração do território, e agrega a premonição, a previsão, a projeção desses altos ideais até chegar às pequenas coisas — para o arquiteto é extremamente encantador considerar vendo já pronto o mundo como está agora —, que são as casas.

As experiências e os ensaios mais extraordinários desta época em que estamos vivendo, no âmbito específico da arquitetura, mostram que já há,

---

1. A relação que se estabelece parece ser com a condição primitiva das coisas.

para quem tenta configurar um modelo, um desenho, um discurso sobre a cidade. E, principalmente, num aspecto tão singular eminentemente da nossa época, uma cidade toda de uma vez, a casa como estrutura básica, como se as casas, no âmbito da cidade, fossem as pedras de uma catedral da Idade Média.

Eu rememoro — para que essas figuras possam se estabelecer na mente — essa configuração, essa passagem de ideia para coisa que é um primórdio também para o raciocínio do homem, mas particularmente da arquitetura, um projeto que temos na memória: Tóquio, de Kenzo Tange[2], por exemplo. Está lá como quem segura a estrutura de um desenho, um raciocínio belíssimo com as casas, mas está lá também a questão do território. Uma solicitação, a revelação de uma virtude da natureza que estaria perdida sem essa consistência do raciocínio de quem quer fazer aquilo, no caso a cidade, qual seja, as virtudes mecânicas do filme d'água. Essa cidade se estrutura sobre um eixo fundamental construído como se fosse uma grande ponte que atravessa o recinto da baía de Tóquio (o porto está de Yokohama para diante), e é uma baía rasa, de profundidade média desprezível para navegação de grande porte, mas que representa um campo imprevisível de movimentação flutuante para ligar essas verdadeiras ilhas que são os conjuntos das casas constituindo bairros como que flutuantes, estruturados por esse eixo fundamental. O que era o empecilho — a grande laguna imunda, se quiser — revela-se um instrumento de transporte imprevisível.

Há um projeto muito interessante no âmbito mais próximo que é o plano do arquiteto Rino Levi para Brasília, onde também essa questão da casa como estrutura fundamental do desenho da cidade é posta na cidade nova, no caso o nosso sertão, o cerrado. O conjunto das casas se constitui na imaginação de Rino Levi em bandeiras imensas que reproduzem até

---

2. Projeto do arquiteto japonês Kenzo Tange para a baía de Tóquio, 1960.

certo ponto aspectos da paisagem, como a janela da canção que diz que de lá tão bem se vê o mar, o Corcovado, que lindo. É uma montanha ela mesma e o conjunto das casas organiza um desenho, configura um desenho nítido.

E há ainda a cidade no Neguev, do Oscar, e a mesma Brasília construída de uma forma doce que são os raciocínios do Lucio Costa com as superquadras, amaciadas, digamos, para uso e costume daqueles que, urgentemente, mudariam para aquela cidade.

Essa sinfonia de raciocínios que contemplam a ponta do conhecimento, os usos e os costumes e configuram as cidades deste modo é a essência da questão da arquitetura que, na dureza da técnica, da ciência, da mecânica indispensável para que as construções fiquem em pé, faz com que também um projeto flua pela poesia, pela história e, num certo sentido, por todos os campos do conhecimento, fazendo com que a escola na universidade seja estimulante e indispensável.

No nosso meio, e aqui na nossa casa, alguns ensaios foram feitos nesse sentido. A construção aparece com essa configuração de um raciocínio eminentemente sobre disposições espaciais. Como quem diz: a técnica da construção, a tectônica, é colhida para se pôr a serviço de uma disposição espacial que está na imaginação e que, muitas vezes, já no edifício, particularmente este, é possível imaginá-lo como algo que consiste na construção de uma linguagem com caráter simbólico para rememorar, para homenagear a monumentalidade da nossa história enquanto história da técnica, para realizar desejadas, incríveis e verdadeiras paisagens.

Dessa forma, temos que lembrar e homenagear o fundador e o mestre de todos nós que é Vilanova Artigas. Esta escola, na sua configuração espacial, é uma surpreendente e nova geografia que nunca antes havia existido no universo, e essa dimensão de raciocínio sobre a cidade toda, neste edifício enquanto caso particular, é uma ideia que alimenta o pensamento sempre: que há na arquitetura a necessidade, mesmo para o menor particular, de uma configuração de totalidade da dimensão humana, da presença humana no universo.

Essa mobilização do conhecimento para configurar aquilo que queremos fazer e dizer é que torna intrigante e maravilhoso o que seria um curso de arquitetura. É o que se pretende sempre nesta escola, um encaminhamento, pouco a pouco a configuração e a formação de uma mentalidade de arquiteto. E o que foi dito aqui é uma espécie de lema ou constante nesta escola: não se ensina arquitetura, mas se educa um arquiteto. Portanto, desde o início do curso, esta escola procura convencer os alunos, mostrar que no âmbito de cada um se inaugura a ideia de uma escola na compreensão ou na tentativa de compreender essa dimensão indizível de um raciocínio de caráter arquitetônico.

Sob esse aspecto, esta escola também foi sempre muito feliz porque se funda num outro discurso notável, o discurso do nosso querido professor Flávio Motta. Ideia e coisa perseguem a questão da arquitetura energicamente para que os edifícios não caiam não só do ponto de vista da mecânica, mas não caiam também do ponto de vista das ideias primordiais que pretendiam transmitir. É muito interessante considerar a questão da linguagem da arquitetura, o poder de discurso da arquitetura. Eu poderia eventualmente lembrar alguns exemplos de experiência pessoal como quem exibe a possibilidade de pensar e fazer. Nesse sentido eu queria dizer que me emocionei muito, recentemente, ao ser surpreendido com um discurso de um arquiteto que trabalha e pensa na nossa pátria original, Portugal, uma figura que eu nunca tinha visto de perto, que é o senhor Álvaro Siza. E vou contar esse episódio como quem quer ver com os olhos aquilo que você pode dizer com timidez, com dúvidas, e vê lá pelas tantas que está na mente, no raciocínio, no pensamento, nas ações de uma pessoa que você estima e respeita e nunca esperava que o surpreendesse com um discurso desse tipo.

O que se deu foi o seguinte: o senhor Álvaro Siza foi fazer uma conferência, onde eu estava também, e expôs o projeto que fez para a feira dos 500 anos do descobrimento, em Lisboa. Esse projeto, creio que quase todos já viram, constitui-se como uma porta de frente para o mar, face ao Tejo, muito bonita, formada por dois edifícios em contraforte, pesados e estáveis o suficiente para resistir ao esforço de uma tenda, de uma cobertura leve de concreto armado de uns 30 por 60 metros de vão livre em catenária docemente configurada de acordo com os esforços que lá estão presentes, uma casaca, uma pele, uma laje com 20 centímetros de espessura de concreto armado com sucessivos cabos protendidos que muito elegantemente ele deixou à mostra junto aos apoios, já que não levou a laje de concreto até o extremo. Você vê aquilo pendurado sobre 60 metros de vão que é uma maravilha, e ele expondo isso e, lá pelas tantas, no final, com ênfase no seu discurso, olhou para mim, um brasileiro, e disse: isto é Veneza e Niemeyer.

Para nós, esse discurso não tem nada que ver com o brasileiro Niemeyer. Para nós, o discurso desse homem, desse sábio experiente, mostrou que ele fez justamente aquilo que de modo sublime achou que devia fazer, que para fazer aquilo mobilizou o que imaginou ser a totalidade do seu conhecimento e, mais que isso, consciente do que seja o conhecimento, mobilizou a totalidade do conhecimento de todo o gênero humano, pois o conhecimento, a história, não é outra coisa senão aquilo que está entre os vivos ao mesmo tempo. Nós somos a totalidade do conhecimento, somos a totalidade da história, somos a única e exclusiva presença da inteligência no universo, os vivos ao mesmo tempo. E, assim consciente, esse homem disse o que queria dizer.

Tudo isso é para nós muito estimulante e muito interessante de se considerar no âmbito da Universidade de São Paulo, porque nada daquilo se parecia formalmente nem com Niemeyer nem com Veneza. Siza quis dizer que ali se comemorava, e para se comemorar se convocou o que Veneza de fato quer dizer: Veneza não é um conjunto de palácios, de palacetes. Veneza é antes de tudo a sublime manifestação da vontade humana posta sobre a natureza, no caso adversa, pois nada daquilo era propício para ser feito lá. A laguna veneta é uma bacia infame para a construção, rasa, imprópria. Iniciadas as navegações, estabelecidos novos horizontes e recursos para a riqueza e o comércio, nada melhor do que colocar diretamente os navios, que já atravessavam aqueles mares, no coração da Europa via Adriático, e não desembarcar aqui embaixo e transportar aquilo em lombos de mula e coisas desse tipo. E a única maneira foi reconfigurar aquela baía, estabelecer as muralhas de contenção, construir os terraplenos de modo sábio pela mecânica dos fluidos, já que nunca houve nos canais de Veneza ameaça de assoreamento. Tudo continua a fluir de maneira propícia à navegação, ao estabelecimento daquele novo habitat. Depois, aquilo tudo, para que brilhasse mais, foi construído com palácios, decorações, como quem faz o elogio da própria obra. A suprema arquitetura de Veneza é a constituição do território; o fundamento da razão arquitetônica lá é a constituição do conjunto de canais.

Eu também ouvi — já sabia e é interessante ouvir de outros —, de outra figura da arquitetura contemporânea (que pra mim, ao lado do Siza, é um dos maiores expoentes desse conhecimento), Luigi Snozzi[3], a seguinte observação: "A arquitetura surge plenamente quando cessa a função." É muito lindo esse raciocínio porque mostra que a dimensão da monumentalidade surge quando cessa a função, a estrita função. E quanto a isso e sobre Veneza eu também quero contar que, visitando Torcello — que é uma pequena Veneza para fora da barra, constituída por um canal único, uma espécie de modelo primordial e nítido do que era Veneza, fundada no século VII, onde há um convento, uma igreja, uma nave e uma torre, uma torre desproporcional à exiguidade daquilo tudo — com o saudoso amigo a quem presto homenagem, o jornalista Cláudio Abramo, e comentando o que lá havia, sentamos distraídos num banco, começamos a conversar e dissemos um para o outro: você se deu conta

---

3. Luigi Snozzi, arquiteto suíço, nasceu em Mendrisio, em 1932. Formou-se na Escola Politécnica de Zurique, em 1957.

de que Torcello quer dizer *tour in cielo* e que essa torre é separada da igreja de forma insólita? Ela está lá, onde fomos vê-la, num capinzal meio descuidado atrás da igreja, e concluímos que aquela torre fora assim construída, antes de tudo, porque lá se mantinha uma fogueira acesa como um farol primordial para orientar as navegações e por ser absolutamente necessária e impossível de construir na época, como se fazia nas igrejas, colada na igreja, porque o recalque diferencial daquela massa surpreendentemente maior e concentrada arrastava e devia ter derrubado algumas igrejas. Tinha sido construída separada, autônoma, para que pudesse acomodar-se no tempo naquela vasa pouco consistente. Eis porque na Praça de São Marco, posterior, existe um campanário já inútil; o símbolo de Veneza deve ser agora uma torre.

Portanto, a arquitetura é sempre um discurso entre o essencial e aquilo que queremos ser, a experiência do que já fizemos. Nessa medida permanece o discurso de Siza: com Veneza e Niemeyer, ele estava homenageando os empreendimentos portugueses tão magníficos quanto os empreendimentos venezianos, e Niemeyer, com certeza, apesar de que as formas não tinham muito a ver, mas na surpresa e na beleza podia ser Niemeyer: a coragem, a invenção, a ideia de que devemos sempre inventar, a ideia de que os tempos novos exigem novos instrumentos que possam exibir essa consciência, mais do que o próprio conhecimento. A consciência que temos do conhecimento: eis a dimensão poética da arquitetura naquilo que foge à sua estrita funcionalidade.

Assim eu senti que a nossa escola vai muito bem, que o que se sabe no mundo é mais ou menos o que sabemos nós e que, mais do que saber mais, precisamos ser mais atentos, como quem diz que a essência do conhecimento, ou pelo menos do conhecimento que pretendemos, que gostaríamos de dominar, é saber o que se quer saber, fazer com que as coisas sejam o que queremos que sejam.

É nessa medida que se pode voltar à questão da América quanto ao seu espaço. O nosso projeto deverá residir fundamentalmente no estreitamento das nossas relações, na compreensão da nossa geografia, que não se limita aos estabelecimentos políticos iniciais, e que a fraternidade, a paz e a união dos homens diante da fragilidade da nossa existência no universo é que poderá engendrar uma verdadeira arquitetura com as dimensões do espaço que de fato habitamos, maiores do que a pobreza das aldeias e das pequenas cidades inaugurais da nossa existência, porque a luz se vê a distância. A confusão entre horizontes, céu e mar na bruma já fazia imaginar que aquelas naves seriam as naves que hoje conhecemos, que navegam os espaços.

Não acho exagero considerarmos com tranquilidade que já estamos vivendo uma época em que se configura com uma certa clareza a ideia da expansão da vida humana no universo. Diante de tudo isso a arquitetura transforma-se e fatalmente terá que se transformar sempre — eis Veneza e Niemeyer. Para ficar na dimensão do nosso trabalho, do trabalho que faço, eu me lembrei, diante de tudo isso e para esta aula, de fazer algo que tinha prometido não fazer, que são as projeções de slides. Mas são quatro ou cinco para dizer que, como sou nesta escola um professor de projeto, também fiz uma experiência ou outra nessa dimensão de prever, brevemente e desde já, algo que seja fundamental quanto a essa ideia de disposição espacial primeira que possa depois assegurar uma outra dimensão para a arquitetura do nosso tempo, como aquele empreendimento de Veneza antes dos palácios, e que não nega depois o aparecimento das maravilhas pequenas, seja um balcão, uma janela, isso que possa ser estilo da época ou coisas assim.

Apareceu para mim, inclusive trouxe de propósito, um exemplo que fiz com o Gasperini, duas oportunidades muito interessantes, entre outras. Aqui, no estado de São Paulo, por muitos séculos abandonou-se, na ocupação dos territórios, a calha do rio Tietê — insalubre, imprópria — com meandros que produziam áreas adjacentes inundáveis. A civilização afastou-se dessas margens e estabeleceu-se ao norte uma linha ferroviária, e outra ao sul. Mais tarde, nas origens desta escola, o grupo de enge-

Cidade Porto Fluvial do Tietê. Estudos, 1980.

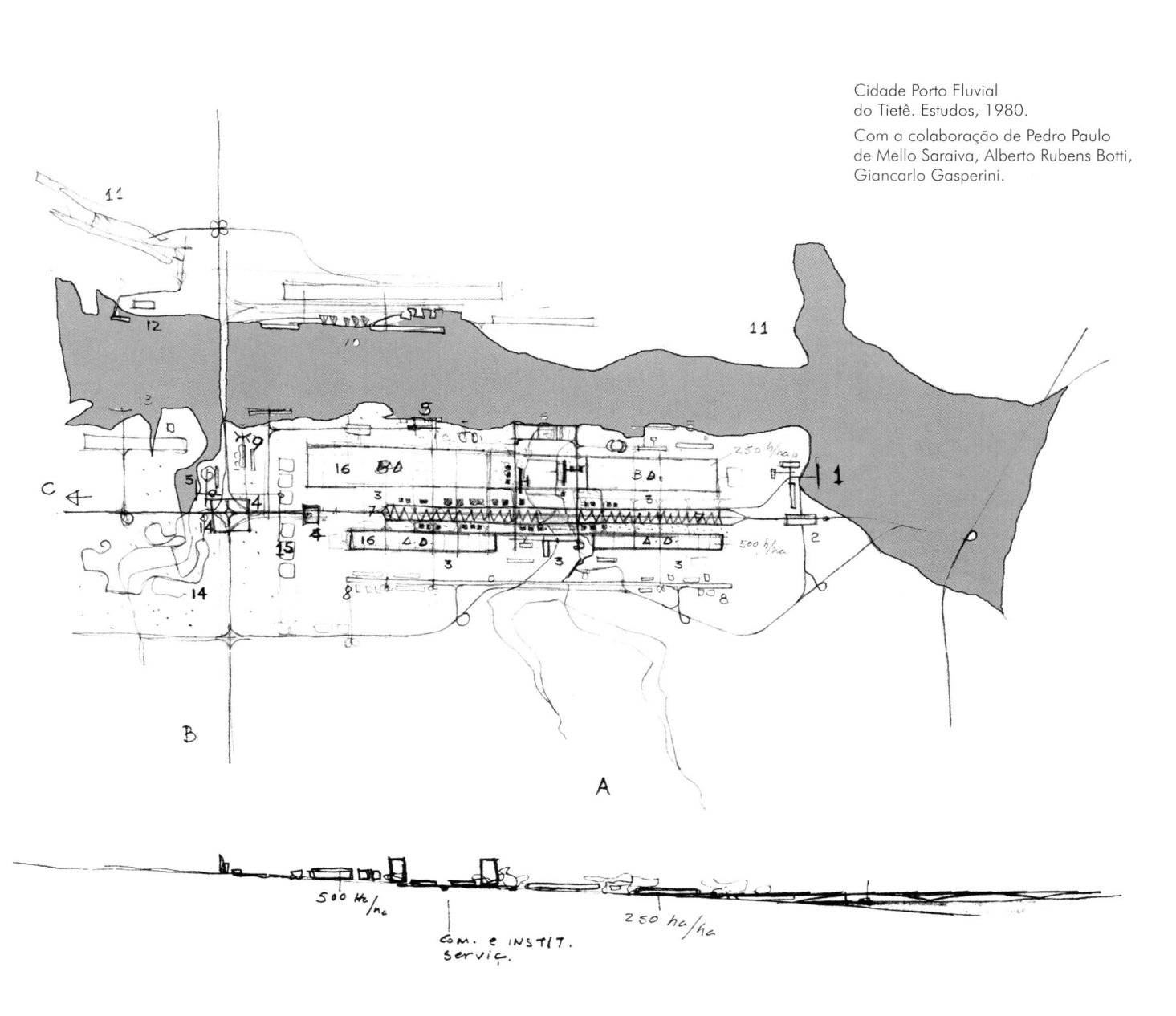

Com a colaboração de Pedro Paulo de Mello Saraiva, Alberto Rubens Botti, Giancarlo Gasperini.

nheiros da Escola Politécnica da Universidade de São Paulo estabeleceu um plano de aproveitamento hidrelétrico do Tietê com uma sabedoria extraordinária. Mesmo no âmbito brasileiro é possível ressaltar o fruto do saber desses engenheiros: este é o único sistema hidrológico que, ao mesmo tempo em que construiu as barragens, construiu as eclusas para garantir a navegação. E eis que essa calha do rio Tietê — ele mesmo um rio extraordinário porque é de uma geografia muito falante que sai do mar e corre contra o Tratado de Tordesilhas, um rio que anuncia esse abraçar da América, essa direção dos Andes — estava abandonada.

Para que se aproveitasse plenamente e se incentivasse a efetiva navegação desse sistema já todo construído cuja navegação, por outro lado, era impossível porque nada útil havia em volta daquilo, pensou-se em construir uma cidade. Fundar uma cidade que fosse a matriz de apoio e de amparo dessa navegação que exige uma verdadeira nova cultura — pois, como diz o outro, o sertão virou mar e muito lavrador tornar-se-ia marinheiro —, introduzir a navegação efetivamente, com o estabelecimento de reservatórios e o abastecimento de combustíveis, apoio do ponto de vista técnico, motores estacionários marítimos, recomposição de tudo isso, etc. Uma cidade, mesmo uma central portuária no sentido de grandes armazenamentos de produtos agroindustriais, entre outros.

Ora, onde fazer essa cidade é uma questão eminentemente arquitetônica. Nós discutimos isso juntos, o governo definiu uma comissão e estabelecemos alguns parâmetros, com a experiência de uma visão quase mecânica do mundo em que vivemos, tais como voo a jato, a 400 quilômetros, distribuição da cidade pelas distâncias, uma visão de mensuração, de medida do território e das atividades humanas, da economia de todo o processo. E um lugar apareceu. Com a seguinte premissa: se fizéssemos um transverso na direção norte-sul ligando o sistema ferroviário ao norte com o sistema ferroviário ao sul, que cruzasse a bacia navegável, o canal navegável, todo o sistema se transformaria, toda a rede ferroviária ficaria interligada de uma maneira surpreendentemente ágil, efetiva e eficaz, inclusive o sistema rodoviário, porque acompanhou as ferrovias; o ferroviário ampararia a navegação, que não se exerce sem o apoio de transportes intermodais e quetais. A distância entre esses dois sistemas era esse lugar, em média de 50 quilômetros de extensão, uma ferrovia que se pode construir em quatro ou cinco meses. Ao cruzar o canal navegável, ali se construiria a cidade.

Noutra ocasião, anos mais tarde, fui contratado pelo governo do Estado do Espírito Santo, que é a minha terra de origem, para participar de uma equipe multidisciplinar de estudo do que se chamava projeto Baía de Vitória. A ideia era sustentar, examinar, interferir, projetar todos os aspectos que esse enunciado poderia conter. Águas, correntes marítimas, equilíbrio hidrológico, saneamento e mesmo explorações mais específicas como fazendas marinhas, porque há na baía de Vitória um interior, do ponto de vista da técnica fluvial quanto à navegação fluvial, um pequeno canal que faz com que aquele território se constitua de fato em ilha, com a boca maior para o mar do lado de cá que é o porto.

Uma parte desse trabalho exigia a presença de arquitetos urbanistas, e eu fui fazer essa parte que vou relatar agora quanto à ideia de disposição espacial e primordial: uma tomada de posição quanto a territórios, principalmente no caso de vias antigas muito tortuosas que estavam lá, dada a geografia enérgica da cidade e a necessidade de abrir novas vias mais propícias a essa mecânica dos transportes públicos de massa que envolvia a abertura de túneis, etc. Mas, principalmente, os territórios da entrada da baía, um território que tinha sido abandonado, era tortuoso e estava *in natura*.

Para esse território, que se dirige do porto primordial onde estava a cidade velha ao mar aberto, foi feita uma muralha de cais e um aterro, criando uma grande esplanada como a do Castelo no Rio de Janeiro — que também é um exemplo extraordinário dessa movimentação espacial produzida com o engenho humano: o desmonte hidráulico do morro do Castelo e o aterro da ensecadeira que é o aeroporto Santos Dumont.

Projeto Baía de Vitória
Vitória - ES, 1993.

Governo do Estado do Espírito Santo, Secretaria de Estado do Desenvolvimento Econômico – Sedes.

Com a colaboração de Kátia Pestana e Giancarlo Latorraca.

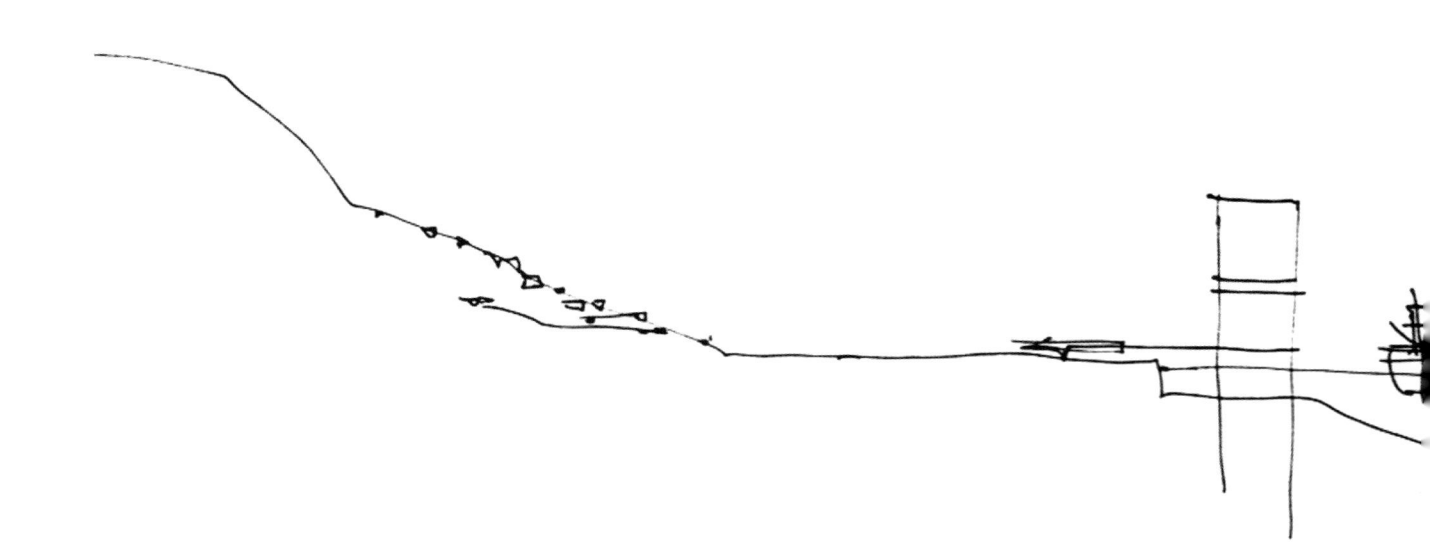

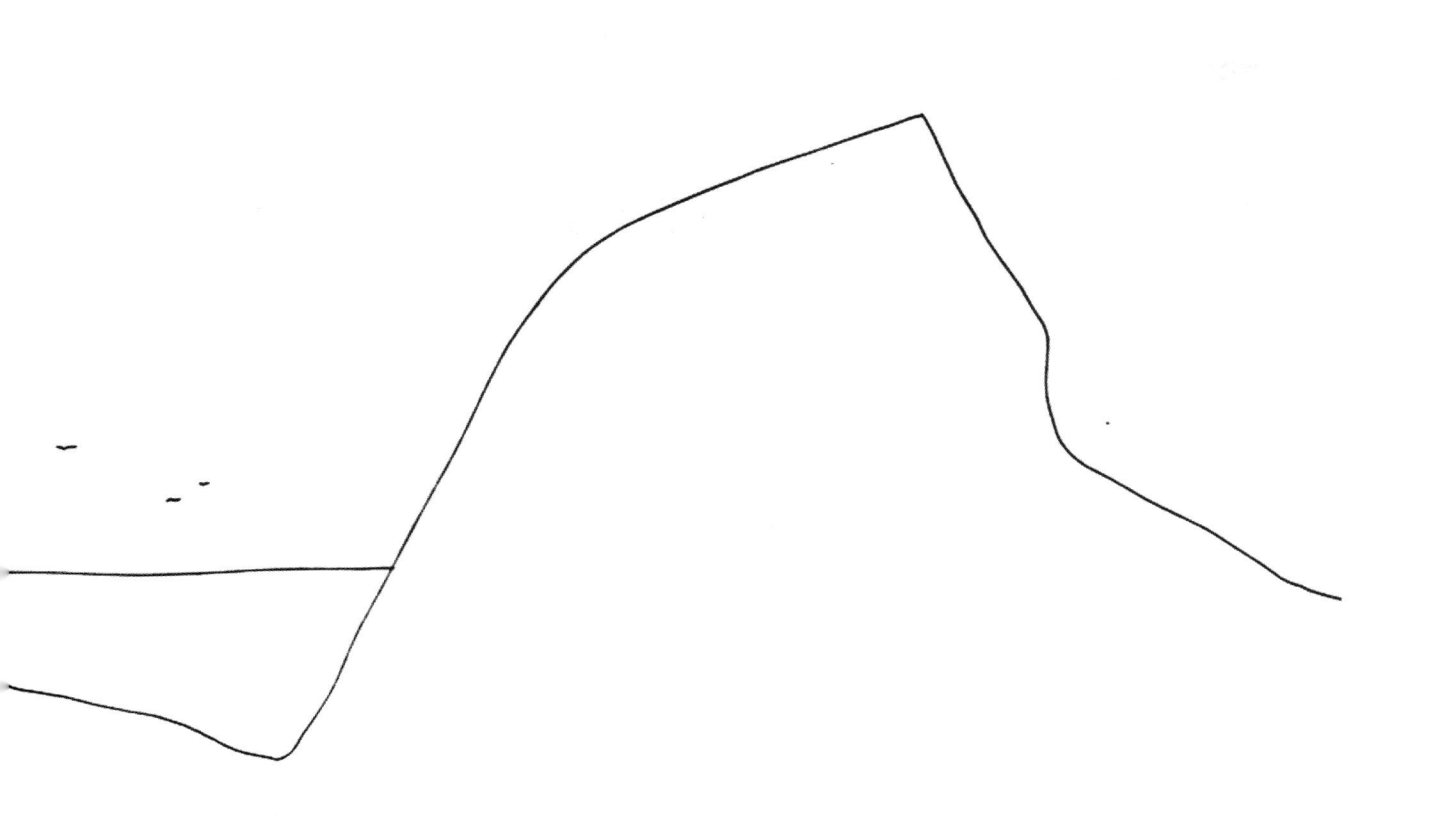

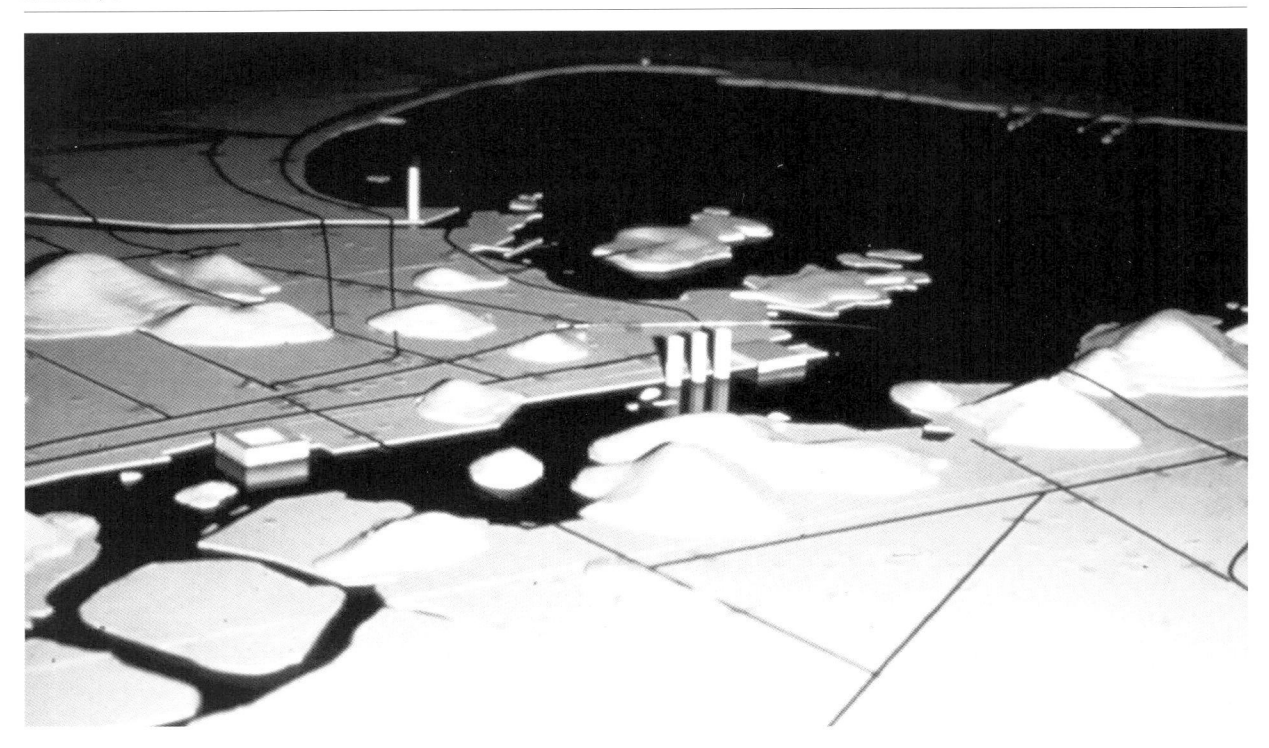

Baía de Vitória
Vitória - ES, 1993.
Maquete.
Arquivo Paulo Mendes da Rocha.

Nessa esplanada vazia, em que estava prevista desde já uma reurbanização, naturalmente surgiu a ideia e se previram, nessa urbanização, porque oportuno, alguns edifícios institucionais: Capitania dos Portos, Instituto do Café, coisas assim. Programas de dois mil metros, três mil metros cada um, e eis a ameaça já estabelecida: palacetes, tráfego, traçado difícil, estacionamento.

Eu centrei os estudos, que eram muito amplos, na urbanização da baía de Vitória como quem diz: para fazer ver essa esplanada. E imaginei o seguinte: são justamente as disposições e os recursos técnicos de que dispomos para transformar o que deve ser considerado, o que é uma ideia também interessante para a arquitetura, já que nem sempre é o que ela pretende fazer, mas muitas vezes evita o desastre. É a posição de uma

Baía de Vitória. Vitória - ES, 1993.
Estudo da esplanada na entrada do canal.

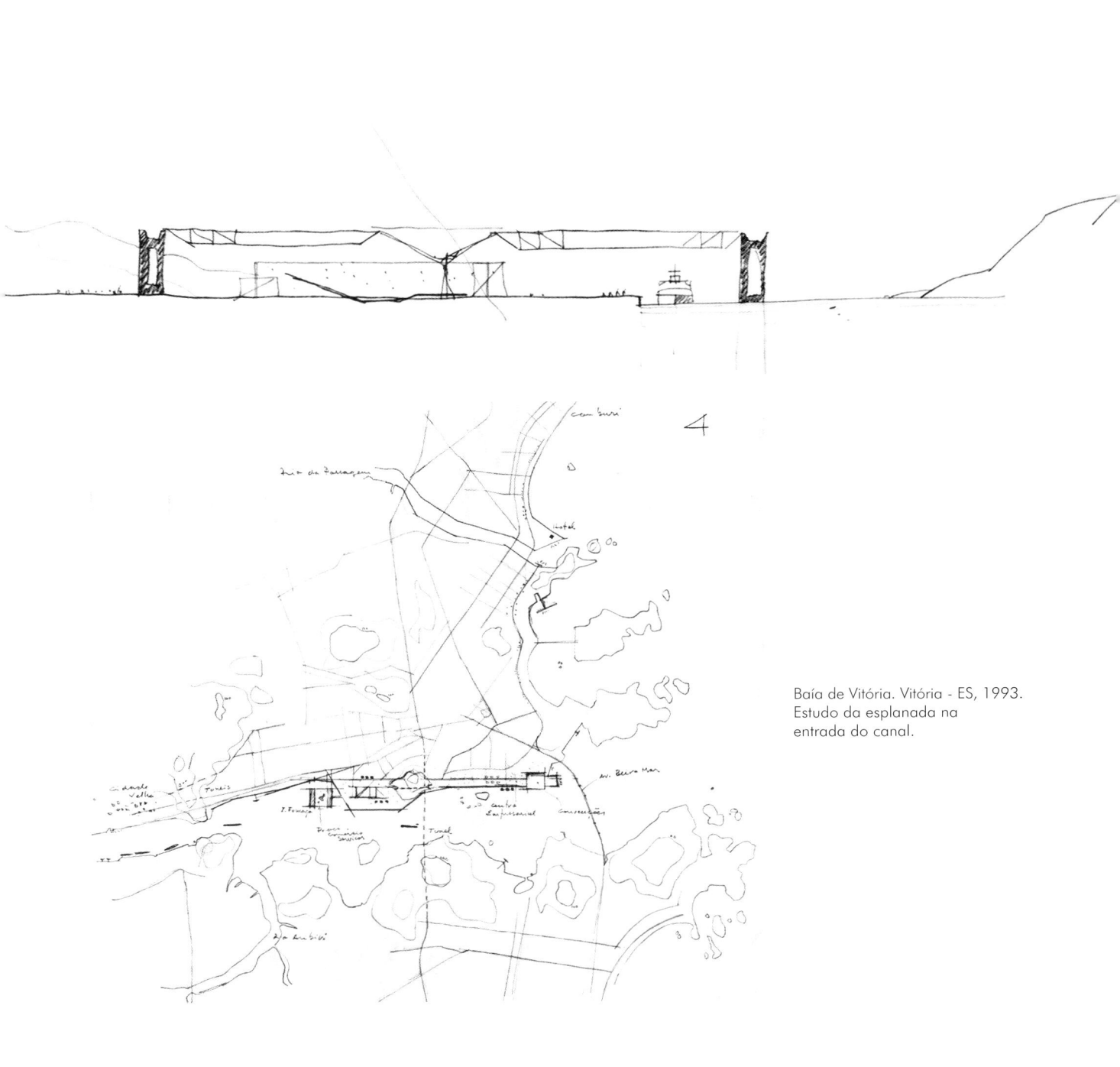

reconfiguração para não reproduzir aquilo que nosso plano crítico estabelece já como posição errática: a cidade que se polui, a cidade inóspita, como uma ideia muito interessante também para os arquitetos, para a arquitetura. Como forma de conhecimento de tentar afirmar que a nossa presença no mundo não pode ser um desastre, ou teríamos que perder a esperança dessa expansão da vida no universo. Estamos destinados a cultivar uma cultura popular quanto às questões da natureza, o que é uma esperança porque já estabelece nos horizontes a ecologia, e mesmo estas coisas tão vagas, pelo que sabemos, da história do poder da cultura popular de transformação. Eis a esperança de que se transforme tudo isso, que se constitua essa transformação no mundo que está muito centrada na ideia de paz, na constituição de uma verdadeira nova cultura popular de consenso sobre o nosso futuro.

Eu imaginei então o seguinte: se em vez de palacetes eu puder imaginar um edifício que pudesse conter parte desses palácios, digamos assim, se eu pudesse imaginar um edifício que eu já teria que ver inclusive pela geografia, e agora pelo ponto de vista paisagístico, o penedo, a altura dos morros, o sentido de beleza daquele recinto todo que é de fato belíssimo, desde já, desde sempre, desde a origem do mundo, a cota de tudo isso, muito bem; se conseguisse estabelecer os edifícios de três andares com elevadores privativos; se cada andar tivesse mil metros quadrados, seriam os três mil metros das Capitanias dos Portos, quatro andares seriam quatro mil metros quadrados e seria o Instituto do Café, o trade center seriam cinco andares. Outros andares poderiam se destinar a escritórios com elevadores privativos. É um novo engenho que se está imaginando, e se eu fizesse isso eu não precisaria pô-los no território — porque esse território recentemente ganhado do mar é pura vasa, como a avenida Getúlio Vargas, no Rio de Janeiro, onde há fundações pneumáticas de 80 metros de profundidade —, eu poderia pôr os edifícios na água. E surgiu um modelo muito interessante: eu poderia construir na água dois edifícios de amparo em concreto armado fundados em tubulões

Centro Empresarial e Centro de Convenções

Para esta area estamos estudando uma hipotese que abrange uma nova modalidade de espaço urbano, onde os criterios de rua, lote e avenida, possam ser substituidos por esplanadas que articulam edificios especiais prevendo implantações futuras, destinadas à ampla iniciativa privada. No terreo, um espaço continuo de "passeio publico", galerias de comercio, teatros, cinemas, restaurantes, bares e cafés. Predios com cotas maximas estabelecidas em razão da volumetria da paisagem natural, em torno da cota 100, notavel neste recinto, ao lado de construções baixas, complementares, ou comercio e serviços, exposições, pavilhões. Estas "esplanadas" devem ser garagens extensivas, para toda uma area.

A Ilha da Fumaça poderá ser transformada, toda ela um edificio-praça com cais, aberto no centro, com uma pedra remanescente do desmonte, se houver.

O Centro Empresarial, novo, poderá ser constituido de um conjunto de edificios, construidos sobre as aguas, ligados à esplanada com pontes. Atingindo a cota 100 e com tres praças, interligadas, aereas na cota 60. Esta volumetria esta subordinada à paisagem circundante. Complementar à beleza natural da baia. O morro - Bento Ferreira - aprofundado, com a abertura de um tunel, no eixo principal da esplanada, para pedestres, "tunel habitavel", sombra no interior da montanha. Bares, cafés, restaurantes, diversos noturnos. A orientação - Leste-Oeste - é notavel nesta implantação, há uma luz, uma luminosidade caracteristica da cidade de Vitória.

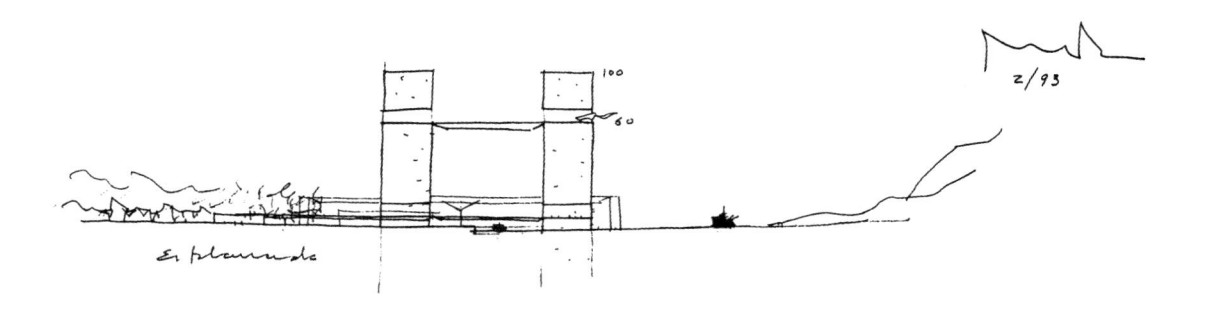

2/93

Esplanada

Baía de Vitória. Vitória - ES, 1993. Memorial de anteprojeto.

pneumáticos, e entre esses dois edifícios seriam montadas as lajes com estruturas metálicas, com a virtude de um canteiro de obras feito pelo mar, com cábreas[4], guinchos e guindastes montando essas estruturas, evitando os grandes transtornos que essas reurbanizações provocam numa cidade.

Fica comprovada a interessante ideia de disposição espacial porque nas transformações, se essa é a muralha de cais e eu estou no continente e a plateia está no mar, eu posso pôr esses edifícios a uma certa distância da margem, a tal ponto de construir um canaleto entre eles, onde os vapores que levam os passageiros para a ilha do Príncipe, Vila Velha — como existe essa navegação dentro da baía —, possam ancorar entre os edifícios. E com a criação de problemas cuja resolução passa a ser mais interessante ainda com a ideia de Veneza e Niemeyer, esses edifícios dentro d'água não podem ser amparados nem se podem atirar os seus dejetos na água; tudo isso tem que sair a uma certa altura, o que exige uma ponte e um palacete, cristalino provavelmente, de amparo no continente. E tudo isso fica belíssimo e quem sabe três edifícios que se ligam e coisas assim. Desse modo, eu gostaria de terminar minha exposição esperando que isto seja um começo da vida desta escola e que possa ter cumprido o que se deve fazer. Espero que os meus examinadores me concedam que está bem.

---

4. O arquiteto se refere à cábrea flutuante, que é uma "embarcação, jangada ou caixão flutuante sobre o qual se instala uma cábrea — espécie de guindaste, com duas ou três pernas convergentes no topo, onde há uma roldana para apoiar o cabo, e que serve para levantar materiais, nas construções —, para embarcar ou desembarcar grandes pesos de navios e doutras embarcações". Aurélio Buarque de Holanda Ferreira, Novo Dicionário Aurélio.

MEMÓRIAS DE PROJETOS

Página anterior: lousa do escritório de Paulo Mendes da Rocha. Foto: Arquivo Paulo Mendes da Rocha.

PROJETO CASA SILVIO ANTONIO BUENO

Catanduva, 1979
Com a colaboração de Eduardo Colonelli.

Imagino que este projeto possa ser uma homenagem a Henry Moore. Quando desenhei a casa, em 1979, não sabia bem se poderia falar dessa forma.

A ideia de arquitetura como escultura não é certa: uma construção que "parece" uma escultura. Mas o ímpeto do escultor, sua lógica, alguma sobreposição na urgência do nítido e essencial na forma como linguagem, às vezes se impõe, de maneira inexorável, entre arquitetura e escultura.

A poética do espaço da casa atemporal, uma casa irresistível como lugar, construção, paisagem e cenário a um só tempo. Lúdica e sensual como um castelo. Madura e infantil, masculina e feminina.

Não para uma pessoa determinada, mas que exija personagens.

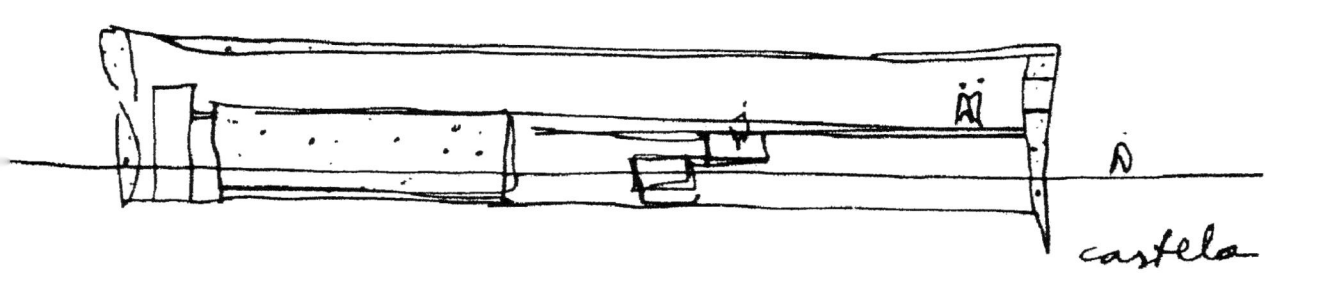

Projeto Casa de Catanduva.

AMÉRICA, CIDADE E NATUREZA

Uma casa que pareça muito antiga, para impor sua modernidade. Que diga do seu poder de ser sonora por dentro e por fora. Diurna e noturna, aberta, submersa na atmosfera. Como uma nave mágica feita de pedras. (Magritte, *Les idées claires*, 1955, óleo sobre tela).

Esta casa, para a cidade de Catanduva, é feita de três pedaços, uma "unidade tripartida".

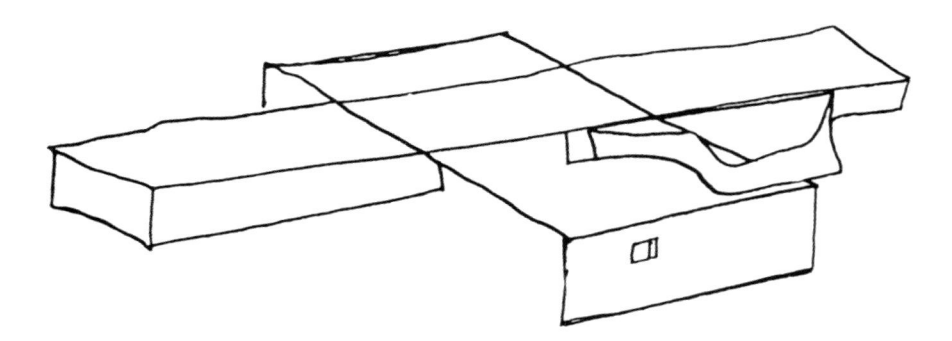

Pro eto Casa de Catanduva.

castelo

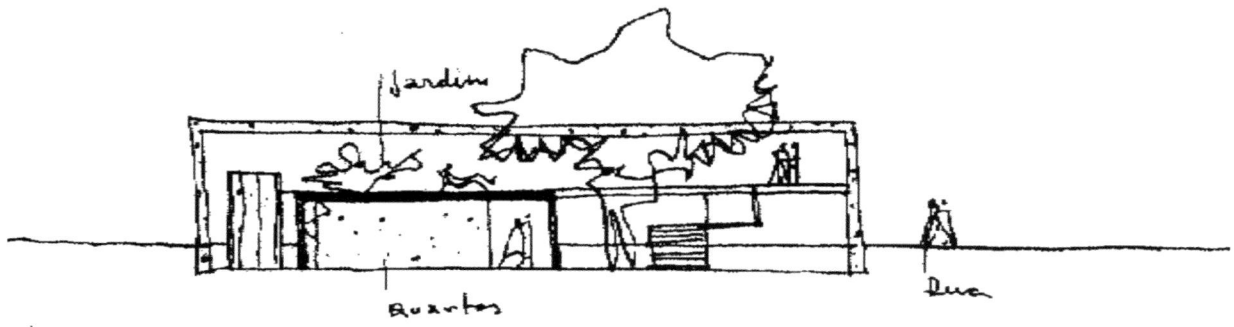

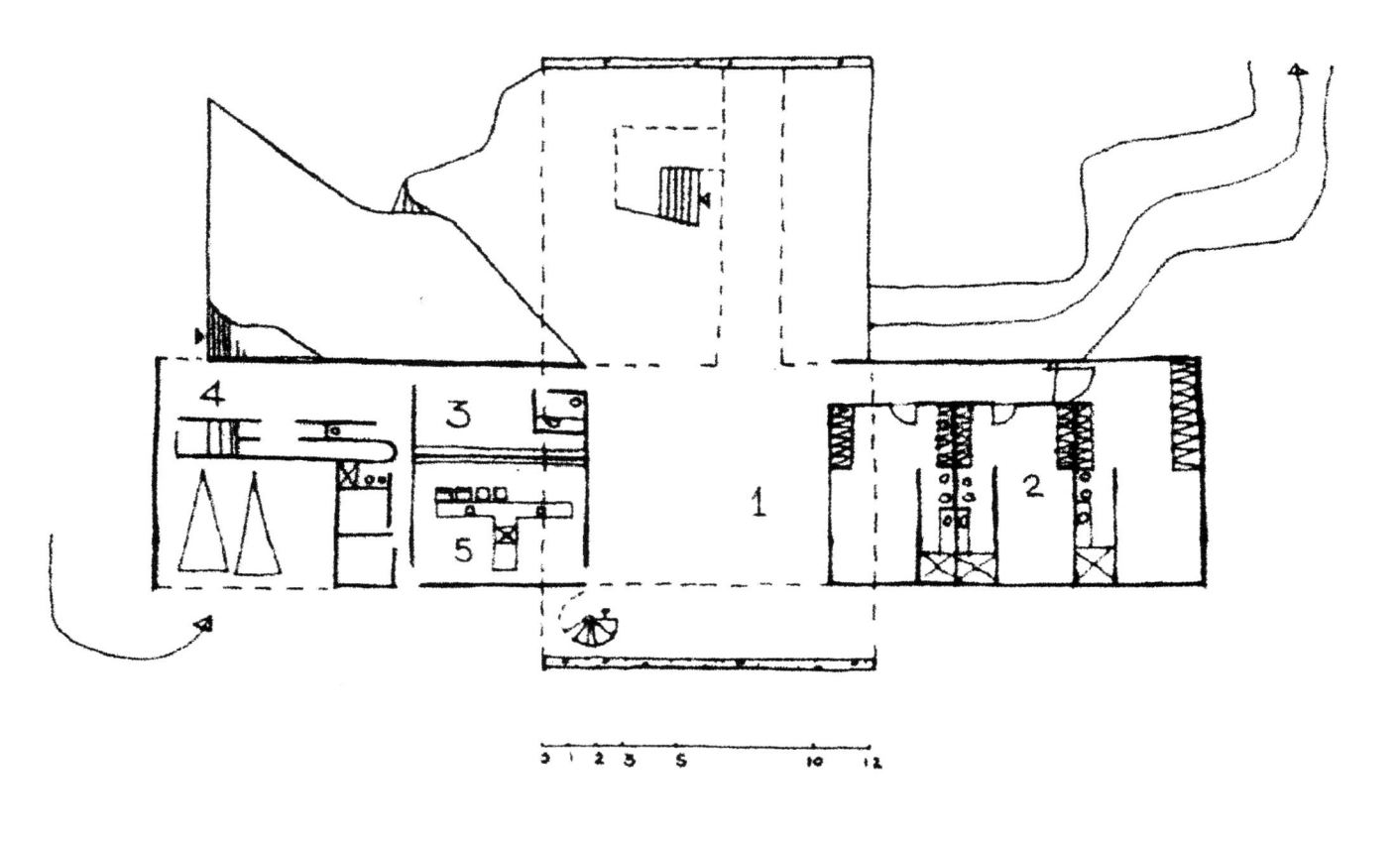

1 salas
2 quartos   33D
3 biblioteca
4 jogos sauna
5 cozinha serviços

Projeto Casa de Catanduva.

PROJETO BAÍA DE MONTEVIDÉU

Montevidéu, 1998.
Desenvolvido no Taller de Proyecto Urbano: "Conectividad y Paisaje en los Bordes Urbanos y Cuenca del Arroyo Miguelete".

Uma surpreendente totalidade na reflexão sobre a América, espaço, território, lugar, faz aparecer nessa baía, cidade de Montevidéu, a abertura para o mar do sistema Paraná–Uruguai, a navegação interior do continente.

A cidade procura um desenho no conflito entre terra e água, território firme e diluição líquida. Com este projeto, um estudo, pretende-se que a cidade se dirija de modo concêntrico para três frentes construídas na baía, com seu pequeno calado. Essas frentes, retificadas neste projeto, alinhadas diante das águas, constituem novos territórios destinados à recreação, jardins, praças, teatros, cinemas, hotéis, cafés e restaurantes. Transformada numa praça de água do Cerrito do porto com três quilômetros de diâmetro, a baía passa a ser frequentada por navegação ligeira de passageiros, entre bairros e centro, animando a vida urbana.

Há numa belíssima posição excêntrica na baía uma pequena ilha, que foi transformada, ao modo de Veneza, em teatro. Uma indizível melodia, certa noite, poderia inundar a cidade. Quem sabe a Amazônica, de Villa-Lobos...

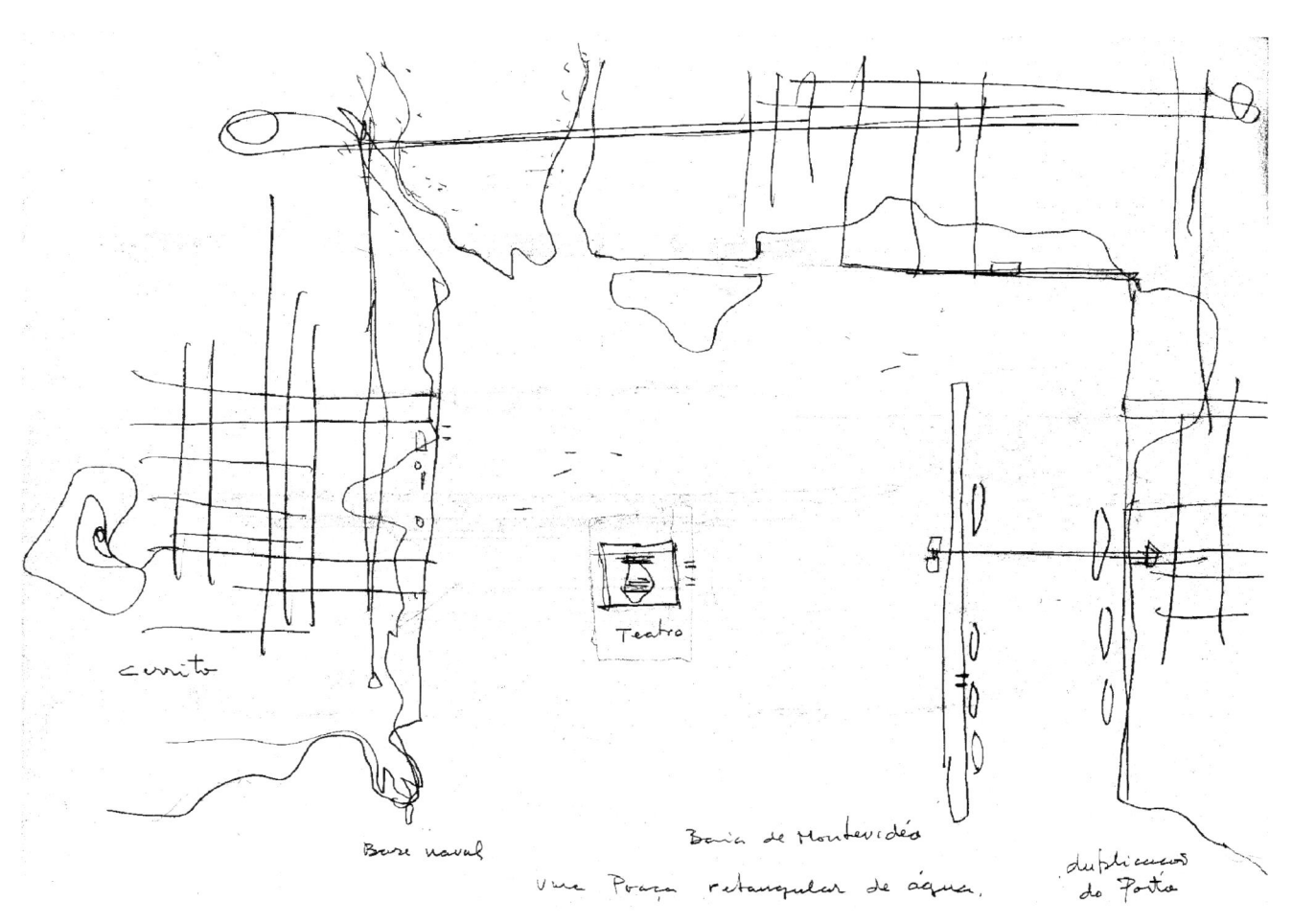

Projeto Baía de Montevidéu.
Partido do projeto.

Projeto Baía de Montevidéu

Contexto urbano atual:
1. Cerrito
2. Marina
3. Porto
4. Centro da cidade

Projeto Baía de Montevidéu

1. Teatro
2. Área de transporte de passageiros
3. Extensão do porto
4. Nova área da cidade

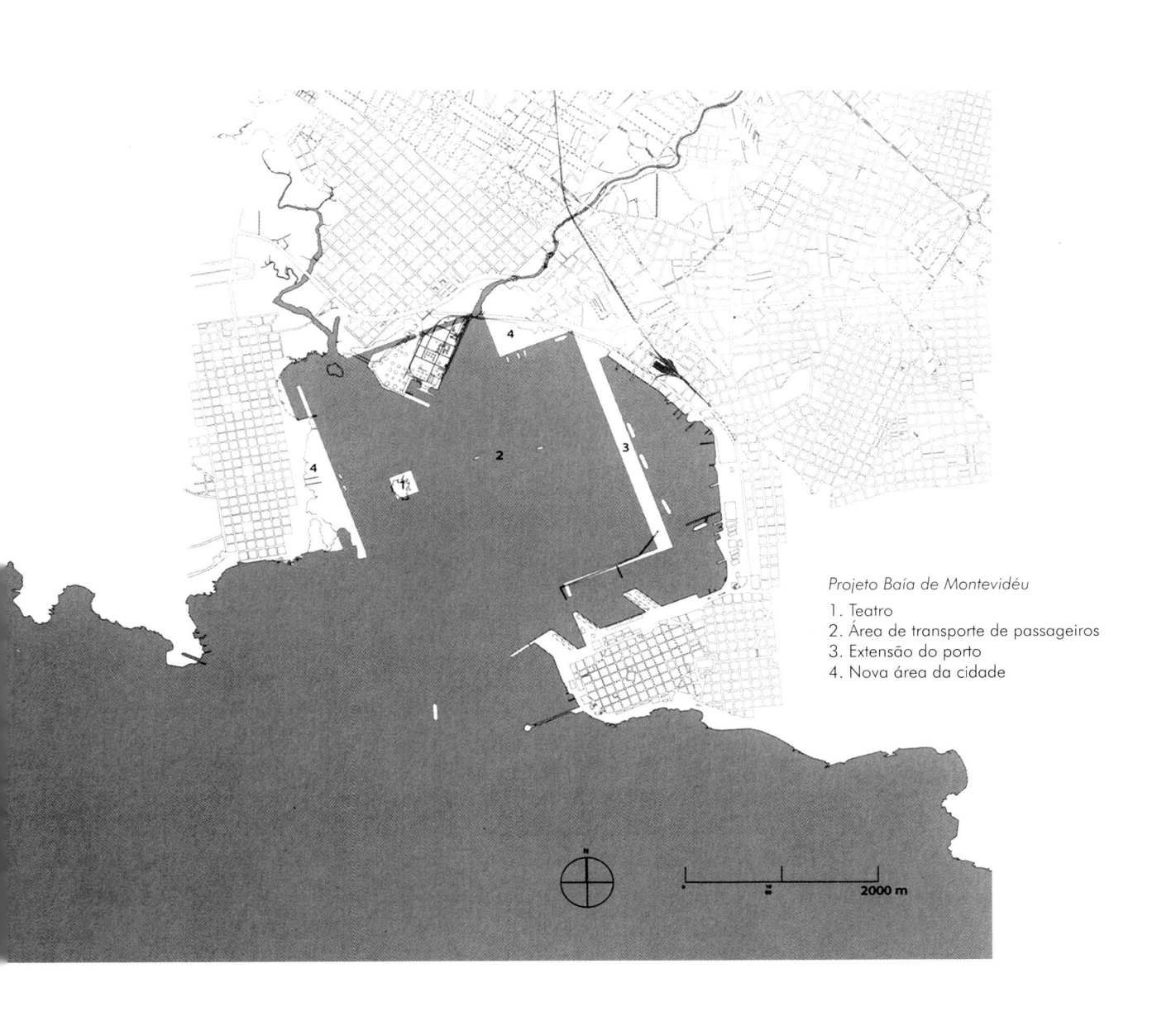

RELATÓRIO DELTAMETRÓPOLIS

Holanda, 2001
Consultor de projeto.

Este relatório foi realizado para a Holanda, a convite de Jo Coenen, arquiteto do governo, para promover um debate e um plano de trabalho para mudanças modernizadoras no território do delta holandês. Este estudo, que está centrado na questão da construção de novas moradias e na expansão do sistema de transportes rápidos, visa, sobretudo, a metropolização do país sem que se perca o equilíbrio ambiental e paisagístico do território.

O relatório foi desenvolvido a partir de informações e mapas sobre a estrutura e a infraestrutura atual do território e de três modelos conceituais fornecidos pelo escritório governamental holandês, cuja ênfase recai nas alternativas e no impacto do traçado de um complexo de transporte de massa (Randstad):

Modelo A: concentração da urbanização no flanco interior do cinturão do Randstad, o que produz uma metrópole concentrada;

Modelo B: manutenção e reforço das qualidades do delta, no qual a urbanização não ocupa os limites da zona de preservação ambiental atual – coração verde – situada dentro do Randstad, o que exige a ampliação das estruturas de transporte no flanco exterior e ocasiona o fenômeno da conurbação entre os centros das cidades existentes;

Modelo C: combina os modelos anteriores e a urbanização se dilui em pequenas magnitudes alocadas nos limites do coração verde e no flanco exterior do Randstad, exigindo pouco investimento em infraestrutura complementar.

Participaram dessa fase dos trabalhos os arquitetos Luigi Snozzi, Henri Ciriani e Paulo Mendes da Rocha. A solicitação era que se analisassem os modelos conceituais propostos com base nas seguintes questões:

1. Em linhas gerais, o que pensa o senhor do Deltametrópolis?
2. Quais são os pontos fortes e fracos do Deltametrópolis?
3. Quais são as possibilidades e riscos do Deltametrópolis?
4. O que pensa o senhor dos três modelos-conceitos?
5. O que se tem que fazer nos 30 anos seguintes para se ter uma boa metrópole?
6. Que decisões fundamentais ou essenciais se tem que tomar neste momento sobre o Deltametrópolis?

Neste relatório, para mim uma experiência bastante extraordinária, creio que devo ser breve e conciso. Pretendo, desse modo, ater-me às perguntas que me foram formuladas. Também gostaria que não se perdesse de vista a minha formação de caráter universalista como arquiteto, porém com a experiência latino-americana, brasileira, na qual, apesar dos mais avançados e sempre os mesmos recursos das artes, da ciência e da técnica, empregados aos pedaços, a serviço de interesses contraditórios, a cidade resulta um desastre. Assim, na sua essência, a questão da arquitetura-urbanismo, em todo o mundo — fica para nós muito claro —, tem sido sempre uma questão política.

1. DE UMA MANEIRA GERAL O PROJETO DELTAMETRÓPOLIS, EM PRIMEIRA INSTÂNCIA, CONVOCA DUAS IMAGENS BÁSICAS DIANTE DA EXPERIÊNCIA HISTÓRICA HOLANDESA:

- a técnica na construção do território, uma geotectônica humana e dinâmica na direção de um estimulante e novo conceito de natureza, geografia e paisagem;
- a política, com que em momentos marcantes a Holanda enfrentou a necessidade urgente de novas habitações, convocando a arquitetura, como forma peculiar de conhecimento, para fazer surgir a cidade.

Já que todos esses históricos eventos foram sempre interrompidos por guerras e desastres, a ideia forte sobre o Deltametrópolis é a de uma oportunidade feliz e de esperança. De ação exemplar na construção da paz e contribuição para a aproximação entre os povos do mundo. A construção da cidade para todos, paradigma universal para o século XXI.

2 / 3. Os pontos fortes do Deltametrópolis são:
- concentração da riqueza e dos recursos de infraestrutura de transportes;
- uma predisposição estrutural para as transformações indispensáveis na direção de centro de cultura e conhecimento. Creio que deve haver, nessa constelação de cidades historicamente configuradas (Amsterdã, Roterdã, Haia, Utrecht), um forte investimento na área de ensino e pesquisa e em seus desdobramentos internacionais porque a metrópole é antes uma questão de mentalidade. A metrópole deve existir antes que se construa;
- sua rápida ligação com outros centros europeus, com outros continentes, estabelece uma vocação para centro internacional de eventos, ensino e pesquisa, foro internacional para o estabelecimento de políticas capazes de assegurar e construir a união e a paz entre os povos subdesenvolvidos e os mais adiantados;
- a condição, já aparente, de centro mundial da juventude. Grandes movimentos do último século desencadearam-se no seio da juventude para cultivar uma visão erótica sobre a vida, com a ideia de futuro e a formação de uma nova consciência quanto à presença do gênero humano no universo.

os pontos débeis, fracos, seriam:
- a eventual perda de controle sobre a expansão da área urbanizada, invadindo reservas e prejudicando a expansão da área verde e de reservas de água;
- a perda de controle sobre o aumento da rede de autopistas e o incentivo ao transporte individual.

São os mesmos riscos (do conformismo e da submissão aos interesses da especulação imobiliária sem controle) que destroem as nossas cidades na América Latina, o perigo da degenerescência.

4. Os modelos conceituais estão todos interligados.
Creio que o modelo C, combinado, expressa melhor as possibilidades para o Deltametrópolis. Em resumo, não se deve fechar o anel. O melhor é o modelo aberto linear, onde as cidades estão construídas de modo concentrado, com nítida verticalização, amparadas principalmente por novos modelos de habitação, com largas e amplas vistas sobre a paisagem holandesa.

5. Nestes próximos 30 anos...
Centrar a política e os recursos da técnica, das artes e da ciência na tradicional experiência holandesa: construir a paisagem, a geografia e o território, incluindo a cidade, a metrópole, como uma feição da paisagem, da própria natureza construída.

O território urbano metropolitano será público e transformado em praças, jardins, campos de esporte e divertimento, uma variante das áreas agrícolas e industriais [Imagem 1].

Imagem 1

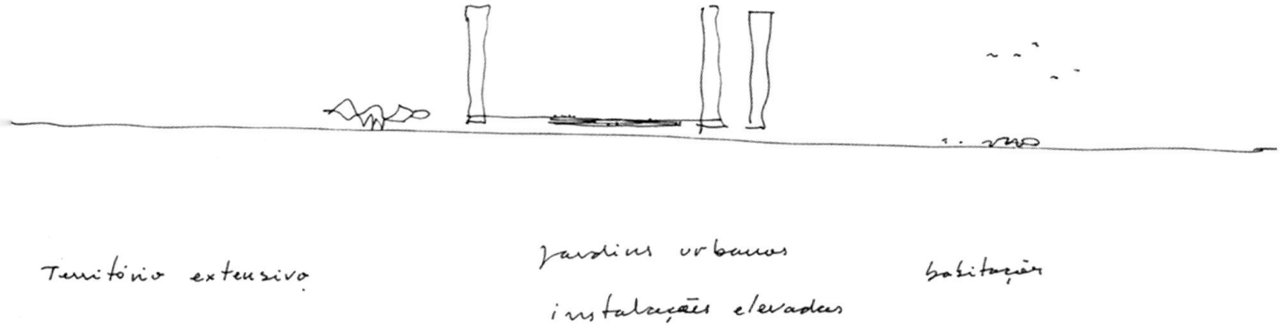

Território extensivo   Jardins urbanos / instalações elevadas   habitação

Distinguir por belíssima contradição a paisagem urbana, metropolitana da paisagem construída por imitação da natureza natural. Reproduzir conceitos de beleza natural, construir florestas, prados e bosques, reservas de água como grandes reservas livres e desocupadas.

Portanto, concentrar ao máximo as construções junto aos núcleos e estruturas urbanas existentes, evitando decididamente a conurbação. Adotar uma política de substituição de antigas estruturas por novas estruturas justapostas.

Implantar novos protótipos habitacionais nas áreas industriais e, principalmente, portuárias, sempre que possível como instrumento de sua transformação [Imagem 2].

Os sistemas de transportes rápidos, os trens elevados e as vias de conexão internacionais devem percorrer também grandes espaços abertos, campos agrícolas ou reservas. Percorrer uma Holanda! [Imagem 3]

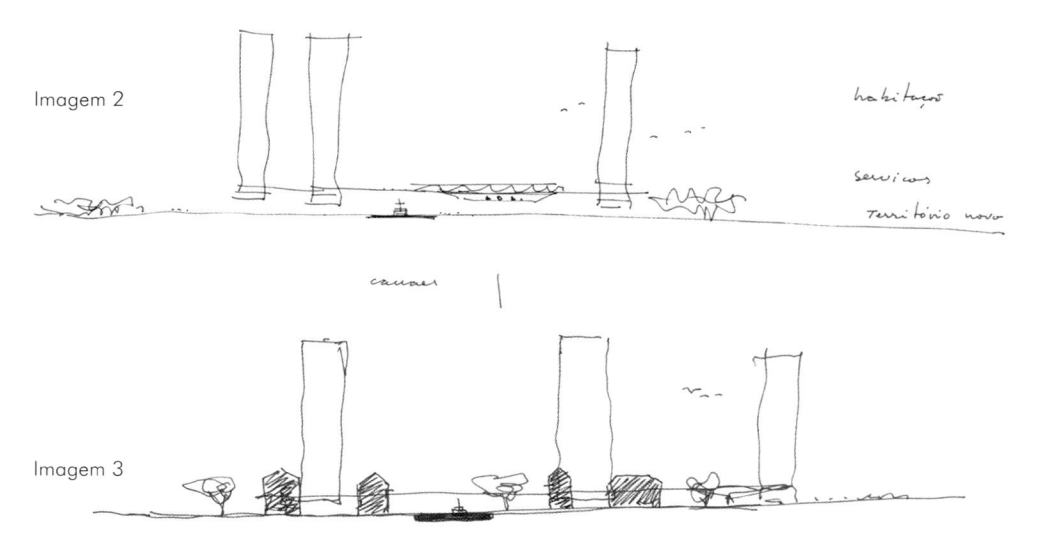

Imagem 2

Imagem 3

Transformações e liberações do Território urbano

Adotar, decididamente, para tanto, a verticalização. Desenvolver modelos verticais de habitação. A concentração favorece a consolidação dos solos.

Construir novos sistemas de redes de serviços metropolitanos, além dos transportes — água, esgoto, energia, comunicação — sobre estruturas elevadas. Construir a cidade livre do chão. Uma cidade suspensa sobre o território, inclusive os novos jardins urbanos. Uma ideia de território extensivo, enquanto diversificado, ligado à ideia de mecânica dos solos, de mecânica dos fluidos [Imagem 4].

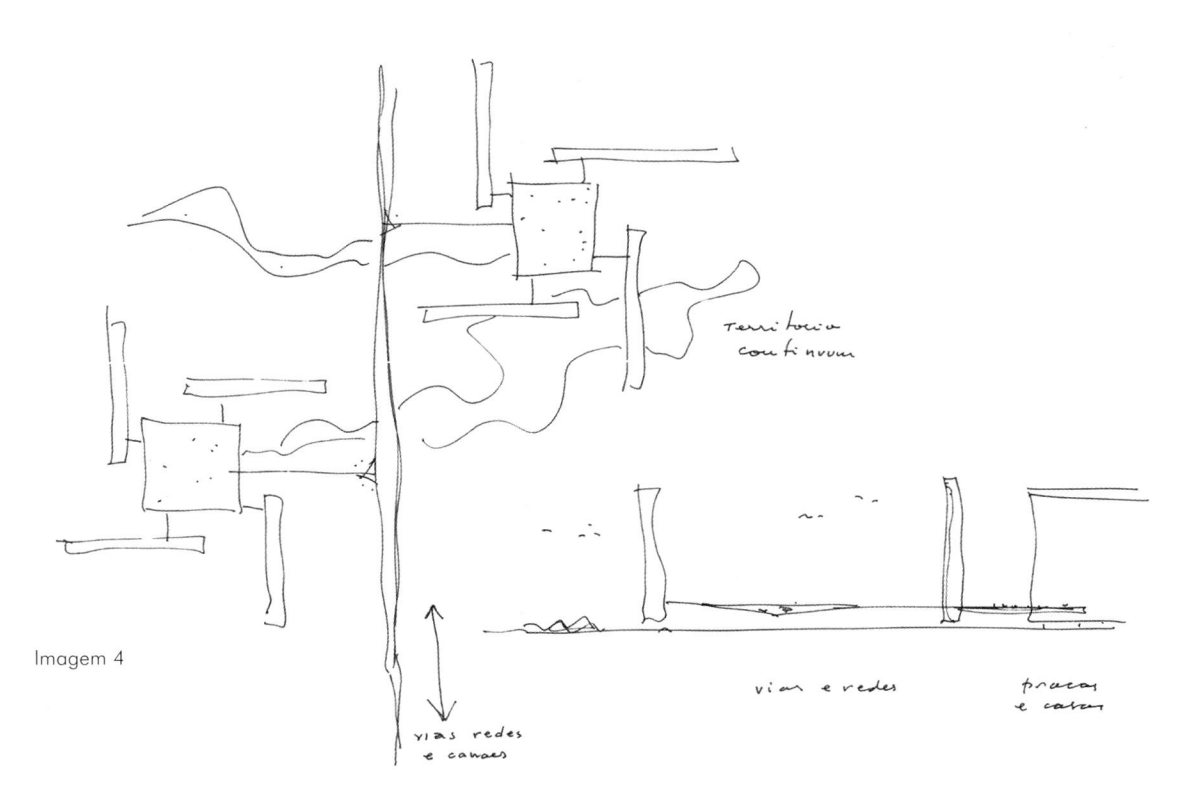

Imagem 4

6. Neste momento será oportuno:
- expandir as águas e o verde; concentrar as áreas urbanas-metropolitanas;
- estabelecer, construir um modelo capaz de mostrar as prioridades estruturais;
- articular o transporte rápido internacional com o metropolitano; decidir sobre o transporte público na substituição, ao máximo, do transporte individual; explorar o transporte público fluvial, principalmente turístico. Hotéis e centros de convenções junto às águas;
- criar modelos estratégicos e diversificados de habitação vertical. Usá-los também isoladamente, destacados na paisagem; quando necessário, aumento reduzido de habitações em pequenas cidades. Abolir o bucólico camponês.

Imagem 5

E, nessas decisões fundamentais e essenciais que se deveriam tomar neste momento sobre a Deltametrópolis aparece, na situação do mundo atual e da metropolização, como andamento histórico da humanidade, a questão das etnias. Terão que se estabelecer políticas adequadas para rejeitar a figura do subúrbio e das periferias, o desastre das cidades latino-americanas, por exemplo. Uma futura miscigenação entre os povos do mundo e o aparecimento de novas etnias no planeta são o maior privilégio da metrópole.

Para terminar, não resisto dizer, na condição de viajante forasteiro: educar, experimentar com modelos, para que os jovens possam vir a considerar um belo jardim tanto o canal e o navio quanto o arvoredo.

Relembro algumas imagens notáveis de ensaios de arquitetura sobre cidade-natureza: o ensaio de Rino Levi para Brasília (1957), as superquadras projetadas por Lucio Costa para a mesma Brasília (1957), a cidade no deserto de Neguev, de Oscar Niemeyer (1960), os projetos de urbanização que fizemos para a grota da Bela Vista — com ênfase no projeto das habitações (1970) — e para o porto de Vitória — com ênfase na esplanada e nos edifícios implantados na água (1995).

Paulo Mendes da Rocha
São Paulo, 5 de setembro de 2001

PROJETO UNIVERSIDADE DE VIGO

Vigo, 2004
Projeto de Reurbanização e ampliação das instalações da Universidade de Vigo, em Vigo, Galícia, Espanha.
Com a colaboração de MMBB Arquitetos, de São Paulo, Brasil, e Alfonso Penela Fernadez Arquitectos Associados, de Vigo, Espanha.

O projeto para Vigo consiste na requalificação geral do complexo universitário, implantado ao longo de décadas, numa localização particular na cidade de Vigo. A cidade, implantada por sua vez ao longo de séculos no contexto das "rias", que constituem uma extraordinária configuração geográfica — correspondem a eventos da natureza que marcam o aparecimento, a existência das instalações humanas especificamente como experiência histórica. Desde as origens aos dias atuais, através da pesquisa e aplicação tecnológica das mais avançadas áreas da ciência, suas populações constroem o habitat com a marca de um meticuloso trabalho de observação e experimentação, no qual a cidade de Vigo e, particularmente, sua universidade, chamam para si a responsabilidade de um saber *sui generis*.

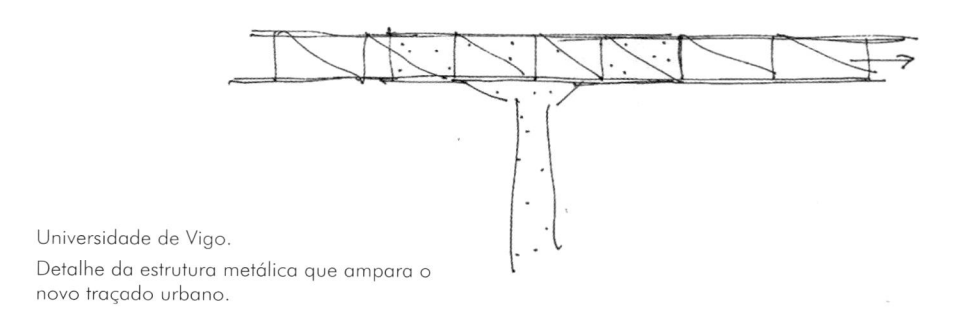

Universidade de Vigo.
Detalhe da estrutura metálica que ampara o novo traçado urbano.

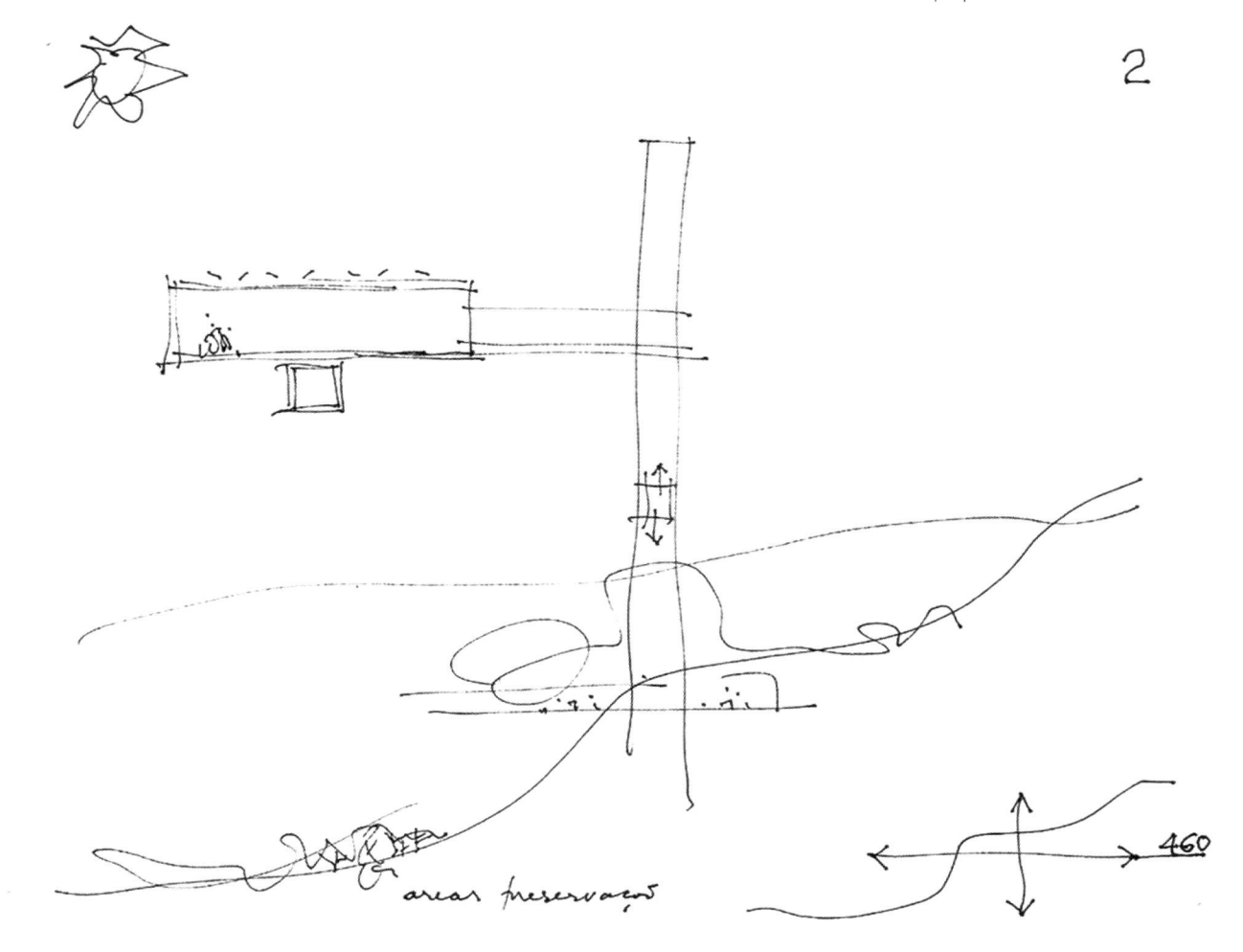

Universidade de Vigo.
Partido do projeto.

2

areas preservação

460

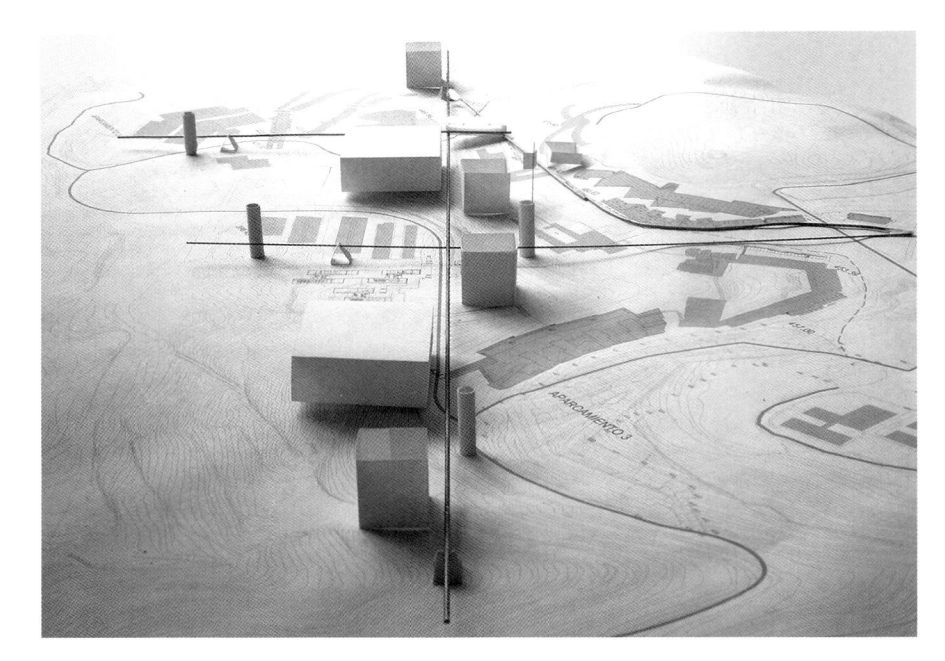

Universidade de Vigo.
Maquete preliminar do partido do projeto.
Arquivo Paulo Mendes da Rocha.

A Universidade de Vigo assume portanto esse papel de importância primordial nos estudos da condição de preservação da natureza e do futuro do planeta. Suas instalações se contrapõem a uma topografia e geomorfologia extremamente caprichosas. A disposição espacial de suas áreas de trabalho deve responder a uma grande diversificação, ao mesmo tempo em que está submetida a constante atualização.

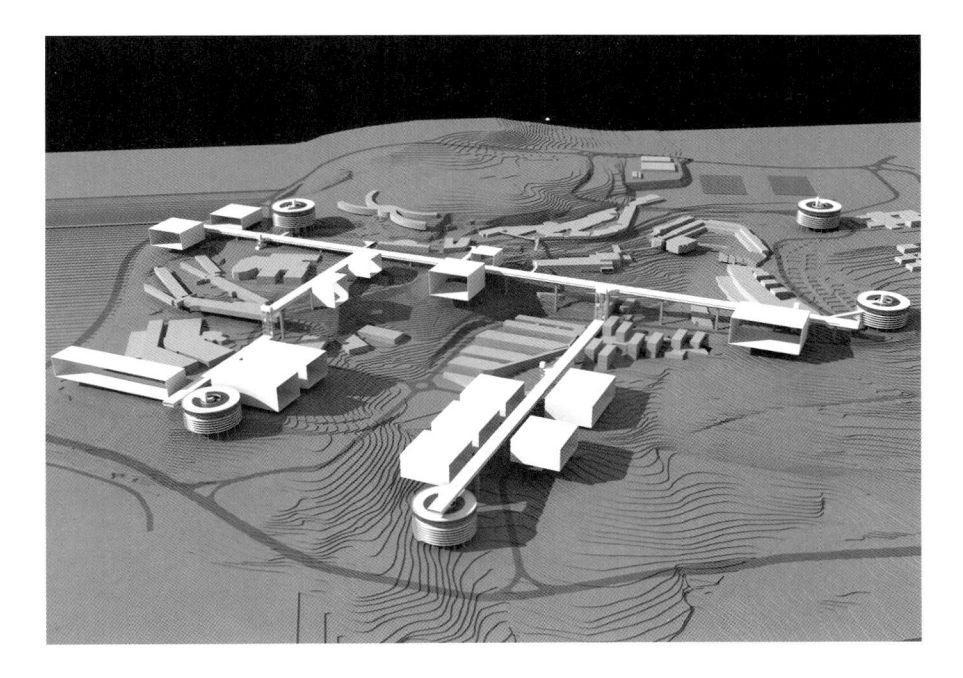

Universidade de Vigo.
Maquete final.
Arquivo Paulo Mendes da Rocha.

O projeto desenha a implantação de uma via elevada, na cota 460 m, no vazio do grande anfiteatro do território da universidade, pressupondo a articulação e verticalização das futuras instalações e integrando as instalações preexistentes. Uma nova espacialidade artificial. A paisagem, com certa brutalidade original, e rara e monumental beleza, mantém-se preservada por essa espacialidade nova e artificial. Edifícios-garagem são construídos em substituição às áreas de estacionamento a céu aberto. A rua elevada abriga todas as redes de serviços técnicos, comunicação, energia, hidráulica e futuras experiências de sustentabilidade no âmbito da universidade e, principalmente, ampara a densa convivência entre os estudantes das mais diversas áreas.

PROJETO CAIS DAS ARTES — MUSEU E TEATRO DE VITÓRIA

Enseada do Suá - Vitória, Espírito Santo,
Maio 2007 - Maio 2008

Com a colaboração de Martin Corullon, Anna Ferrari, Gustavo Cedroni, Flávio Rogozinski, Márcia Terazaki, Miki Itabashi

Constituído por um Museu e um Teatro equipados para receber eventos artísticos de grande porte, o conjunto arquitetônico projetado para o Cais das Artes, em Vitória, tem como característica central a valorização do entorno paisagístico e histórico da cidade. Localizado na Enseada do Suá, numa extensa esplanada aterrada em frente ao canal que conforma a ilha de Vitória, o projeto faz um elogio desse território construído pelo monumental confronto entre natureza e construção, numa cidade cotidianamente animada pela presença do porto, no constante e enérgico trabalho das docas.

Tal elogio, nesse caso, significa a decisão de configurar a esplanada em questão como uma praça aberta ao usufruto da cidade: um passeio público junto ao mar. E ainda, de forma complementar, implica a decisão de suspender os edifícios do solo de modo a permitir visuais livres e desimpedidas desde a praça para a paisagem circundante. Isto é, tanto para o dinâmico espetáculo dos trabalhos no mar, ligados ao porto, quanto para o patrimônio natural e arquitetônico da cidade, no qual se destacam as montanhas de Vila Velha e o Convento da Penha, localizado do outro lado do canal, em frente ao conjunto projetado. Trata-se, portanto, de uma ação arquitetônica orientada urbanisticamente no sentido de adequar história e geografia a uma desejada visão do presente, indicando, ao mesmo tempo, uma concepção museológica que procure associar arte e ciência numa perspectiva integrada.

Cais das Artes.
Maquete.
Arquivo Paulo Mendes da Rocha.

Dotada de equipamentos como cafés, livrarias e espaços para espetáculos cênicos e exposições ao ar livre, a nova praça será um lugar de atração na vida cultural da cidade. Lugar que, por suas características espaciais intrínsecas, permitirá ao público descortinar sua paisagem monumental de forma privilegiada. Efeito que será amplificado, ainda, no percurso de visitação do Museu, cuja circulação vertical em rampas e patamares cristalinos criará varandas para a contemplação do entorno natural e construído em cotas inesperadas. Por outro lado, o conjunto constituirá — ele também — uma nova referência visual na paisagem da Baía de Vitória, que poderá ser admirada desde inúmeros pontos de vista ou mirantes mais antigos, como o próprio Convento no alto do Morro da Penha, em Vila Velha.

Com um museu climatizado e contendo uma área expositiva de 3.000 metros quadrados, mais um Teatro com capacidade para 1300 espectado-

O monumental confronto natureza e construção,
neste lugar, sugere os edifícios suspensos no ar
e as visuais livres e desimpedidas, para a paisagem
e o espetáculo dos trabalhos no mar...

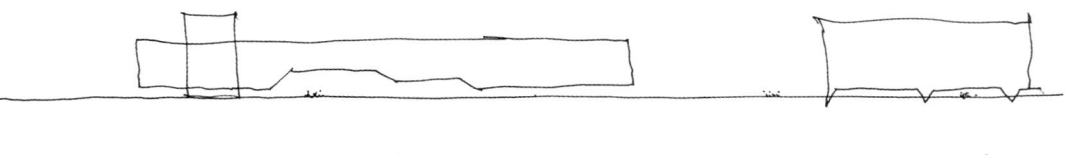

A orientação excepcional permite que a circulação entre
as áreas expositivas do Museu se faça pelo lado externo
Sul do edifício através de rampas cristalinas com
visão para o Mar, os navios e as montanhas do
continente, Vila Velha. A grande esplanada, entre a
avenida e a muralha do cáis, estará livre e destinada
ao uso público, espetáculos, cafés, livrarias... exposições
ao ar livre...

res, preparado para abrigar usos múltiplos, o conjunto do Cais das Artes procura equipar a cidade de Vitória para receber espetáculos artísticos importantes, qualificando-a como uma sede cultural com presença nacional. Isto é, intenta inserir a cidade na rota de eventos itinerantes (shows musicais, espetáculos teatrais, de dança e exposições de arte) que circulam pelas grandes capitais brasileiras, sediar grandes eventos, festivais, ou companhias estáveis de música ou dança.

Espacialmente, o conjunto arquitetônico em questão integra uma área de expansão urbana que tem recebido investimentos significativos, tanto públicos quanto privados, passando a abrigar equipamentos novos de grande porte, tais como edifícios administrativos, tribunais, shopping centers e condomínios residenciais. Trata-se, como está claro, de uma área estratégica para o desenvolvimento econômico e cultural da cidade.

É também por essa razão que uma intervenção exemplar se faz tão necessária, considerando-se os riscos que tais processos costumam trazer para o patrimônio natural e edificado de uma cidade em desenvolvimento. Consciente disso, o projeto procura disciplinar a ocupação urbana em frente ao mar lançando luz sobre o seu próprio processo de constituição material: a técnica de construção do aterro, o enrocamento e as muralhas de cais, a existência do canal, a presença do porto, etc. Ao mesmo tempo, do ponto de vista volumétrico, o partido adotado busca uma leveza capaz não apenas de preservar a integridade visual da paisagem circundante, mas, sobretudo, de valorizá-la de modo eloquente. Mais do que construir edifícios autorreferentes, o projeto realiza um território novo: a própria Baía de Vitória em sua monumentalidade intrínseca, como um engenho simultaneamente natural e artificial, histórico e contemporâneo.

SOBRE PROJETOS E DISCURSOS

Página anterior: Paulo Mendes da Rocha. Foto de Maria Isabel Villac.

ARQUITETO PAULO MENDES DA ROCHA, AUTOR DO RISCO INICIAL DA BIENAL

Casa e Jardim Arquitetura n° 3, nov/dez 1973 - jan 1974

Revendo agora, por solicitação do departamento de História da Arte e Estética de Projeto, a documentação e a crítica de um período da arquitetura no Brasil, do qual participamos, reafirmo seu interesse, porque esse período, difícil de ser analisado individual e isoladamente, pode, no debate, ser transformado em contribuição notável às aspirações universitárias. Assim, deverá emergir a racionalidade, tão desejada, para a Faculdade de Arquitetura e Urbanismo, em lúcida, nítida e clara perspectiva, indispensável ao arquiteto. A rápida necessidade de profissionalização motivada pela demanda de trabalho, já por volta de 1955-1960, surpreendeu a todos, exigindo uma profunda vivacidade em absorver as lições de uma arquitetura já feita.

A informação que recebíamos nas escolas estava muito distante das exigências práticas. Era necessário um esforço de autodidatismo que se tirou da experiência brasileira de Lucio Costa, Vilanova Artigas, Oscar Niemeyer, Atílio Correa Lima, Francisco Bolonha, Affonso Eduardo Reidy, entre outros cujas obras estavam impregnadas de densa mensagem poética e popular, voltadas já para o urbano, para o edifício e para as soluções mais amplas, onde o social, a vida e a vocação de uma nova forma de viver se delineavam. Uma obra que tinha importância porque realmente refletia uma política de envergadura social. Não se tratava de uma descoberta particular de ninguém, mas refletia uma perspectiva de conquista do homem em relação a seu ser contemporâneo e de uma sociedade possível, mais aberta. Arquitetura que refletia uma visão de universalidade, principalmente pelo seu significado urbanístico. Espaços largos, destinados à multidão, uma arquitetura que, decididamente, orientava-se para uma sociedade nova, com vistas voltadas para um mundo que se abria.

Dentro dessa orientação é que ela absorvia ou propunha avanços tecnológicos. Esse conteúdo é que caracteriza, para nós, a Arquitetura Brasileira. Eram edifícios — Pampulha, Ministério — que absorviam o que vinha de fora como Arquitetura Moderna de uma forma peculiar e significativa de um verdadeiro universo tocado pela brasilidade. No meu entender, essas obras revelam também a música, a pintura, a escultura, o trabalho e a poética de nosso povo. Estão em correspondência com a paisagem, a geografia e a dimensão que o país permite e deseja. A essa altura, já era possível perceber que o avanço da arquitetura não se dava, apesar de superficialmente parecer, pela descoberta individual de alguns.

A tese que se desenvolvia nesses projetos era uma tese em sociedade, isto é, uma arquitetura à qual se pode atribuir a condição própria da arquitetura: inventar e propor soluções que possam levar a sociedade a conquistas novas, fazendo fluir no seu desenho conquistas já efetivas do homem. Os aspectos de excepcionalidade do trabalho daqueles arquitetos que fizeram uma obra pioneira se devem muito mais à precariedade do conhecimento da arte — pela falta de sua divulgação como forma de conhecimento capaz de ser elaborado, discutido e distribuído pela sociedade — nas escolas e universidades e, ainda mais, à falta de meios para reconhecer e estabelecer sua racionalidade de forma ampla entre nós.

A qualidade da cidade, a perspectiva que pode ter a arquitetura contemporânea é, então, compreendida como uma conquista social, uma realização concreta de novas formas de viver. É essa, em linhas gerais, a consciência que permitiu o florescimento numa escala mais ampla da arquitetura na nossa geração. Mas já às obras que nos informavam dávamos essa qualidade.

Em relação às cidades e ao urbanismo, o que se discutiu, por exemplo, nas reuniões dos Congressos Internacionais de Arquitetura Moderna (CIAM), aparece, nos exemplos mencionados, como ideias absorvidas e ampliadas que já contêm soluções peculiares ao edifício público, às construções libertadas do imediatismo do racionalismo, do funcionalismo. O exemplo da casa, naquela época, nunca foi para nós o que tinha mais ênfase; as ligações com o traçado das ruas, com o urbanismo, a cidade como um todo, suas implicações com as questões ligadas aos problemas do lazer e do trabalho, do dia e da noite, dos transportes ou da fixação do homem em relação ao trabalho que a arquitetura brasileira começava a abordar é que despertavam maior interesse. O pilotis, por exemplo, antes de solução formal, era adotado mais como uma técnica para recuperar uma área em relação à paisagem, um espaço para lazer: a visão de um edifício novo, um edifício pela primeira vez possível, com destino inventado pelos próprios hábitos das populações urbanas.

Esses critérios visíveis nos primeiros projetos, principalmente nos projetos de Oscar Niemeyer, abriram a perspectiva da invenção e de um desenho novo. Esses projetos adotaram, com segurança, a técnica do concreto armado, fazendo com que no Brasil as estruturas de concreto armado se desenvolvessem com uma contribuição própria do arquiteto brasileiro e provocando, na minha opinião, um estímulo ao desenvolvimento da engenharia e da tecnologia da construção em geral. A importância dessa intervenção do desenho e da arquitetura no avanço das técnicas, nós mesmos não temos condição de precisar. Ela tornou necessário, porém, um aprimoramento, exigindo um avanço rápido das possibilidades de construir com técnicas mais apuradas e que permitissem uma liberdade formal necessária para resolver os desígnios colocados nos edifícios novos; edifícios como um programa destinado a uma sociedade e a um comportamento que não eram habituais, mas que seriam mais generosos, mais abertos, mais livres.

Entre os arquitetos paulistas, nessa época, surgiu um verdadeiro movimento, bastante nítido, com influência até nas empresas que especulam com imóveis. Indecisos com o sucesso das novas obras, abriram-se algumas oportunidades aos arquitetos, e alguns projetos de prédios de habitação e

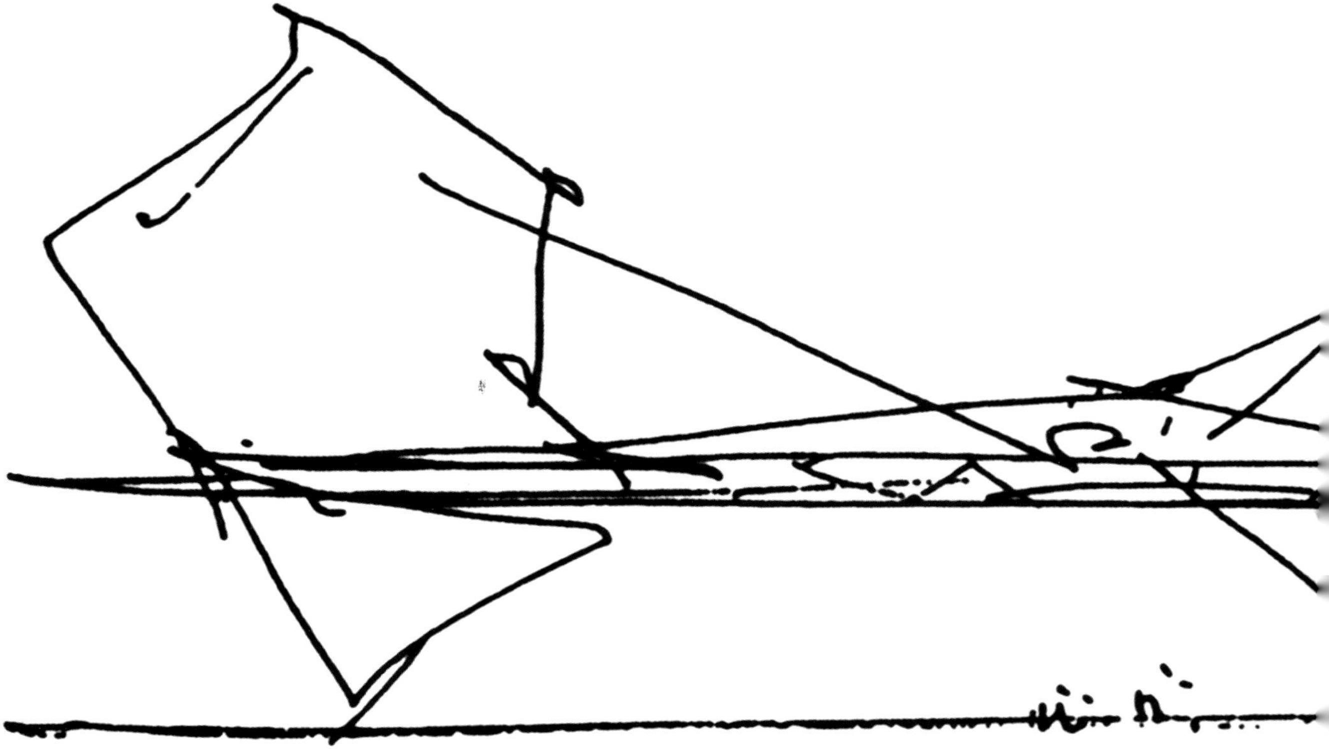

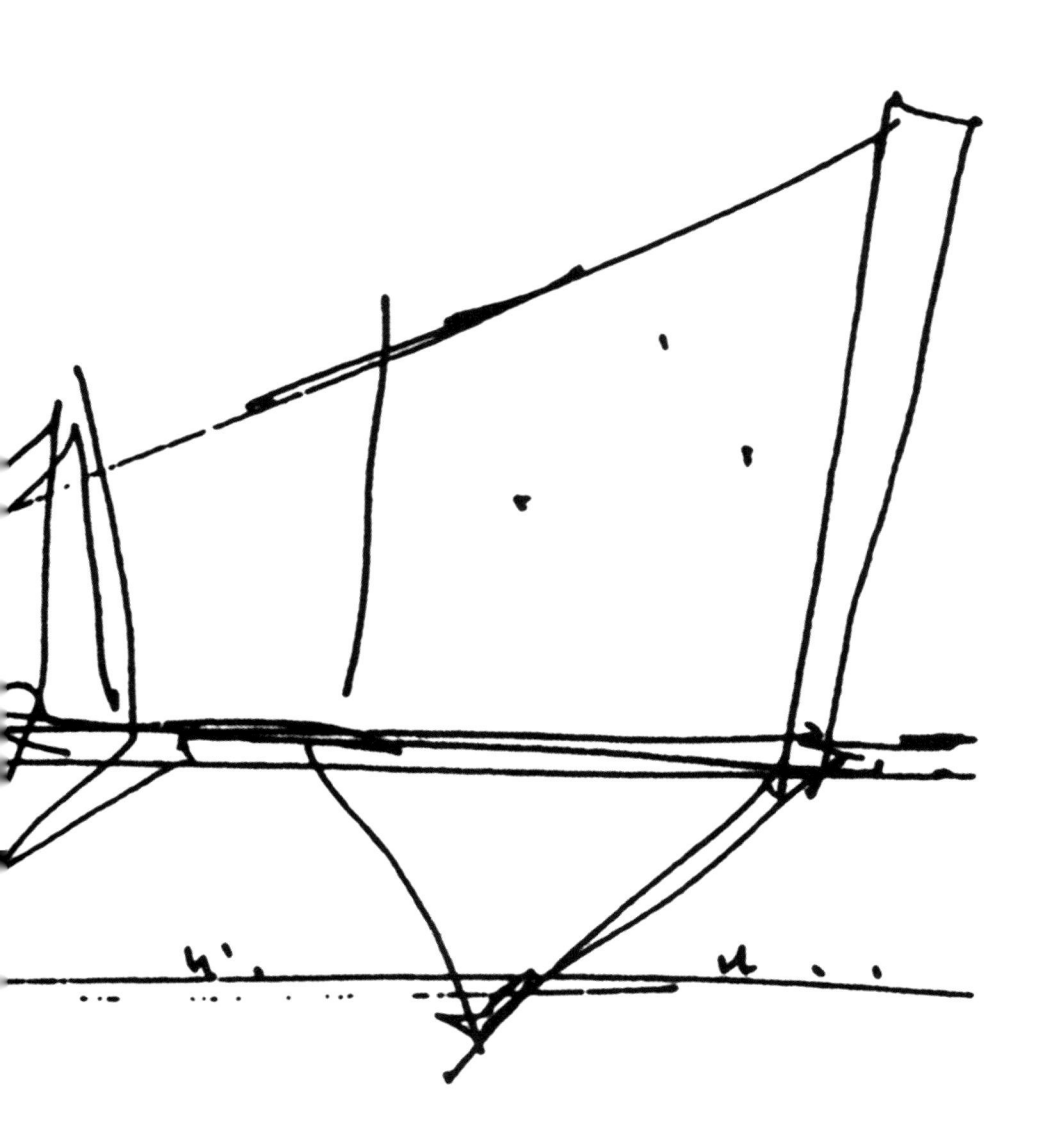

Ginásio do
Clube Atlético Paulistano,
São Paulo, 1957.

Croqui.

Com a colaboração de
Eduardo de Gennaro.

de escritórios têm sua importância na nossa crônica. Também passaram a empregar melhor técnica de construção, dando maior atenção às soluções estruturais e construtivas em geral. Os concursos de arquitetura, tão discutíveis como forma de distribuição de trabalho, tiveram, sob certo ângulo, algum valor quando, em alguns exemplos, permitiram que se confrontassem ideias e libertaram a invenção. Do ponto de vista técnico, é impossível deixar de lembrar a grande influência e colaboração que nos dava, pela importância de sua obra e pelo contato estreito, o engenheiro Roberto Zuccolo, que calculava as primeiras estruturas de concreto protendido entre nós.

Convém que essas considerações não nos desviem dos pontos que estávamos examinando e que poderiam ser reunidos da seguinte forma:

1. A influência da arquitetura brasileira da época, com seus exemplos de edifícios aparentemente isolados, contém atributos de significativo avanço social e visão de urbanismo.

2. A existência, a partir desses desenhos, de um aperfeiçoamento nas técnicas de construção em geral empregadas no país.

3. O interesse em constatar para a arquitetura a necessidade de novos modelos de edifícios e construções, novos projetos, que seriam o edifício contemporâneo ligado ao plano das novas cidades, de acordo com as recentes conquistas da ciência e do conhecimento que a sociedade absorve, usa e recria em seu modo de viver urbano.

Poderíamos dizer que se faziam os edifícios como se queria para as cidades. As soluções estereotipadas, por exemplo, auditórios, ginásios de esporte, edifícios administrativos, etc., transformaram-se, mudando os programas, mudando o social urbano em novas soluções. Em vez de arranjos compositivos entre vários volumes, novas formas aparecem para novos usos. Os aspectos de liberdade que a arquitetura brasileira tem proposto manifestam antes de tudo uma consciência que já se organizou, inclusive no plano cultural próprio das faculdades de arquitetura e urbanismo. Já se tenta mostrar como a racionalidade das ciências se serve do desenvolvimento social moderno, isto é, nós elaboramos nas nossas escolas enquanto arquitetos um tipo de conhecimento próprio do mundo em que vivemos. A influência de Le Corbusier no nosso meio muitas vezes é mal entendida. Alguns colegas, nesse debate, comparam grupos e tendências, tais como uma arquitetura à Alvar Aalto, Mies, Wright ou Corbusier. Visão formalista. No meu entender, o que a obra de Le Corbusier informa é sua preocupação constante — cometendo inclusive muitos erros — com soluções para a cidade contemporânea, sua intensa atividade criadora, escrevendo, pintando, desenhando, publicando sua obra. Sua motivação foi o que mais nos modificou, bem como sua preocupação com o relacionamento com o trabalho artístico e os meios de produção industrial.

A arquitetura é uma conquista social, não um tipo de conhecimento que possa ficar com alguns poucos e, por meio do seu trabalho, aparecer para a sociedade como uma dádiva; o que, como atividade artística, pode a arquitetura também fazer é revelar verdades pouco evidentes. A arquitetura realiza o que os homens, na totalidade de sua história, conquistaram realmente. Quanto ao planejamento, só nos interessa quando o pudermos identificar como aquele que, no geral, atende aos mais amplos interesses da sociedade. Não é o planejamento em si que resolve problemas, mas sim o seu interesse político.

Assim, no campo da física, por exemplo, só nos interessam as conquistas de nível social, pois é somente medindo os interesses da humanidade que a física se transforma em 'bem' ou 'bomba'. A descoberta em si de um cientista não resolve nenhum problema. Assim, todas as contradições da obra isolada devem, enquanto obra de arte, ser vistas no seu conteúdo de universalidade, quando o possuem. É por isso que se distinguem projetos com o nome de seu autor. São projetos que nós faríamos. Quer dizer, são projetos que contêm os nossos desejos e, enquanto particulares, são contribuição ao universal. Nosso trabalho é sempre perturbado pelos interesses do comércio da edificação e da habitação; o projeto social claro não existe entre nós. Nessa circunstância, fica sem viabilidade a hipótese de planejamento. Ficam os exemplos isolados, a obra destacada. É por isso que, embora isolados, esses modelos têm seu valor na obra do arquiteto.

IDEIA E DESENHO

Folha de S. Paulo, Folhetim — São Paulo, 10 de maio de 1981

O prestígio da arquitetura brasileira no plano internacional se deve, sem dúvida, a uma marcante e contínua intervenção dos arquitetos brasileiros, que conseguiram sempre manter a atenção da crítica no mundo moderno e mesmo obrigá-la a se preocupar com eles e a não poder realmente ignorar a capacidade de significação objetiva com que riscaram sua obra.

Aquilo que se poderia chamar a importância dessa manifestação cabe sempre tentar analisar como maneira de conhecer melhor sua razão e raiz, já que nos interessa esse instrumento de confraternização universal. Fato histórico ligado à produção artística, revela uma particular maneira de exercer a liberdade no trabalho, o que lhe confirma o atributo criativo, com grande poder de notícia, como verbo de um povo americano com passado colonial e, portanto, empenhado por experiência na sua libertação econômica, na afirmação de sua plena expressão sociocultural, em que o trabalho de hoje deve organizar o amanhã. Um povo que aprendeu a projetar.

Nessa enérgica circunstância vivem os artistas brasileiros. E se a arquitetura se envolve diretamente com a paisagem construída, com a expressão de todos esses anseios nas coisas que edifica quando a necessidade imediata se alia à convicção de que é aí que se organiza o futuro, consolida-se um alicerce para o próximo passo, compreende-se a sagacidade, o tino e o senso de oportunidade com que os arquitetos tentam abordar as questões que lhes competem. Mesmo inventar outras.

Trabalha-se na mais completa adversidade. Até por um raciocínio inverso, poder-se-ia dizer que por esses motivos, as razões da carência, o povo brasileiro tem sido arquiteto, e aqueles que trabalham no campo da arquitetura, sob todas as formas, sempre decidiram ficar intimamente ligados às aspirações e aflições desse mesmo povo.

Daí ter essa arquitetura, que é aparente e visível, um traço curioso, um tanto peculiar, atraente e intrigante, despertando a atenção de todo mundo e marcando uma contribuição, como conjunto de obras de arte, com interesse universal.

Pavilhão do Brasil na Feira Internacional de Osaka, 1970.

Concurso nacional 1º prêmio. 1969.

A técnica, exemplo da universalidade do conhecimento, propõe a edificação em concreto armado e concreto protendido, cobrindo uma área de 1500 m², quatro apoios articulados, balanço de 20 m e vão livre de 30 m. O anteprojeto foi feito no Brasil, em concurso público organizado pelo Ministério das Relações Exteriores, e o detalhamento no Japão, sob a supervisão do arquiteto brasileiro.

Com a colaboração de Flávio Motta, J. Katinsky, Ruy Ohtake, Jorge Caron, Marcelo Nitsche, Carmela Gross.

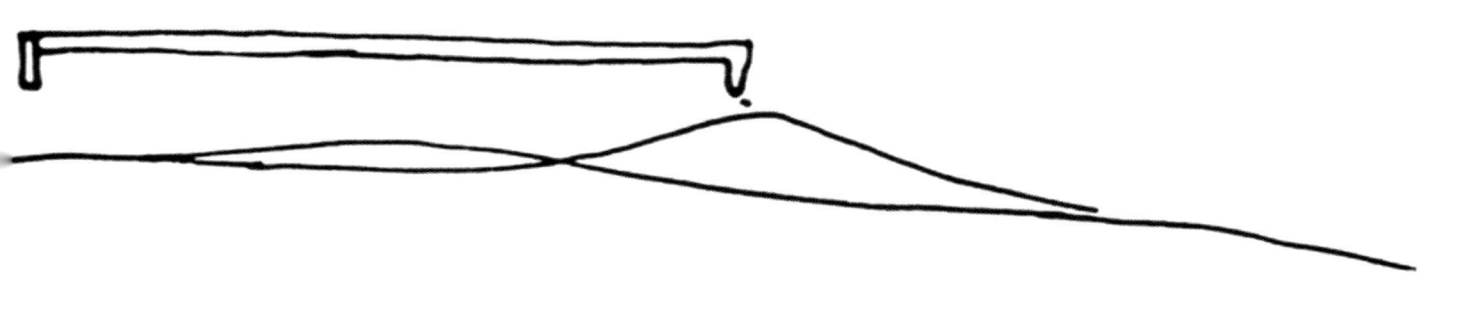

Desenho de Flávio Motta para a exposição que se planejava para a feira internacional, ilustrando a obra *Índia Camacã*, de Jean-Baptiste Debret, quando de sua viagem ao Brasil entre 1816 e 1831.
Arquivo Flávio Motta.

As realizações que hoje integram esse patrimônio estão constituindo um desenho que informa as ciências e as técnicas, solicita recursos tecnológicos e a produção nacionais de maneira própria, aquela que pode parecer melhor para nós. Aliado pela forma a uma sabedoria realmente existente na mentalidade do povo, com os olhos atentos também aos horizontes que o homem conquista em todo o seu universo, surge no trabalho realizado pelos arquitetos brasileiros um desenho sempre voltado para a ideia de matriz, capaz de produzir outros projetos, na direção de uma exigida condição de superar o atraso que pela história se sabe nos vem sendo imposto. Como impostura mesmo.

Aí reside sua capacidade de seduzir a opinião internacional e, no país, criar uma situação que distingue o problema da criatividade, com repercussão em toda a atividade intelectual do brasileiro. Já, notadamente, no ensino, na formação da juventude, da chamada nova geração e das novas gerações também, com certeza, porque esse trabalho revela nossa cultura popular não como inventário, mas como experiência. Com o valor que tem pelo que é capaz de fazer e que se realiza de forma invejável.

Arquitetura é o fazer e o produzir as coisas com que o homem dota seu inadiável existir com o atributo de adorno. Linguagem que, como objetivo, pensa elogiar o próprio trabalho feito ao projetar a forma de fazê-lo como um gozo da riqueza conquistada, atribuindo-lhe valor especialmente humano com uma forma. Não como monumento a alguma circunstância, mas com a monumentalidade indispensável ao exercício da própria vida na sociedade.

Se acompanharmos a crônica da vida da arquitetura, seus momentos marcantes, tanto na produção das obras que a distinguem como na maneira e oportunidade com que se organizam os arquitetos; se atentarmos para o rápido aprimoramento do ensino da arquitetura no Brasil a partir de 1940 e para os combates que foram travados; se olharmos como até hoje se disputa o direito de exercer essa atividade, plenamente, na obra pública e nas empresas privadas, no desenho para a cidade, na solução ou participação para a solução dos problemas da habitação, da saúde, do ensino e dos transportes, na ocupação, ou política de ocupação de novos territórios no país, como solução singular para a integração de áreas continentais no comércio mundial, veremos sempre um comprometimento nítido com o ideário da liberdade e da independência e a procura de uma identidade entre ideia e desenho.

Pavilhão do Brasil em Osaka, 1969.
Maquete.
Arquivo Paulo Mendes da Rocha.

MORAR NA ERA MODERNA

Folha de S. Paulo, Ilustrada — São Paulo, 13 de setembro de 1986

A questão do mundo em que vivemos é particularmente a questão do espaço urbano onde efetivamente se produz e se reproduz, hoje, o conhecimento, em especial uma forma muito peculiar de conhecimento que é aquele sobre nós mesmos, diretamente aplicado na ação política, naquilo que é o viver presente e na conquista de novos espaços absolutamente necessários para a sobrevivência.

A questão da moradia, da casa, pode de fato representar, sob muitos aspectos, uma questão focal fundamental. Na verdade, o mundo vive essencialmente uma crise aguda que há muito se delineia: acredito que a história da humanidade seja uma história de crises permanentes porque o homem é, sem dúvida, uma invenção de si mesmo. É consenso o fato de que a espécie humana caracteriza-se pela condição artística, um conhecimento peculiar capaz de realizar prospecções sobre o futuro, anúncios de projetos definitivamente marcantes para o nosso destino.

A casa é o abrigo que acompanha o homem e tem sido, por contradição, o lugar onde se mostram, se exibem e se encontram, por meio da história e dos achados arqueológicos, notícias sobre a essencialidade da vida; e, ao mesmo tempo, o lugar da maior contradição entre o que é a coragem ou a aventura do homem e o seu medo ou sua covardia. A origem da casa é o abrigo, o esconderijo, a gruta, o covil de um homem que sem dúvida esteve apavorado em algum momento da sua existência.

Ora, o que seria a casa hoje? A casa tem servido nos últimos tempos como instrumento extremamente retrógrado das forças mais reacionárias

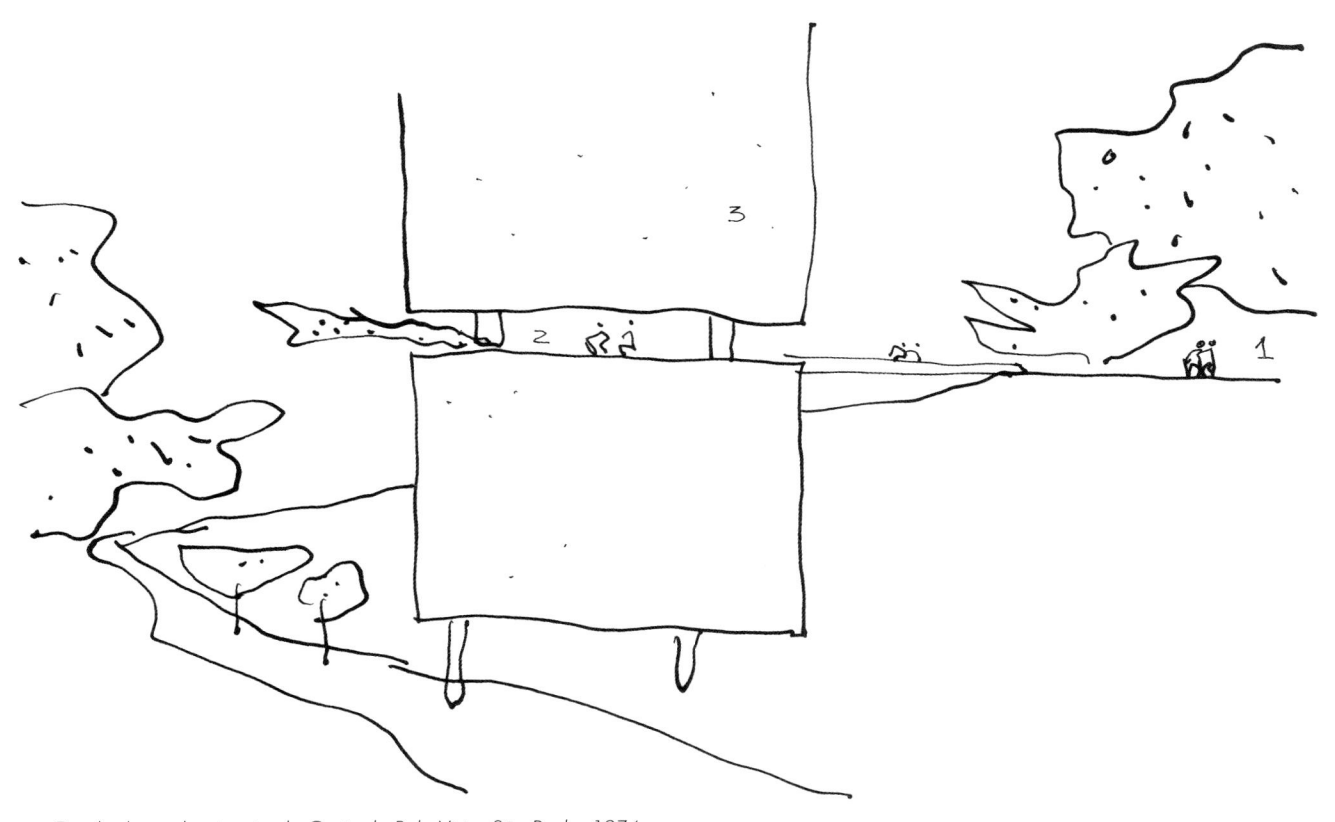

Estudo de reurbanização da Grota da Bela Vista, São Paulo, 1974.

Com a colaboração de Flávio Motta, Maria Ruth Sampaio; Benedito Lima de Toledo, Christina de Castro Mello, Samuel Kerr, Koiti Mori, Klara Kaiser.

A Grota é uma das áreas da Bela Vista, região que faz parte de um círculo de antigos bairros da cidade de São Paulo, com um traçado urbano da época, de ruas estreitas e casas assobradadas, habitadas por uma população de baixa renda. O projeto, atendendo à renovação urbana pretendida pela Prefeitura, contempla três tipos de intervenção; nas palavras do arquiteto: "preservação — com objetivos estéticos, culturais e econômicos [...]; reurbanização — em áreas já modificadas, onde se propõe obras no sistema viário e uma nova ocupação coerente com princípios mais modernos; e ordenação — regida e detalhada em legislação específica que vise organizar o crescimento e a ocupação do solo e da paisagem".

Estudo de reurbanização
da Grota da Bela Vista,
São Paulo, 1974.

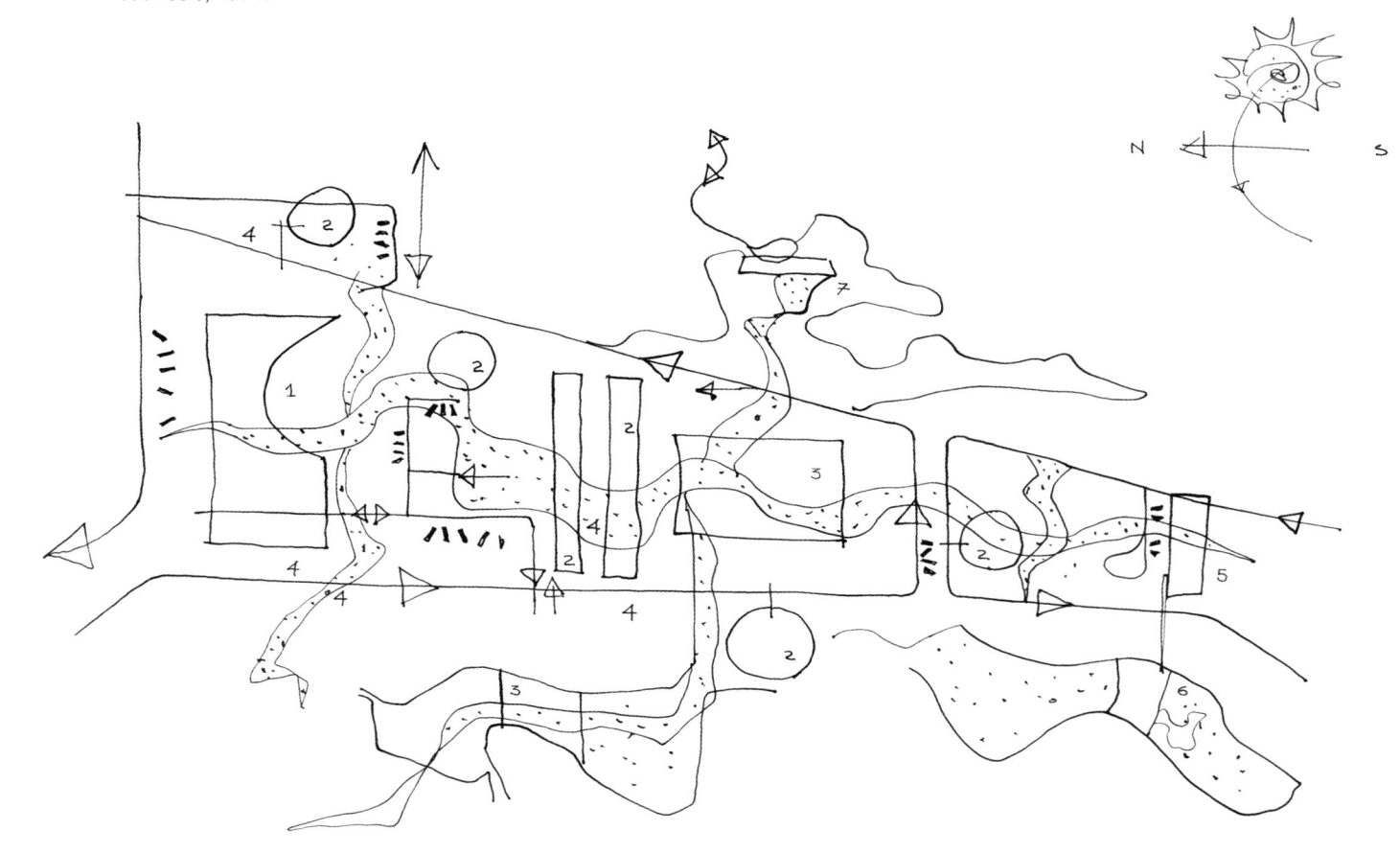

Estudo de reurbanização
da Grota da Bela Vista,
São Paulo, 1974.

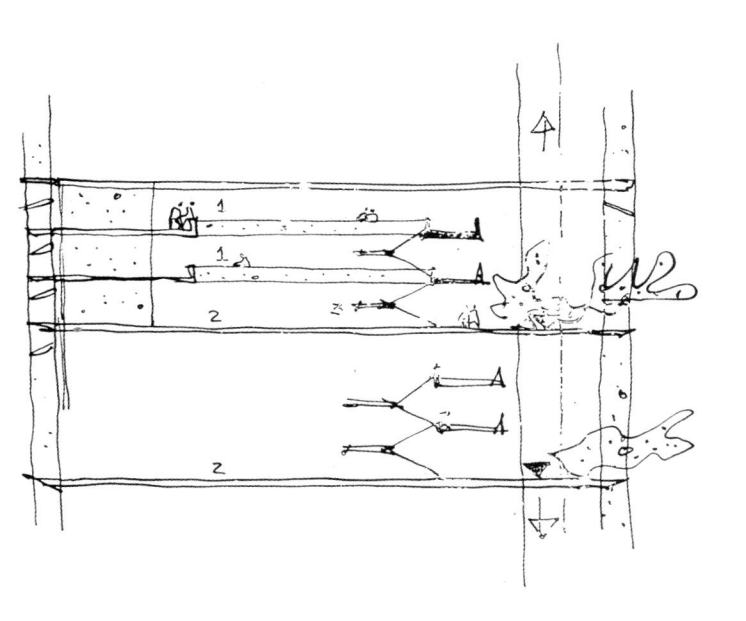

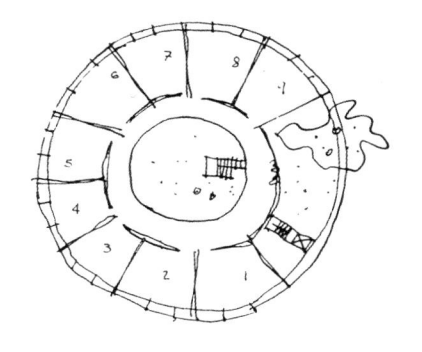

1 Andar Tipo

2 - Andar com jardim, parada de elevadores

3 Circulação exclusiva do conjunto 3 andares

contra a liberdade do homem. A realidade concreta da nossa época, a rejeição da cidade, a ideia da casa como realização que está fora da realidade da cidade, essa casa que pretende a volta ao campo, que pretende idealizar o castelo senhorial, que nega a liberdade do homem, que se liga à ideia de herança, fortuna, de lugar outra vez, agora de forma anacrônica, de guarda de tesouro. Essa casa não é mais a casa moderna. Hoje, o habitat do homem é a cidade.

A condição de moradia distanciou-se há muito tempo do que poderia ser considerado, como fato isolado, uma casa; ela é representada pela conquista histórica, pela situação urbana. Essa situação em que as trocas se processam com velocidade enorme, em que a afetividade se resolve e se explicita em dimensões jamais esperadas, em que o espetáculo, os jornais, a televisão, a troca de informações, a universidade, as providências em relação a nós mesmos, a compreensão dos valores do trabalho e da política que se estabelece para o destino que se deva dar à economia e as razões da classe trabalhadora se sobrepõem no cenário cuja riqueza é por ela construída, esse lugar é a cidade, a polis, o lugar político, a tribuna da vida moderna.

A casa, particularmente nos países atrasados e de passado colonial como o nosso, é uma necessidade quantitativa, escandalosa, e não poderá ser pensada simplesmente como uma unidade de habitação. Para suprir essa necessidade nós teremos que inventar, aceitar, reconhecer a casa realmente contemporânea que conte fundamentalmente com os recursos da grande cidade. A sua arquitetura, a sua forma, será nitidamente associada com o que se reconhece como o desenho da cidade, associada às circunstâncias que alimentam perspectivas em relação à prole; uma casa que compreenda e subentenda a existência de escolas, parques, transporte público, de felicidade enfim, esta quimera capaz de apaziguar e recompor uma história amarga, na qual contingentes enormes da população são estigmatizados, desprezados, relegados à miséria.

É o momento de, rigorosamente, pensar o desenho da cidade como questão política dos países de todo o mundo e, particularmente, dos países americanos.

A consciência que se tem hoje, a convicção quanto à necessidade premente de abjurar, renunciar às ideias de guerra em favor da paz associada aos recursos de que dispomos, permitirá com certeza a realização desta casa nunca vista antes, a casa de quem reconhece a cidade como o seu habitat. Nosso país poderia explicitar e contribuir para essa questão de forma extraordinária, e tem condições de fazê-lo. Temos um território praticamente desocupado e uma política de desenvolvimento em relação à terra extremamente atrasada; necessitamos de reformas rápidas e violentas para dar perspectivas à criatividade.

É necessária uma luta intensa, originada da manifestação popular, de associações e de representações da sociedade para afirmar a convicção de que nossa visão é a de um mundo fraterno, no qual a ideologia da segurança, do medo — raízes mesmo das piores manifestações, digamos, do fascismo, o pior desastre que já houve no mundo —, é algo a que se deverá corajosamente renunciar, que se deverá inverter; o homem terá que se debruçar, se abrir para esse novo espaço conquistado neste século.

Uma das questões que hoje se discutem é a superação do que chamamos moderno. Esta questão é enganosa, mistificada, porque a modernidade nunca passou no campo das artes, da arquitetura, do urbanismo por uma visão de configuração definitiva e muito menos de estilo que pudesse ser superada. A questão da modernidade caracteriza-se por um estado de espírito e de compreensão que aflorou com toda a exuberância no princípio deste século, com as revoluções socialistas no México e na União Soviética, que abriram para o mundo uma perspectiva de solidariedade, de defesa da fraternidade mundial, de repúdio às formas colonialistas de exploração do homem pelo homem, a possibilidade da construção de um mundo realmente moderno na medida em que aplicam os recursos em benefício do homem e da sua realização plena.

Se nós conseguíssemos de fato uma solidariedade universal para extirpar o estigma da fome, para estabelecer os contatos e intercâmbios na linha de conhecimento e não a exploração mercantilista absolutamente exacerbada do conhecimento, algumas questões seriam resolvidas e poderíamos entrar numa nova era. Se acompanharmos os movimentos libertários, os movimentos pela defesa da natureza e, ao mesmo tempo, constatarmos os terríveis erros cometidos nos desastres recentes, imaginarmos uma sociedade inteligente que troca ideias, o fortalecimento de associações internacionais, o poder da comunicação e suas virtudes e vantagens, imaginarmos nossa própria energia, nossa capacidade de nos indignarmos contra a miséria, estaremos no limiar de uma nova era.

A condição de país de Terceiro Mundo nos marca de uma forma peculiar, mas não nos exclui. Hoje a questão da habitação é mundial; não há, inclusive nos países mais adiantados, uma situação moderna diante desse problema. Guetos de populações oprimidas encontram-se em todo o mundo. A grande esperança reside nos países que nasceram no limiar do fim da era colonial.

Deveríamos nos mobilizar para recuperar o tempo perdido com os últimos 20 anos de governo desastroso para, energicamente, confraternizarmo-nos com os companheiros do mundo inteiro na defesa dos interesses primordiais desta nova moradia do século XXI. No entanto, esta perspectiva talvez fantasiosa demais parece negar, parece esquecer o valor desta nossa cidade: a visão da cidade que pretendemos não nega a cidade onde vivemos, não nega São Paulo exatamente como ela está agora. É patente a coragem do nosso povo, que tem apresentado, com vigor, uma capacidade criativa, uma solidariedade de vida em cidade, uma convicção fatalmente estabelecida de jamais voltar ao campo mesmo dentro da contradição, porque, sem dúvida, a grande população de São Paulo é fruto da miséria do homem do campo ou do descaso pelo Nordeste.

Fica demonstrado como a duras penas a população é capaz, e o nosso companheiro miserável tem o vigor de percorrer, de perseguir, de realizar um projeto, talvez o mais importante do nosso século, que é a manifestação decidida sobre o projeto da cidade, da vida urbana. A decisão de abandonar as formas atrasadas e de tentar a aventura da cidade é uma responsabilidade, portanto, de toda a sociedade e é muito maior para os intelectuais, os privilegiados que estudam e dirigem e podem se manifestar com respaldo sobre essas questões, enfrentá-las e dirigir-se à política de desenvolvimento do país para a urbanização como forma de realizar o habitat contemporâneo.

Estamos enfrentando uma reforma agrária que se liga diretamente a essa questão: a vida camponesa é impossível, está relegada definitivamente ao passado; hoje o trabalhador do campo pode perfeitamente habitar a cidade. Isso implica a modernização de todas as vilas e pequenas aldeias; no restabelecimento de toda a rede de transportes do país, no novo reconhecimento das riquezas nacionais e no desafio de construir novas cidades, com a mesma dimensão artística das cidades históricas. Esse desafio é a única questão para as escolas de arquitetura e deve orientar a política do país.

A questão da miséria deverá ser enfrentada diretamente, primordialmente, por qualquer política nacional.

O Brasil precisa seguramente de uma política agrícola revolucionária. Isso implica numa mobilização jamais vista, mas totalmente possível. Sem um planejamento rigoroso da produção nacional é impossível enfrentar esse problema: os instrumentos democráticos de expressão da vontade popular devem ser incentivados a ponto de não se temer a ideia de planejamento, tirado da consciência e do debate que possa recompor as populações das cidades pequenas e destiná-las a esses lugares objetivos de produção, no interesse da economia global. Porque a concentração industrial de São Paulo não parece sadia para a própria economia.

Diante da dimensão do país, a produção há de se espalhar segundo a ocorrência de reservas minerais e de condições geográficas; o Brasil será, em sua totalidade, um país rico, diversificado e homogeneamente distribuído — não há razão alguma para manter as concentrações brutais que acompanharam nossa história, sem dúvida fruto do desequilíbrio e do desinteresse pela sociedade brasileira.

A CIDADE COMO FÓRUM PARA O FUTURO

Folha de S. Paulo — 22 de janeiro de 1988

Refletir sobre o que representa para um brasileiro uma cidade com 10 milhões de habitantes, como São Paulo, mostra que esse homem está diante de um fato recente entre nós, mas muito antigo e com história de lutas e desencontros na edificação deste projeto da humanidade: a cidade em situação de perplexidade e abandono que atinge, principalmente, grandes contingentes humanos do Terceiro Mundo.

Essa situação, que nas cidades aparece como absurda diante de tanta exibição de tecnologia mal empregada, fica na frente da cultura acadêmica, do saber e das ideias de modernidade como um quadro de horrores marcado pela distância entre desejos e realidade.

Por outro lado, seremos partícipes da disposição mundial de luta pela pacificação e pelo desarmamento, que será o grande empreendimento de nossa época, com uma contribuição necessária e esperada marcada pela criatividade.

Os parâmetros que admitem o estado em que vive a população, mesmo os ricos, que são miseráveis fatais entre tantos miseráveis, são de tal natureza distantes de um mundo racionalmente desejável que o quadro de providências deverá mudar muito e em pouco tempo na vida nacional.

Ou o país reconhece a qualidade de seus problemas como inédita, como que iluminados pela primeira vez, e encara de forma racional a instalação da população, sua vida, produção material e intelectual como o que de fato é a nação, ou o crescimento dos índices de pobreza, degenerescência, atraso e alienação entre nós atingirão uma qualidade em que tudo será imprevisível e portanto desastroso, sem nenhuma racionalidade.

Não há modelos a copiar: a América, a Ásia, a África e todos os guetos e escombros do colonialismo onde estiverem não andarão na história por modelos, mas com uma correção de rumo que afetará todos os povos do mundo.

Para os países ditos adiantados, essa perspectiva deve constituir o único horizonte que transforme a expectativa sombria de graves problemas que também os atinge. E nos situa numa posição não de dependência, mas de obrigação a influir de forma ativa e eloquente na manifestação universal pela paz e transformação do quadro da economia mundial.

São Paulo, se contribui com 60% ou mais do produto nacional, será atingida em proporções semelhantes pela dívida externa e compromissos nacionais de ordem econômica em todos os níveis. Terá que se compreender melhor e se organizar sob todos os aspectos do trabalho e da vida, cujo teatro são as cidades.

Sua população deverá, por força, exercer um papel fundamental na política nacional para sustentar decisões capazes de abrir perspectivas para o povo brasileiro de forma solidária com os outros povos da América Latina. Porque a dependência dessa cidade revela condições de existência capazes de criar uma cultura peculiar de entendimento da situação do mundo. Uma população que aprende e se informa, apesar de tudo. Uma escola.

Criar uma memória sobre a cidade e reconhecer no seu espaço físico o lugar e o cenário da expressão da convivência humana, seu universo afetivo, sua riqueza e realização material, aquilo que é sua casa primordial, seu espaço de afirmação individual e de parâmetro de relacionamento universal supõe não aceitar a sistemática da destruição da sua memória e a ininterrupta construção de um universo caótico e distante de suas exigências mais elementares.

E também, para que uma cidade como essa possa ser encarada com futuro, todas as cidades brasileiras, todas as do estado de São Paulo terão que se modernizar rapidamente. É necessária uma compreensão particular para a experiência realmente brasileira quanto à habitação, reconhecida na sua forma e modo de fazer, ainda que improvisados, como um grande patrimônio e experiência até no campo da arquitetura. Uma arquitetura e uma tecnologia populares que não deveriam ser nunca periféricas.

A economia e a afirmação cultural contidas no ato de construir casas, uma das mais sublimes manifestações do existir humano, devem, entre nós, significar construir cidades. Entendendo cidade com toda a sua expressão histórica, com toda a sua monumentalidade enquanto ação da providência e inteligência do homem, na melhor das suas expressões: o desenho do lugar que ele constrói para morar.

Nossas cidades, incluindo uma São Paulo moderna, no sentido dinâmico da palavra, serão feitas com casas populares. Porque destruir, a pretexto de reurbanização, recintos que se tornam populares, como nossos bairros de Santa Efigênia, Bela Vista, Barra Funda e Lapa, expulsando a população, a única que temos, é forma errática de projeção do futuro da cidade.

Uma ideia de urbanismo contemporâneo, no Brasil, deverá conter a poética urbanística que tem o povo. Como tem mostrado ao urbanizar-se do jeito que pode. Comparecendo decididamente na vida da cidade e configurando sua presença na formação do caráter nacional sem a censura da cultura oficial que deforma e neutraliza seu poder político. O capitalismo doente, nos países atrasados, tem produzido uma verdadeira pornografia urbana. O que se vê em alguns bairros novos de São Paulo, com construções de luxo e presumidamente modernas, e em todas as áreas mais "prósperas" das cidades brasileiras, é um monturo de horrores visuais e de irrecuperável deseconomia e deseducação, sob todos os aspectos.

Sua implantação sob as mesmas projeções unifamiliares anteriores, sem recomposição do traçado para adequar-se à nova forma vertical e à concentração populacional, deverá provocar, na maneira com que se estende por todo o tecido da antiga cidade, maiores desajustes e horríveis ruínas num futuro próximo; além do absurdo do transporte individual, do automóvel, que só se modificará com uma rede moderna de transporte público, que por sua vez só será possível numa cidade democrática em sua distribuição espacial.

Por esses dias, reuniu-se em São Paulo um grupo de arquitetos das Américas para instalar, no Brasil, uma Secretaria Internacional de estudos e intercâmbio sobre Patrimônio da Arquitetura, órgão oficial da UIA — União Internacional de Arquitetos.

Nós discutimos, entre os brasileiros, exatamente o que seria, à luz desse quadro, o patrimônio da arquitetura. Estamos concluindo que ao lado dos monumentos históricos convencionais caberá falar da experiência peculiar dos povos das Américas sobre como morar apesar de tudo. Como viver sobre os destroços das civilizações pré-colombianas. Como dizer: que memória queremos ter, que saber teremos que saber para o futuro.

Como vir a ser a partir deste momento que agora vivemos com nova consciência sobre uma experiência primordial antiga e insubstituível. Como se fôssemos, de novo, os nativos do continente. São Paulo será, neste contexto, um fórum de grande importância e teremos que nos descrever e estabelecer um acirrado debate para criar um plano crítico realista sobre a situação urbana e projetar nosso futuro. Defender a mais ampla liberdade participativa e o valor das organizações de expressão popular, desse saber por experiência, representará transformá-lo no instrumento único capaz de planejar e projetar esta cidade.

Estou convencido de que as exigências populares são como um desenho que configura uma arquitetura oportuna e, só por isso, já na sua essência, moderna.

O reconhecimento dessa coragem de viver dia a dia na situação que esta cidade impõe como experiência objetiva e capaz de se exprimir como forma de conhecimento, que se pode projetar sobre a organização do espaço sob a forma de exigência sobre a realidade, de instrumento de reorientação na mobilização de recursos, de invenção e criatividade, é um passo decisivo como agente de desalienação e construção do futuro. Como desejo possível, realizável.

Esse novo patrimônio da humanidade, ainda não compreendido na sua eficácia prática, muito mais contrariado, na história, que contemplado como realização de desejos históricos, poderia ser a chave para a feição da cidade moderna nas Américas. Uma visão utópica de caráter formal sobre a ideia de uma cidade feliz, a partir da condição em que nos encontramos, para progredir dentro do modelo à medida que aumentasse a produção e a riqueza e, dessa forma, houvesse uma possibilidade de cidade agora e com um futuro.

É uma estúpida moda esta que aceita o povo de dia, porque produz, animando a cidade, e o manda embora à noite, sem nenhuma vantagem, para a lúgubre paisagem noturna das cidades. Uma espécie de brincadeira de mau gosto, frustração de um projeto urbanístico popular sem precedentes na história.

Cidades imediatamente encantadoras com caráter absoluto como Goiânia, projetada em 1935 por Attílio Corrêa Lima, densas e cheias de vida, podem perder sua identidade no tempo por falta de reconhecimento da inteligência do comportamento popular na urbanização.

Ao contrário, cada cidade brasileira deve ser encarada como um fórum de referência fundamental na sua razão e afirmação de conhecimento, aquilo que pode ser o patrimônio da arquitetura das Américas por excelência, submetido a um plano crítico que possa levar à esperança de uma São Paulo construída sobre si mesma, não como um aglomerado de artefatos caprichosos, mas como a realização de exigências e aspirações populares politicamente organizadas na sua expressão democrática e muito bem desenhada.

A cidade do futuro é um desafio político.

NOVA HEGEMONIA

Depoimento à revista *Projeto*, nº 129, jan./fev. 1990

A ideia de hegemonia das escolas paulista e carioca é uma falsa âncora, uma pseudoliberdade. A arquitetura que se quer classificar assim é a parte mais consistente da história da arquitetura no nosso meio. É exatamente o momento em que se inicia a formação de um processo crítico devido ao aparecimento de uma crítica consubstanciada e à fundação das escolas, obrigando a uma reflexão profunda sobre as questões da arquitetura. Ora, a melhor forma de se libertar de parâmetros que possam ser constringentes não é denunciar uma hegemonia. Quem se submeteu a essa hegemonia é que estava bobeando. Acho que nunca se pôde buscar melhor lugar para as primeiras manifestações de uma poética para a arquitetura brasileira ligada a um lugar, a uma paisagem, etc., do que nesse período.

Largar uma hegemonia para se lançar nos braços de outra — eis a grande besteira e talvez a grande questão para nós. Acho que a juventude brasileira está se lançando a outra hegemonia: a da perplexidade dos arquitetos europeus, a não compreensão de que eles estão num impasse que tem suas raízes, suas razões. É uma questão desse mundo acrisolado do ponto de vista de espaço e da suficiência. É indispensável considerar que nós, na América, temos horizontes que, digamos assim, nunca foram abordados pela arquitetura. No fundo, é o momento de rever o colonialismo. Como são coisas um pouco batidas, o intelectual pernóstico não quer se debruçar sobre elas, acha que são superadas, que sua modernidade está contida numa visão de não tratar mais essas questões. Um espaço totalmente novo para o raciocínio do arquiteto é a dimensão universal que se conquista agora. É preciso reconhecer — para resumir — que dentro desse quadro se estabelece uma algaravia em que quem quer ser pra frente no Brasil cai na esparrela de procurar a eficiência de caráter classista, de se dizer moderno e embarcar numa pós-modernidade enquanto estilo que em nosso meio tem sido desastrosa porque não é linguagem coisa nenhuma, não tece — no sentido mesmo de formar o tecido em meio à experiência popular — os desejos e a visão histórica que se tem de nós mesmos.

Aqui em São Paulo estamos começando uma experiência sobre a qual não consigo falar ainda porque não se viu o quadro todo, mas já pressenti que será fantástica: uma administração municipal organizada em torno de um partido dito progressista, e na qual trabalha uma porcentagem de arquitetos pouco usual. E, como os problemas da administração municipal são antes de tudo de caráter espacial, vamos tirar disso uma experiência extraordinária, tenho a impressão, porque vão se mostrar justamente as contradições entre uma visão populista sobre o popular e uma visão intelectual do que seja o espaço urbano moderno no recinto brasileiro.

Tenho certeza de que os estudantes — particularmente aqui em São Paulo, porque é um exemplo muito candente e, portanto, fica mais flagrante o absurdo — não compreendem um prédio como o Copan. Não conhecem, querem fazer caricatura da pobreza da casa popular. Querem construir de forma absolutamente moderna — qual seja, a forma já providenciada pelo poder público —, como é o caso desse concurso que a Sehab/Cohab fez para o Brás. A confecção desses projetos, verdadeiros cenários da pobreza, vai ser um desastre. A casa popular é cheia de trique-triques, de quebradinhos e telhadinhos. Isso é uma visão de uma ingenuidade e de uma puerilidade que o próprio povo vai saber cuspir em cima, se lhe dermos chance. É preciso fazer um plano crítico sério para esse processo que gasta o dinheiro público em asneiras, quando há sérios problemas de transporte, habitação popular, saúde, etc. Uma casa popular no Brasil feita por autoconstrução, por exemplo, é uma asneira.

Não se pressionou o empresariado para que produzisse e fosse obrigado a explicitar que a pré-fabricação e coisas desse tipo só podem baratear a construção. A pré-fabricação não tem o direito de ser explorada como mais um requinte da indústria, invertendo toda uma perspectiva de modernidade. Modernidade no sentido de pôr ao alcance da população o saber arquitetônico e a experiência dos processos tecnológicos.

Diante do quadro que está aí, acho que as tendências são estas: decréscimo da qualidade do ensino, simplificação dos horizontes críticos a ponto de valorizar diplomas mal ajambrados, estabelecimento de uma nova hegemonia tirada da perplexidade da dúvida internacional. Essa tendência é agravada por revistas estrangeiras e entidades que lucram promovendo encontros e bienais, e por uma verdadeira máfia de arquitetos que só vão acentuar aspectos de alienação do pensamento da arquitetura, principalmente no meio da nossa juventude. Eu gostaria de poder ser suficientemente otimista para dizer que diante dessa tendência há de aparecer a contrapartida, uma crítica mais profunda, capaz de denunciar — como eu modesta e atabalhoadamente estou tentando — onde o pensamento parece se atomizar em regionalismo, personalismo, o que é uma bobagem porque a obra de arte precisa conter uma dimensão universal ao tratar do particular. E essa dimensão universal aparece justamente quando a história chega ao ponto em que a voz de certos países, como a dos países atrasados, aparece necessariamente com o mesmo valor, uma vez que é a consciência universal, a compreensão da dimensão humana de todas as manifestações do conhecimento, da experiência particular deste ou daquele povo. Essa arquitetura que eu imagino, que é a que tentamos fazer, não pode se aprisionar nas bobagens desta ou daquela hegemonia, nesses rancores, etc., que, como muito intelectual já falou, têm um traço edipiano muito marcado entre nós. É a valorização necessária da ignorância e da pureza infantil que só vê no pai não a experiência objetiva e concreta, mas o opressor. Ora, toda forma de conhecimento vista com essa fragilidade é uma forma de opressão. É evidente que complica, mas se trata de uma complicação aparente. Porque a complexidade não é sinônimo de complicação, a complexidade é riqueza, se ela for desvendada pelo processo do saber humano.

A gente pode dizer que, em relação ao imaginário, à realidade desse universo urbano, contemporâneo, rever Walter Benjamin é muito importante, assim como atentar para a crítica de Umberto Eco ou acompanhar os discursos de Habermas sobre a pós-modernidade, a permanência de conquistas definitivas do conhecimento humano, o espaço da arquitetura, da produção artística. Reconhecer a produção nacional, brasileira. Compreender que as obras que fazemos têm uma importância enorme se você, meticulosamente, carinhosamente observar coisas como o significado da nova geometria construtiva que aparece, por exemplo, no Memorial da América Latina, do Oscar Niemeyer, e não se ativer simplesmente aos problemas puramente formais e funcionais da questão. Saber ver a gênese de uma avenida Paulista, por exemplo, o que significa o Conjunto Nacional, na esquina da rua Augusta, e por outro lado a bobajada desses predinhos soltos, cada um num terreno. Não há espaço para a população gozar essas virtudes dos recursos urbanos por falta de providências de caráter urbanístico e de apropriação dessa experiência que se pretende condenar como uma hegemonia, como se o homem fosse ver uma novidade a cada dia, quando a grande novidade seria justamente a possibilidade da realização de antigos sonhos.

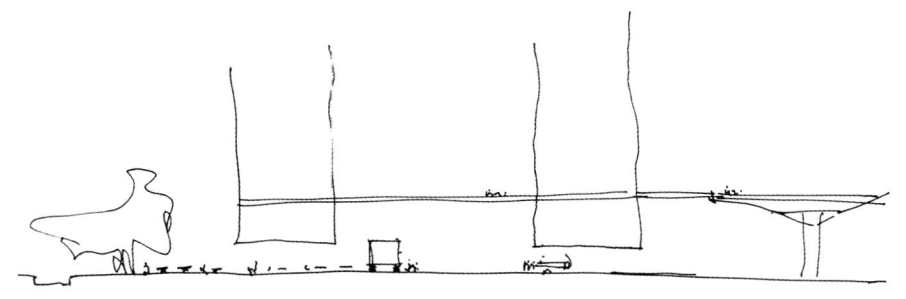

Novo estudo do MAC-USP, Bairro da Água Branca, São Paulo, 2001. Concurso fechado.

CARTA AO GOVERNADOR MÁRIO COVAS

São Paulo, 5 de julho de 1999

Excelentíssimo Senhor Governador
Mário Covas

COMENTÁRIO SOBRE A PROPOSTA DE MUDANÇA DA SEDE DO GOVERNO PARA ÁREA CENTRAL DA CIDADE

Conheci, recentemente, a proposta de mudança do palácio do governo do estado de São Paulo para o edifício Patriarca, na área central da cidade. Sobre esta proposta, que está muito bem documentada, conversei com o Professor Angarita, que me pediu este breve registro.

1. O mérito da ideia deve ser avaliado na sua oportuna e extraordinária dimensão ética e política.
Considerar sua eficácia na abrangência do ato proposto quanto à satisfação de anseios da população acrisolados e indizíveis no que respeito à construção do seu lugar no mundo. De onde pretende, a população, poder dizer, falar, aparecer para os outros. O lugar fundador e central.
A sede do seu governo com significado continental e mundial na construção da riqueza e da paz na América Latina.

2. A cidade, sua efetiva realização, é uma questão crucial no mundo contemporâneo. Reconstroem-se as que foram bombardeadas na Europa. As nossas são inauguradas na natureza, na América. Somos invejáveis, habitamos — como se fosse — um planeta novo coberto de esperanças.

Nossas ações quanto à edificação da cidade imaginam-se exemplares. No mundo contemporâneo, dos satélites, o supremo monumento da presença do homem no universo é a cidade.

3. A atual situação do palácio reflete e alia-se ao medo, ao descaso e à rejeição aos valores e ao cenário dos reais conflitos — extremamente virtuoso do ponto de vista político — da vida contemporânea, do estado atual do homem no planeta, das populações urbanas. Conflitos que devem ser enfrentados na ação concreta do governo junto ao seu povo. Um governo amado, visível, sede da esperança e da vontade. No centro dos acontecimentos. Valor simbólico e insubstituível.

4. Esta mudança — fato consumado com poder do discurso e narrativa sobre questões tão complexas, discurso irrefutável — iluminaria toda a riqueza do patrimônio histórico e recente da cidade, revivendo valores imanentes de todas as camadas sociais. Dos ilustres pioneiros e dos anônimos operários. Dos artistas, urbanistas, arquitetos e engenheiros. Dos políticos e estadistas, dos construtores desta verdadeira cidade, monumental, entretanto ignorada. Não seria uma volta, mas a correção do erro de um breve período amargo para ser esquecido, retomando, a cidade, o caminho certo da sua história, o curso do êxito e o repúdio à ideia do desastre.

5. Há, no abandono do centro, uma maligna negação das emergentes virtudes — apesar de tudo — dos valores efetivos e visíveis, construídos, edificados, da civilização e da República.
Para a cultura e para a engenharia, para as artes e a técnica, a cidade é o produto, a realização do que se pode chamar o monumento eternamente inacabado da civilização.
É de uma cidade para a outra que haveremos de costurar o território da América Latina, combatendo a miséria e construindo o nosso futuro.

6. Deve-se considerar, nestes destaques, a significante presença do corpo de servidores públicos no coração da cidade. O seu dia a dia perante a

população, o comércio, os restaurantes, bares e cafés, os hotéis. A animação provocada com sua atividade no recinto da cidade, seu poder de educar e se educarem enquanto agentes do enriquecimento da vida urbana, protagonistas dos tempos futuros. Um fazer na vida ativa antes de dizer. Um efetivo fazer com poder de narrativa. Atividade política visível.

A mudança é oportuna e urgente enquanto ação antecipatória de todas as promessas.

Reconfigura aclarando a questão crucial, por exemplo, da habitação. Da habitação popular nas áreas centrais. Fator de economia e revitalização da economia no conforto da população junto às luzes da cidade. Ampara o valor do transporte público, da modernização das ferrovias, das atividades individuais privadas, da reforma dos edifícios e, principalmente, haverá de inverter a rota do desastre no abandono da área fundadora e matriz da cidade.

7. O que se focaliza não é só o "edifício Patriarca" como palácio, mas o desencadeamento de uma transformação urbanística configurando o cruzamento de dois eixos monumentais: rio Tietê-rio Pinheiros, através do vale do Anhangabaú, e Campos Elíseos-Praça da Sé, através do viaduto do Chá.

A capela do palácio seria a igrejinha de Santo Antônio, na praça Patriarca.

O viaduto do Chá — que já se propôs na Câmara, em 1897, cobrir de cristal —, larga passagem no espaço, emblema de São Paulo com o teatro Municipal e seu esplêndido jardim lateral.

A escola Caetano de Campos, com os estudantes na cidade, o metrô na porta.

O palácio dos Campos Elíseos, a casa do governador com a remodelada estação Júlio Prestes ao lado.

A escola na cidade é um fator de grande significado, os cursos jurídicos na São Francisco. Cursos noturnos, cidade que, ao contrário do campo, não dorme.

Para governar o estado, receber as representações das cidades do interior, das outras capitais, representantes de outros países, o endereço adequado é o centro visível e histórico dos acontecimentos. Como se vê nas mais importantes cidades do mundo.

Quando o governo abandona a área central, foge dela, está desprezando esses valores, suprema riqueza pública, e assim desorienta e desmoraliza a população.

Mudar-se o governo para o centro é "fundar" uma nova capital. Com investimento ínfimo diante do resultado surpreendente.

Excelentíssimo Senhor Governador, estas ideias, declaro assim de modo simples, mas com absoluta convicção enquanto arquiteto, as vejo como forma de solidariedade ao seu governo, e as considero extraordinariamente oportunas, e em particular por respeito e afeto pessoal, sendo estes os votos com que me despeço de Vossa Excelência.

Paulo Mendes da Rocha

SEMINÁRIO *DELINEANDO NORTES*

Centro Cultural São Paulo — São Paulo, 20 de agosto de 2001

Considerações iniciais

O assunto é arquitetura. Para abrir uma consideração, na presença de Ricardo Ohtake e da ideia de Bienal Internacional de Arquitetura, as premissas seriam as preocupações atuais mais fundantes que pudessem originar todas as reflexões quanto à questão da arquitetura: a consciência sobre a condição humana, uma dimensão de desejos e vontades — ligada à ideia de uma vida ativa alimentada do desejo de viver —, a vida que se inicia em cada um de nós, uma visão que envolve toda a nossa existência de erotismo.

Hoje se fala muito em qualidade de vida e nosso querido Flávio Motta alertou que a vida não pode ter qualidade: a vida é uma qualidade, de tal maneira indizível que quem nasce é uma suprema novidade no universo e, como homem, nasce capaz de refletir e decidir. Que se considerasse que o fundamento de nossas atividades, as atinentes ao universo do indizível, da subjetividade, é a técnica, porque é impossível desejar o impossível: eis a condição humana! A maravilha da ideia da vida, porque ela é feita possível, digamos, quanto à questão da arquitetura. A vida deve ser inventada como um atributo de fato humano, e não a minha, mas a vida para todos. Surge a cidade para todos, o amparo à vida: construções, arquitetura. E o arquiteto não pode ser multidisciplinar: ele tem que saber tudo de certo modo peculiar, que é outra dimensão humana. Não se pode imaginar um escritor, literato, poeta que não imagine que saiba tudo. Ele não poderia falar de nada.

Essa presunção exige o momento crítico de dizer: vou só fazer uma casa e tenho que pôr ali um discurso que diga tudo que sabemos. Há outra dimensão interessante na ideia de história, de conhecimento. Conhecimento enquanto o supremo conhecimento, seja do psiquismo humano, da ciência, dos astros, da dimensão do universo. Conhecimento e história. O conceito histórico é uma responsabilidade que exige a ideia de totalidade. E este prédio onde estamos, o Centro Cultural Vergueiro, projeto de Eurico Prado Lopes e Luiz Telles, é um exemplo extraordinário de uma sabedoria que não está aqui nem ali, mas em sua totalidade: a beleza do jardim, do espaço, e a cidade. A questão fundamental da arquitetura e do mundo hoje é a cidade. Vivemos em cidades e a condição da existência, a consciência sobre ciência e técnica, teremos que fazer surgir daí, inclusive o universo das artes, concomitante na totalidade do conhecimento.

Vou dar um exemplo dessa reflexão. Este é um lugar que cultiva a cultura. Fica, para provocar, que não se pode pensar em proteger a cultura, muito menos em conservá-la. A ideia de cultura é um verbo, cultura quer dizer "como cultivar", não "como conservar". Recentemente vi na Holanda um desenho extraordinário: uma matriz ortogonal perfeita, retangular, de cerca de um quilômetro por um quilômetro — a avenida Paulista tem dois quilômetros e meio, para vocês avaliarem —, cujas divisas são canais de água em áreas a perder de vista onde se faz agricultura. Isso é romano porque foi feito pelos romanos pela primeira vez. É interessante que essa cultura não é romana porque é romana, pois em outros lugares do Império Romano não se vê esse desenho: isso é mecânica dos fluidos! Aplicada nesse lugar.

Vi em Poxoréu, Mato Grosso, um canal de água de 40 quilômetros que flui naturalmente de uma fonte que não é senão o fornecimento de água para um garimpo: o garimpo se faz, assim, uma cultura. O garimpeiro é autônomo, acha e tem obrigação de mostrar primeiro ao dono da terra para ver se este quer. Não sei a hierarquia, mas, por exemplo, o segundo é quem fornece a água. O terceiro é quem fornece mantimento: qualquer um, um chofer de táxi em Nortelândia pode ter sócios garimpeiros. Ele deixa na calçada, combinado, um tanto de farinha, de rapadura, de carne-seca, e o garimpeiro a cada quinze dias vai buscar isso lá. Quando acha um diamante, esse é o quarto, ou terceiro personagem a quem deve mostrar o diamante, e assim comercia. Um rego de 40 quilômetros permite essa condição: o dono quer levar água a um garimpo seco lá adiante e o único modo de conduzir é por meio de curvas de nível, um labirinto. E o romano fez em linha reta, porque a Holanda é horizontal! Isso é a técnica, e não é romana!

Aonde quero chegar: o conhecimento, a ciência e a técnica são patrimônios universais! Portanto, a miséria da América Latina é um blefe político e temos que agir em relação à questão da vida, da arquitetura, do desenho da cidade, de modo político, técnico, oportuno e inteligente quanto aos conceitos de arte, ciência, técnica, cultura. Cultivar, defender ou progredir. Defender a liberdade de agir em nome da cultura que queremos! Isso para a arquitetura é muito interessante. Este prédio é um exemplo de abertura espacial inventada por um jovem arquiteto bem formado, o que envolve a cultura paulista, até certo ponto a FAU, a Universidade de São Paulo, a convivência. A cidade é uma escola só. Esta é a colocação que eu queria fazer.

Sobre a questão da crítica na arquitetura

A crítica de modo geral é muito rudimentar, particularmente na América Latina e entre nós brasileiros, e há uma ameaça que se deteriore ainda mais quanto à ideia de representação, de mídia que se fixa na imagem e necessariamente isola os fatos. Mesmo naquela arquitetura ligada à ideia de movimento moderno, erra-se ao mirar este ou aquele exemplo isolado. É preciso compreender que o que moveu a arquitetura no momento extraordinário da arquitetura moderna, no final do século XIX, principalmente primeira parte do século XX, não foi esse ou aquele edifício. Eles eram exemplos de um movimento que via justamente a questão da espacialidade da vida humana no planeta, expresso com muita clareza na ideia de cidade, o habitat humano quanto à, vou insistir, questão da técnica, porque deve ser construído. Ou seja, a natureza é um desastre e suas virtudes surgem pela mão do homem, como a geometria aplicada às pedras faz as catedrais.

A crítica, de modo geral, por simplificação e talvez acomodação no caráter massificado com que aparece na mídia, apaziguou-se e trata tudo pela rama. A crítica tinha que se basear em questões de filosofia, no sentido da palavra, linguística, antropologia. É um pouco mais sério. O jornalismo, por exemplo, entre nós, foi fundado em vontade política, uma posição eminentemente intelectual e ativa em relação à transformação da sociedade: eis que surge a profissão dos jornalistas. É diferente do que se vê hoje nos jornais e, por decorrência, na televisão. É uma degenerescência.

Não devemos temer a técnica e ter consciência de que a cidade deve ser apreciada como fato fundamental da questão arquitetônica: surgiria, então, um campo vastíssimo e fértil no âmbito político do comentário sobre a especulação imobiliária, a questão do território, da parcela do território. Um edifício em si, como artefato, como invenção, o que nós chamamos a construção vertical, é uma maravilha do engenho humano: elevadores, mecânica dos fluidos — as águas que estão lá em cima —, canalizações, a espacialidade do edifício até abaixo da terra, no subterrâneo, garagens, teatros, metrôs. É possível imaginar esse artefato como virtude técnica para resolver ou enfrentar a evolução da nossa cultura. Cada edifício visto por si, editado na matriz anterior que é o loteamento feito para casinhas enquanto artefato autônomo, pode perder suas virtudes fundantes e tornar-se um inimigo da cidade, degenerar a cidade desejada em desastre.

É muito agradável porque é simples constatar que um dos melhores prédios de São Paulo talvez esteja na avenida Paulista, o Conjunto Nacional. Tenho repetido isso, porque possuía lá, o arquiteto, a quadra inteira. Atravessa-se de uma rua para a outra pelas galerias, a garagem é o quarteirão inteiro, não é dividida em parcelas, e essa garagem tem seu tráfego destinado à rua secundária, a Padre João Manuel. Aparece um teto-jardim magnífico, quase réplica de um jardim suspenso. O prédio recuado 70 metros, com vários usos, inicialmente habitação, escritório e hotel. Isso dá uma vivacidade ao prédio que se coaduna, mais que isso, realiza a expectativa de uma avenida e um centro de interesse urbano imprevisível. Seria, portanto, indispensável reformar o tecido urbano para adotar a verticalização e a concentração desejadas. A ideia de imprevisibilidade é a grande atração da arquitetura, a expectativa de construir, transformar a natureza, porque rigorosa tem que ser a providência para que fique em pé: cálculos de estruturas, tráfego de elevadores. O que ela pretende é a imprevisibilidade da vida, que depois todos sejam livres para ver ali médicos, dentistas, estúdios e aulas, cinemas, teatros, livrarias. É isso que eu queria dizer: confiar na técnica, porque nós fraturamos de maneira esquizofrênica os universos da arte, da ciência, da técnica.

Sobre a transformação de prédios históricos e a questão da cultura

A cultura que nos interessa é a cultura cultivada e demandada por necessidades de transformação; avançar nos desejos que não se realizaram ainda. O espaço da Casa das Retortas, da antiga Companhia de Gás, uma vez feito, resultou interessante porque é um espaço livre, mas quero dizer a vocês, por uma razão de solidariedade mesmo afetiva quanto à discussão desses problemas, que eu não concordo com essas transformações. Porque aí está a realização da cidade, a ideia de cultura, de arte: nada melhor que aquilo se tornasse modernizado! Eu pensei que fosse isso, o projeto que fiz era para isso, existe uma maquete: a sede da Comgás. Eis agora o gás para substituir as hidrelétricas, um gasoduto que nos liga com a Bolívia. Isso precisa ser administrado de algum modo! Então fizemos aquele projeto para a sede da Comgás! Um pavilhão com um pequeno transverso elevado que ia até o muro ao lado, aparentemente inútil, mas que abrigava pontes rolantes para botar o carvão lá dentro, um jardinzinho prisioneiro entre o edifício longo, muito bonito. No mezanino ficaria a presidência, a biblioteca, a parte representativa e um anexo-torre atrás — o terreno é enorme, e sem gás não há cidade! Veja mais um exemplo: o Centro Cultural Banco do Brasil. É uma estupidez que não tem tamanho! Tanto no Rio como em São Paulo, já que há Banco do Brasil! E está numa esquina exemplar como arquitetura de uma certa época, nada mais exemplar, para que o povo veja, que fosse sede do banco! Porque ele existe! Agora, constrange a cultura, convoca os artistas, os arquitetos, para transformar aquilo num centro cultural enquanto impossível... E tanto no Rio como aqui, é o pior teatro da cidade, o mais miserável auditoriozinho, o espaço mais impróprio para exposições! O banco com certeza está num prédio novo, de cristal, com ar-condicionado, e nós obrigados a fazer um centro cultural!

Estou convencido de que em grande parte essa ideia de capital privado que subvenciona pode ser um instrumento para constranger, amargurar e desviar os altos interesses justamente do que poderia ser a cultura, porque as artes, as ciências não exigem proteção, querem é liberdade! Encurralar, dar donativos e obrigar você a dizer: eis um centro cultural!, quando entretanto serviria muito bem para computadores e agência de banco! Estou começando a ver que é necessário discutir muito para criar uma política de regeneração e transformação da cidade para que o capital privado, de fato, colabore na construção de um futuro democrático. Se é patrimônio histórico, nada melhor que seja o que sempre foi, na medida do possível, é claro.

Retomando a crítica: qual cultura?

Para retomar a crítica: o Ibirapuera, uma obra límpida e clara, a crítica nunca soube dizer nada sobre isso. Há uma malignidade em relação a programas aparentemente excelentes. Porque, entre outros absurdos feitos lá, instalou-se o MAM embaixo da marquise, como galinhas que correm da chuva e se abrigam no beiral... Embaixo da marquise, que é feita para ser transparente! E todo mundo elogia, porque afinal de contas é o MAM... Então, as comparações são interessantes. É melhor construir o novo, inventar a cidade e não pretender transformações grotescas, mesmo em nome da cultura! Do ponto de vista da crítica, isso é o que quero levantar: estamos envolvidos num engodo, porque somos a cultura, a crítica, sem uma crítica consistente!

Lembro Monteiro Lobato, muito inteligente — vou contar porque gosto muito —, num conto sobre mitologia. Baixaram no Sítio do Picapau Amarelo figuras mitológicas. Entre elas o Cupido, de quem, naturalmente, a Emília já ficou cupincha. Ela tanto encheu o Cupido que ele lhe emprestou a aljava e as flechinhas, e ela se divertiu produzindo casais amorosos incríveis. Tanto fez que perdeu uma flecha e, mazinha como era, flechou de modo ímpar a tia Anastácia, a cozinheira, que assim passou a amar em vão. E notou-se, porque o feijão ficou salgado, que ela suspirava o dia inteiro... Levaram-na para ser consultada com o Visconde de Sabugosa, que era sábio porque numas férias mais demoradas esqueceram-no atrás da Enciclopédia Britânica. Ficou embolorado e sábio! Foram consultar o Visconde, e ele receitou pílulas. Já iam saindo quando a Emília voltou e disse: "Mas, Visconde, que pílulas? — Quaisquer, desde que sejam pílulas!"

Eis a questão da cultura como está posta na nossa crítica pequeno-burguesa: haja centro cultural qualquer, desde que seja centro cultural. Isso para nós não está certo! Porque não existe essa vaguidão específica: a cultura. Tem que voltar ao Visconde e dizer: "Visconde, que cultura?" A visão crítica tem que ser nítida, porque as coisas têm que ser oportunas do ponto de vista da técnica. São desejos que exigem, demandam a técnica. Não podemos nos esquecer disso. Com técnica você resolve qualquer problema se souber transformar em problema o desejo, para não ficar como a pobre tia Anastácia suspirando em vão e queimando o feijão...

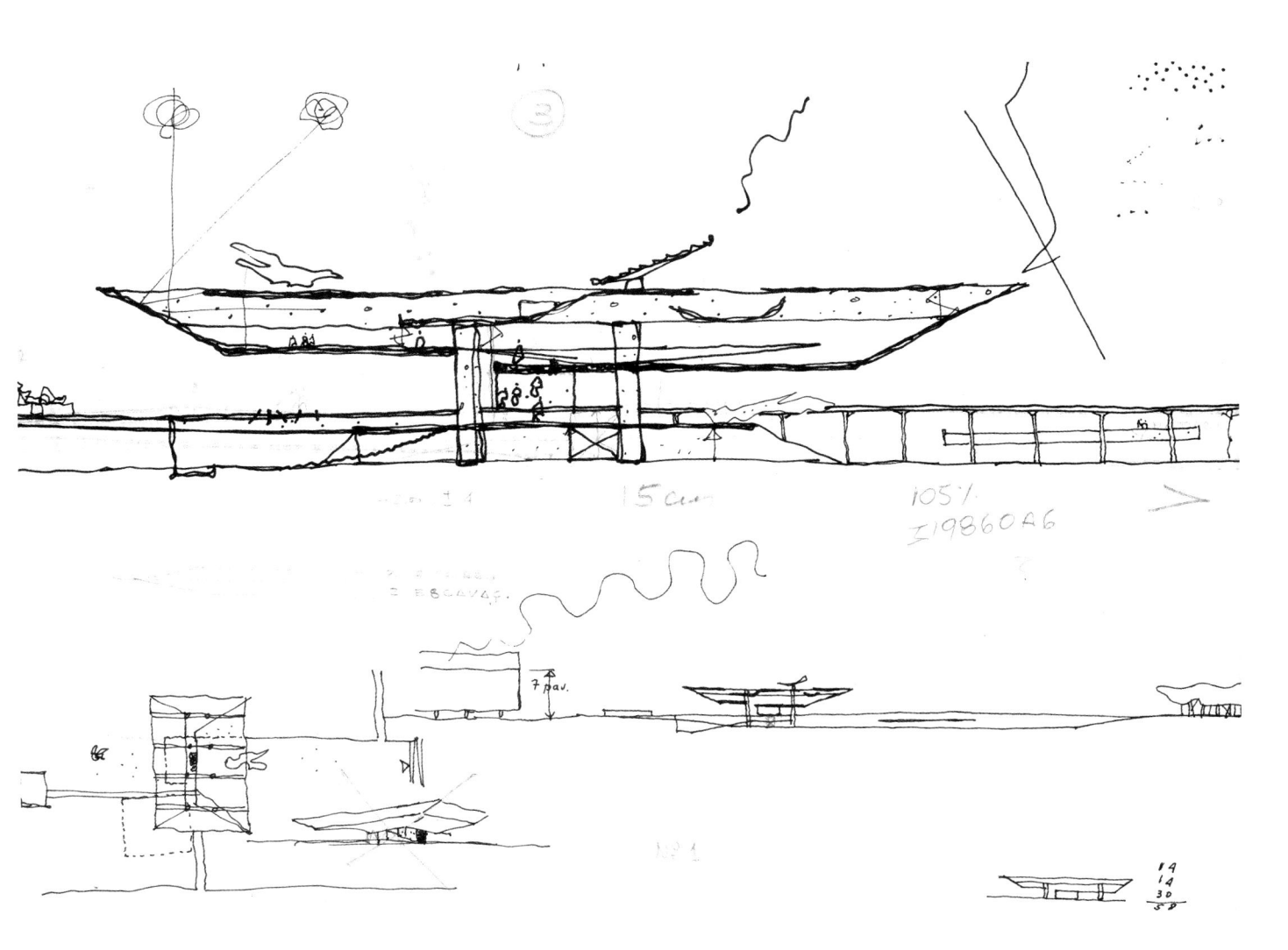

MAC-USP Estudos, 1975.

Sobre crítica, cultura, cidade e qualidade do prédio do Centro Cultural São Paulo

Não quero perder o fio da meada da crítica: se há uma política da cultura, ela deveria se estribar numa crítica boa, consistente. Não há críticas, nós aceitamos tudo. Então, não há verba para este prédio, mas há verba para qualquer coisa que neste momento deve estar se engendrando por 50 milhões de dólares por aí. É a inadequação da visão crítica sobre a nossa existência real na cidade e a urgência de tudo isso. Não é uma brincadeira! Tornou-se uma espécie de *leitmotiv* ou de via política trabalhar com a cultura. Se ficar pronto já não interessa mais, é fazer outro. Quer dizer, é empreendimento imobiliário! Especulação com cultura, como se especula com tudo!

Tenho a impressão de que, para nós, a palavra seria resistir, estabelecer uma verdadeira resistência a essa onda. Podíamos, por necessidade absoluta, particularmente nós latino-americanos e brasileiros, não ter medo, ou desânimo, muito menos conformismo com o atraso. Ele é estimulante, vamos vencê-lo! Quanto à miséria, vamos extirpá-la, vamos dominá-la. Temernos, com horror total, isso sim, a degenerescência. É um raciocínio do senhor Borges, inclusive. E, para degenerar, não precisa estar pronto, acontece com muita gente, você degenera antes! Então, a inauguração e a continuação, que são as questões fundamentais da cultura, têm que passar por um crivo crítico para dizer, com a consciência de que podemos acertar ou errar: é por aqui que vou ter que fazer.

O prédio do CCSP merecia atenção! Está servido pelo metrô, numa área tradicional de São Paulo, envolvido por quadros da cidade monumentais: um colégio famoso, a Beneficência Portuguesa, viadutos, a geografia enérgica de São Paulo muito bem enfrentada. Este é um lugar maravilhoso da cidade. Não há que abandonar isto aqui. Outra questão é o prédio ser extenso, difícil de administrar. Mas foi desenhado no sentido da liberdade, para que, digamos por absurdo, fosse difícil administrar com

MAC-USP, 1975. Maquete.
Arquivo Paulo Mendes da Rocha.

o estritamente burocrático. Se é muito livre, que tenha quatro diretorias! A própria cidade possui regionais, isto pode ser dividido: um centro de conferências, o jardim, várias partes.

Estamos aqui para inventar, não para exigir! É necessário cuidado com as idiossincrasias burguesas. Podemos cair nessa esparrela: não conseguir administrar justamente o monumental e o magnífico. Isto foi feito para ser aberto, sua administração tem que ser inventada! É uma questão que aparece aqui: talvez o diretor de um extremo tenha que usar metrô para ir ao outro... Mas não deixa de ter sua graça a linearidade deste edifício. Ele é belíssimo! É inesperado, cheio de surpresas. O próprio ideal da arquitetura está aqui: o pequeno que deságua no grande, eis a surpresa! É uma cidadela, não um edifício hermético. É impossível gradear, pôr essas casinhas de plástico com crachá. Já nasceu renegando a questão do exclusivo! Devia possuir, portanto, sanitários para quem precisasse na rua entrar e usar. É um edifício absolutamente urbano na sua possibilidade de ser atravessado enquanto surpresa agradável, oportuna. O que mais se pretenderia aqui é uma conferência lotada onde só vinte ou trinta por cento dos presentes tivessem sido avisados. Como fazem os pregadores na rua, como há no mundo desde as origens, nas pequenas cidades: começam a falar na rua e provocam um ajuntamento. Este prédio foi feito para isso! Digo porque conheço a cabeça de quem o pensou, pois é o que pensa todo arquiteto ao inaugurar altos ideais desse pensamento chamado arquitetura. Porque não é o arquiteto, é a questão da arquitetura na história da humanidade, uma forma peculiar de conhecimento! Arquitetura é isso! Uma totalidade possível para o gênero humano nessa possibilidade que temos de usar toda a fantasia, toda a imaginação, que é infinita.

A crítica é fundamental porque é ela que engendra a ação, o desejo. O desejo não é espontâneo, é fabricado na mente, e a cidade existe antes que seja feita, é um desejo. Fazê-la, portanto, como? Mais ou menos sempre teríamos que dizer que sabemos. Porque é comum dizer que nós não podemos saber fazer a cidade. Isso é um absurdo! Quem saberia?

A cidade está condenada a ser um caos e um desastre? É impossível você imaginar que o empreendimento humano finalmente seria o grande desastre! Vai destruir o planeta! Pois nós estamos pensando em expandir a vida humana para adiante da biosfera!

Objetivamente, já possuímos uma repartição pública lá, um laboratório, há funcionários russos, chineses, japoneses. É verdade! Estão lá! Então, precisamos aprender a escarnecer dessa pompa toda que recobre de enganos os empreendimentos humanos! Quero lembrar algo a que pouco se deu atenção, até na mídia que gosta tanto de escândalo: os russos acabaram de dar um segundo grande banho histórico nos americanos. Primeiro foi a tomada da Lua: os americanos fizeram a besteira de colocar a bandeira, como se fosse uma conquista. Os russos tinham abandonado o projeto porque era inútil como primeiro esforço: sabiam que não tinha nada lá. E construíram a MIR, primeiro laboratório espacial. Como uma vitória maravilhosa, a MIR ficou, como este prédio[1], precisando de reforma e fizeram um acordo, porque não precisava ser derrubada. Foi, digamos assim, o grande exemplo conciso de tudo que se deu no século XX quanto a enganos e acertos para tomar decisões no plano crítico. Recentemente, quando isso foi retomado — e há uma outra MIR já associada russa e americana —, os russos agiram de novo contra a ideologia que diz que devemos ver tudo como algo impossível, cheio de capacetes, super-homem: mandaram um turista para lá. Surpreenderam os americanos e ganharam 20 milhões de dólares com um magnata que quis ir para lá, uma coisa um tanto absurda, mas foi bom. Como se não bastasse, enquanto estava lá — e outra nave teria que ir para trazê-lo com outros personagens para a substituição —, mandaram para a nave — porque forjaram, telefonaram e ele concordou — uma pizza!

---

1. Refere-se ao edifício onde está localizado o seu escritório, sede de São Paulo do Instituto de Arquitetos do Brasil – IAB/SP – , inaugurada em 1948. Arquitetos: Abelardo de Souza, Galiano Ciampaglia, Hélio Quieroz Duarte, Jacob Ruchti, Miguel Forte, Rino Levi, Roberto Cerqueira César, Zenon Lotufo.

E levaram a pizza! Ganharam mais 20 milhões de dólares na pizza não sei de quê, como se fosse levada por motoboy! Vocês sabem disso? Eu o vi na televisão comendo pizza, o pedaço de pizza flutuando...

Ora, crítica! Crítica é interpretar esses episódios como uma desmistificação do conhecimento. Aquilo tudo é muito simples, há tempo queríamos e estamos fazendo. Ou seja, navegar e explorar. Para mim, isso é que é crítica. É interpretar os fatos. É ver a Guernica não só como mães, filhos e cabras bombardeados, mas ver uma lâmpada. Pouca gente vê: há uma lâmpada no quadro de Guernica. Quer dizer o quê? "Mas quebraram também, os nazistas, a luz da minha casa, esse invento maravilhoso: a lampadazinha." Essas coisas precisavam ser ditas! Não sei o que a crítica está fazendo que fala só superficialidades!

Há um raciocínio, muito sábio, para dizer de forma forte, enérgica, imprevista, por meio, no caso, de uma pintura, um mural. É a mesma coisa dita de forma a durar muito tempo, o discurso se repete e estamos aqui falando da lâmpada, da Guernica. Como *Demoiselles d'Avignon* seria uma abertura do movimento feminista. É o mesmo lupanar que pintaram tantas vezes, agora com máscaras africanas. Estavam se descobrindo os mistérios da fecundidade, que na África tinha outro sentido. Picasso era muito inteligente, pintava para dizer: "Demorem quanto quiserem, quando descobrirem vai valer mais." A crítica é muito frágil, muito superficial.

A crítica teria que ser profunda diante de problemas como os que temos na cidade de São Paulo. Podemos ser envolvidos por conflitos imensos. Se houver uma crise de abastecimento, de energia ou de água, isto virará um caos! Qualquer cidade, mas esta particularmente. Portanto, se temos de lutar, que seja em nome da cultura, é lógico! Por que não? Mas não a cultura do Visconde de Sabugosa, cuja metáfora é maravilhosa: o saber universal da Enciclopédia Britânica embolorado num sítio da roça, em uma espiga de milho!

Este prédio é muito bom! É fácil dizer que é ruim porque se chover aqui vai ter uma goteira. Mas é preciso ter um pouco de pudor, só faltava achar graça na goteira! O Louvre, que nós louvamos tanto, é uma laje impermeabilizada: lá em baixo tem 300 por 80 metros com laje e pirâmide de cristal em cima! Quem falou que não se pode resolver qualquer telhado, qualquer impermeabilização? Isso é uma bobagem! Como fazer um telhado que, sem conservação, não dê goteira? Isso não existe! Portanto, são raciocínios associados à parcela conservadora, reacionária e pior da nossa sociedade! Não é por aí. Não deve ter goteira nenhuma!

Em Barcelona, na frente da catedral, a praça toda é laje impermeabilizada! Há um estacionamento subterrâneo com mais de 400 metros quadrados, e recompuseram o piso inteiro! Do que nós estamos falando? Tudo é laje impermeabilizada no mundo, há muitos séculos inclusive! Este prédio é um Ibirapuera, se nós quisermos. Porque o bom, para quem é sábio na crítica, é o que você diz que é bom! Porque se você disser que é ruim, isto pode ser loteado, demolido. O que interessa é estabelecer a justa crítica para que isto possa vir a ser o que sonhou ser: um espaço livre, aberto para a cidade. Que é muito difícil? Sei disso, mas é interessante enfrentar as contradições que a prática da vida exige como argumento. E uma estação de metrô? Como policiar, obrigar as pessoas? É aberta, é livre. E é interessante ver a reação da população: você faz uma coisa pelintra, a população reage porque aquilo é indigno! O metrô, ninguém estraga! E também dizer o povo, eles... Eles quem? Eles somos nós! Temos que fazer a crítica sobre nós mesmos para depois termos a dignidade de sabermos usar. Este prédio não foi feito à toa.

Sobre a V Bienal de Arquitetura

Os números, não são eles o problema. O problema é transformar em problema, construir o problema. Por exemplo, o transporte público. O metrô reduz o gasto de roupa, o gasto de sapato. Quem ganha tão pouco gasta o dobro do rico, ainda por cima. Riqueza não é só salário, riqueza material é riqueza técnica: realizar a cidade. Mencionou-se o

Koolhaas, um homem da Holanda, que disse: "More than ever, the cities are all we have." Para combater tudo isso só temos a cidade como recurso! Fazer o quê? Colocar esse povo, justamente o que ganha menos, na periferia, numa atitude em que coincide, ainda por cima, com a mesma coisa da cultura, e dizer que para resolver o problema da habitação se vai fazer autoconstrução? Ninguém vai fazer autoconstrução na porta do metrô, é impróprio! Tem que apelar para a técnica. Portanto, a demanda podia ser: primeiro a paz, principalmente diante da Europa que está ainda reconstruindo o que a guerra bombardeou, cidades como Berlim, Londres.

A cidade é o alvo da felicidade ou do desastre. Para destruir um povo hoje não há brigada, nada que você possa bombardear: há a cidade. Portanto, construir a paz significa aliança com a América Latina, estabelecer projetos comuns, ligar Atlântico e Pacífico, Chile, Bolívia, Peru e Brasil, bacia do Prata, navegação de tudo isso, aliados da Argentina, do Uruguai, e não disputar essas coisas! É uma infâmia a ideia de competitividade entre os homens! Eu não seria ninguém se tivesse que competir! Não tenho recurso nenhum, vou competir com o quê? Com quem? Não faz sentido! Então, o que interessa é a consciência sobre a cidade e a construção da paz, transformando isso em problemas concretos. Aproximarmo-nos por razões técnicas, éticas, políticas da espacialidade. Abrir o espaço da arquitetura hoje é construir a paz e a ideia de uma cidade para todos, que é o que este edifício representa, que o metrô representa como possibilidade objetiva de pouco a pouco ir resolvendo a cidade. Restaurar o trem para Santos de modo que o avô possa, com dois netos e uma cesta com sanduíches, pegar o trem, tomar um banho de mar e voltar à tarde. Portanto, a instrumentação mecânica e técnica é fundamental para resolver problemas que você indica sob a perspectiva de grandes ideais. Unir todas as cidades do mundo é isso: a construção da paz e a ideia de uma cidade para todos. É um tema belíssimo, a Bienal. É o tema atual.

Sobre recuperação e novos projetos

[...] fábricas e galpões industriais podem se transformar em escolas, em habitação, ter outros destinos, e não ficar com esse panegírico da cultura. Hoje há tecelagens de que nem se ouve o ruído: são máquinas maravilhosas em teares circulares. E há muitas tecelagens em sobrados na 25 de Março, nas ruas de comércio tradicionais que podem ser instaladas em galpões de indústrias desativadas, voltando a ter habitação nos sobrados. Há projetos mais intrigantes, mais interessantes quanto à experiência da cidade. Eu amparo, acho uma beleza a cidade como discurso de si mesma: ela contém esses desejos. Portanto, entre atraso e degenerescência precisa-se de um tino para continuar contra a rota do desastre e não enveredar pelo descalabro. Continuar combatendo a miséria e a pobreza e avançar no desenho da cidade como quem diz: "Nós sabemos como deve ser." Porque se nós não soubermos... Somos obrigados a saber!

 A cidade não deve ser desmontada, mas estruturada a partir da fundação. Por exemplo, o Caetano de Campos: no dia em que o metrô chegou na porta da escola, tirou-se a escola! A nossa sociedade, e eu não acredito em desleixo simplesmente, é malignamente antidemocrática! Uma escola que se fez modelar demanda estudantes de toda parte, que desejam estudar ali, mesmo sendo difícil porque é longe, mas com o metrô... Nesse instante, diz-se: agora não tem mais escola, vai ficar lá o secretário e seu *entourage* burocrático, faz-se uma grade e põe-se o automóvel do secretário lá dentro. É um escárnio, não dá! E podemos recompor isso. A escola Caetano de Campos pode voltar a ser escola, há esperanças, mas precisa reagir com o verbo. Tem que falar, ter paciência, arranjar um jeito e todo dia escrever nos jornais, senão não dá resultado.

 Na praça do Patriarca o projeto é muito simples: a recuperação do piso, que é uma maravilha de desenho precioso em mosaico português, uma coisa linda que estava perdida com a instalação de pontos de ônibus.

Reurbanização da praça do Patriarca, São Paulo, 1992-2002. Recomposição do piso original. Arquivo Paulo Mendes da Rocha.

Reurbanização da praça do Patriarca
São Paulo, 1992-2002.
Croqui.
Arquitetos colaboradores: Eduardo Colonelli, Sílvio Oksman, Kátia Pestana, Giancarlo Latorraca, Marcelo Laurino, Martin Corullon.

Retiram-se os ônibus e o carrossel indevido que faziam. Aí desenhei uma marquise que imagino ser bonita, mas só se pode saber vendo pronta. É um contraponto com a igrejinha, elegante, oportuno, claro, senão não ia fazer! Pouca gente sabe, mas há uma escultura do Patriarca, de Ceschiatti. Então, vindo pela rua São Bento, como quem vem da São Francisco para a São Bento, surge o largo e um pouquinho atrás, o Patriarca. Vindo pela rua do Comércio, depois rua São Bento, lá está o Patriarca. Sua casaca é toda ondulada como veste de santa barroca, muito linda!

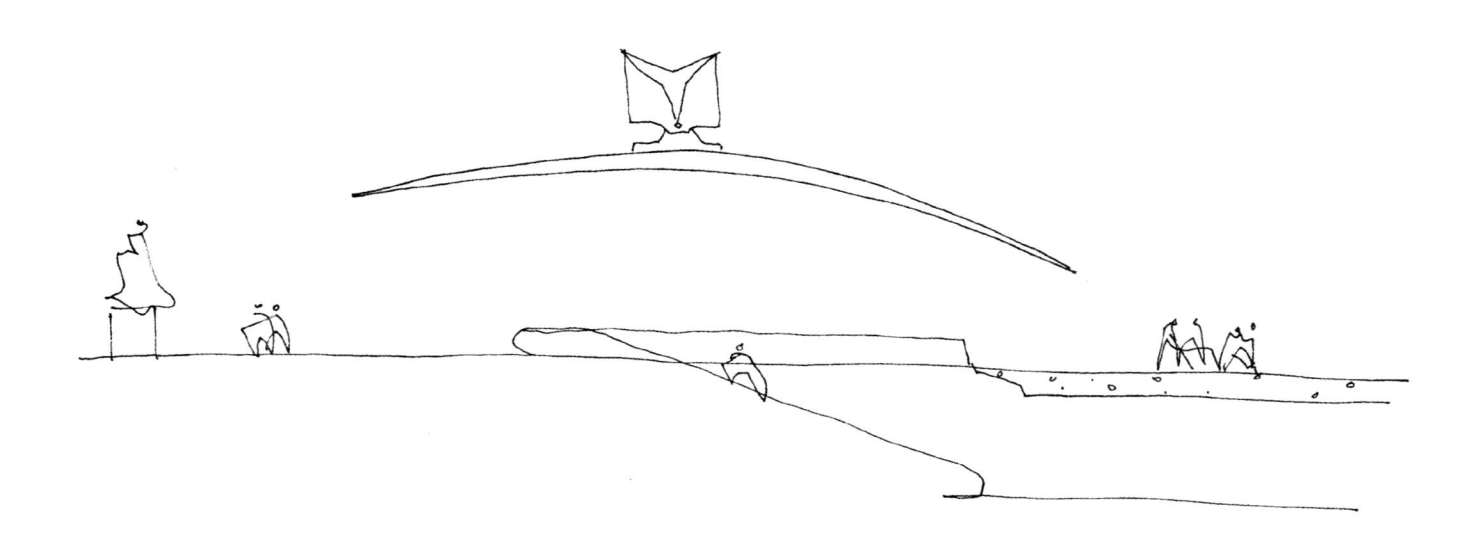

Reurbanização da
praça do Patriarca,
São Paulo, 1992-2002.

Maquete.

Arquivo Paulo Mendes da Rocha.

Como um portal para a praça e, em sentido inverso, moldura das visuais e espaços abertos, propomos uma cobertura suspensa, que não toca o chão, e uma arquitrave que a sustenta, com formas leves, brancas e de aparência um tanto instável, provocando sensações imprevistas.

Precisamos ter uma ação efetiva como foi no Ibirapuera. Abriu o horizonte e aquilo não volta atrás: o paulistano já compreendeu. É preciso fazer esse discurso de esclarecimento com coragem. Não há outra coisa a fazer. "It's all we have." A cidade é tudo que você tem.

LE DURABLE BÂTIR
Postulação da cidade de Paris para a Olimpíada de 2008

São Paulo, 24 de novembro de 2001

Estudos para as Instalações dos Jogos Olímpicos Paris - 2008, na área do Boulevard des Sports, em Paris, França.

Com a colaboração de Alexandre Delijaicov, Angelo Bucci, Cecília Scharlach; Eduardo Colonelli, Fernando de Mello Franco, Hernán Martin Franco Pecci, Maria Júlia Herklotz, Marta Moreira, Martin Corullon, Milton Braga, Rastko Kovacevic, Roberto Klein, Sílvio Oksman, Wéliton Ricoy Torres.

Sobre o que é durável e o que é efêmero nas coisas dos homens, gostaria de lembrar a imagem de "formação da consciência e da linguagem" como um conceito sobre o poder de discurso dos trabalhos humanos. A formação, de caráter histórico, da mentalidade ou estado atual do homem no universo, na natureza. Aquilo que contém uma duração e uma monumentalidade indizíveis.

Somos, no universo, íntegros com a natureza em sua extraordinária fenomenologia, onde a paisagem é uma forma de revelação, um estágio de equilíbrio que para nós é sempre um resultado trabalhado. Uma situação formal dos fenômenos de forças instáveis surpreendidas pela mão dos homens. São reflexões interessantes como perguntar se nas pirâmides do Cairo é a pedra ou a ideia que está lá há cinco mil anos. São as pedras ou as ideias que duram mais?

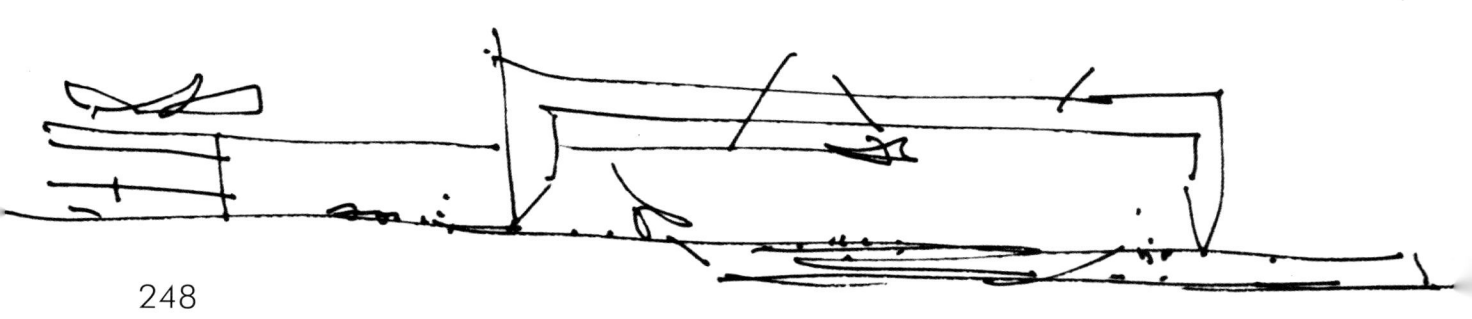

O que fica, no início de um discurso eternamente inacabado e frutífero na formação do conhecimento, da consciência, é a invenção de uma construção que é a máquina de seu próprio construir. O plano inclinado, uma das "máquinas simples" no primeiro capítulo da mecânica, surge com as pirâmides enquanto revelação sobre a mecânica e a fabricação do artefato imaginado, uma comprovação de êxito premeditado. Surpreender a natureza e obrigá-la a revelar os seus mistérios. Este valor primordial da experiência pode dizer que as construções exigem máquinas, são elas mesmas uma certa máquina, e que o edifício vertical, como engenho em si, é uma herança daquelas pirâmides. Instrumento de realização da cidade contemporânea, segundo nossos desejos.

Ver no edifício vertical o instrumento-tipo na realização de um desenho contemporâneo, atual, para a cidade, pode parecer uma ideia banal, mas, entretanto, não é comum a experimentação radical deste modelo, que já aparece em diversos ensaios no século XX. Mas o modelo não foi experimentado de fato, como se não tivéssemos ainda construído a cidade contemporânea. No Brasil, de onde escrevo, teremos que construir cidades, algumas sobre o território natural. Que desenho faremos?

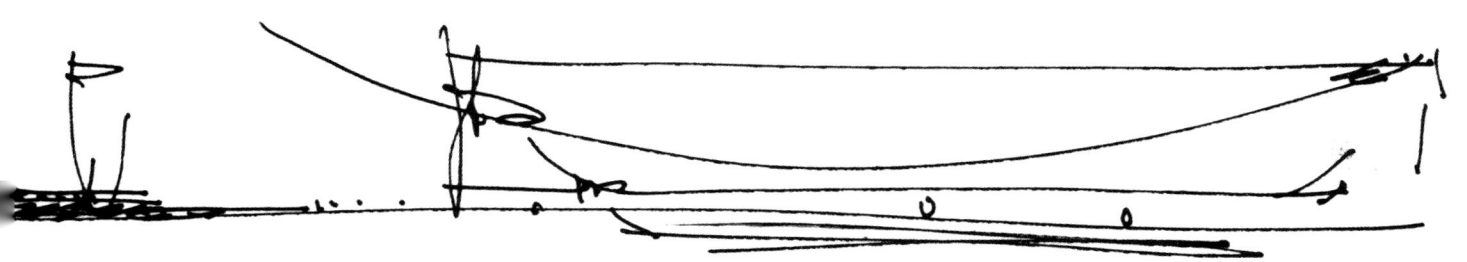

O que é paisagem? O que é construção? Tomemos um projeto exemplar, uma ideia muito interessante que há no Brasil, a ligação da bacia amazônica com a bacia do Prata. Uma via navegável interior que afeta e interessa a vários países. Projeto, digamos, americano, continental. Na condição atual do mundo sobre o estado do nosso planeta, qual seria o território de nosso domínio? Sobre que território haverá de intervir este conhecimento que é patrimônio universal? Qual é o espaço do conhecimento como forma de liberdade? Como forma de transformação? A Holanda seria, com sua experiência — arte, técnica e natureza —, um parceiro ideal neste grande projeto de navegação interior.

Uma mentalidade contemporânea projeta, por certo, este conhecimento além das fronteiras dos países e inaugura, neste urgente momento de reflexão sobre nossa condição no universo, novos horizontes na direção da paz, da fraternidade universal. O desenho da cidade contemporânea.

A cidade aparece, desse modo, como a mais alta expressão desta realização ideal formal do habitat humano. Natureza e arte em um eterno contraponto podem mostrar que, para a inteligência humana, tanto a semente quanto a pedra podem dar frutos. O que é eternamente durável são as ideias e a formação histórica do que chamamos conhecimento, experiência à disposição de um projeto, futuro carregado de esperança.

Postulação da cidade de Paris para a Olimpíada de 2008.
Projeto para as instalações esportivas.

quai Gambetta

quai Gambetta Edifício Jardim
Hotel

OS DESEJOS, HOJE

Depoimento a Maria Isabel Villac
Estúdio Paulo Mendes da Rocha – São Paulo, 17 de outubro de 2012

A questão do ensino e da educação está na pauta por várias razões, inclusive históricas, particularmente na América. Em países de passado colonial onde a educação foi toda no sentido de imposição está muito presente a questão de disciplina e liberdade (a transformação da educação), o que se pretende, o que se vislumbra.

Estou fora da área especializada, que não é a nossa inclusive, apesar de professores de faculdade, mas vejo um interesse muito particular nas crianças, na primeira educação. A educação daquilo que se chama pré-escolar e escolar, que era atrelada a costumes, repressão, imposição de ideias, destruição mesmo de uma cultural original, como é o caso entre índios e a escravatura com toda a cultura negra. Essa é uma saga conhecida por especialistas, mas principalmente divulgada de uma forma muito extraordinária em literatura, cinema. A história dos meninos da escola.

O tempo que nós estamos vivendo faz ver que a distância entre o conhecimento e o valor do conhecimento — para que serve "aquilo" —, entre o que se sabe e o que se presume que se vai ensinar às crianças é muito grande. Eu tenho a impressão que há uma importante revolução em pauta no mundo inteiro, uma grande transformação, sem dúvida nenhuma, e se essa história do mundo em transformação é uma história muito rebarbativa, pois sempre foi assim, o que acontece e que hoje nos intriga é que nunca foi dada tanta velocidade às transformações do conhecimento. Portanto, a necessidade de uma verdadeira revolução nesse âmbito da educação traz um fato novo ao mundo, no sentido daquilo que se sabe dele como nunca se soube antes. Para considerar — eu já vi muito comentário, e gosto muito de reiterar —, é que se estabelece, no âmbito das transformações atuais, a importância da formação, mais uma vez nitidamente orientada para o que se chamaria e sempre se chamou "cultura popular". Aquilo que moveu a Idade Média para o Renascimento, tanto sabido, discutido, explorado, por Rabelais, por exemplo: você escarnecer ou se livrar do dogma. E passar a entender o conhecimento e a educação de um modo geral como especulação em relação a um pré-projeto da humanidade, que é sustentar-se no planeta com coisas que temos que fazer pela primeira vez agora, porque não sabíamos como fazer antes, pois nunca tivemos tanto recurso.

Na América volta sempre a questão da descoberta, das navegações, Galileu e Colombo — os filósofos dizem isso —, o que inaugurou o momento moderno foi o fato de que esse homem condenado à fogueira hoje é o cientista que está aí, amparado por todos nós.

A consciência sobre a ideia do planeta, frágil, submetido às leis da mecânica celeste e a nossa condição de natureza hoje não se discute mais. Eu estou fazendo um projeto na Amazônia, na foz do Amazonas, uma região de igarapés. Nós temos técnica hoje para conseguir construir aí sem destruir sistemas delicadíssimos de interlocução entre água e território, tocando pouco no solo, fazendo construções suspensas, usando a navegação fluvial, estabelecendo uma rede inteligente de canais, interligação entre pequenos afluentes, os meandros destes rios. Portanto para nós enfrentarmos essa questão não é só tocar ou não tocar. Mas pensar: qual o projeto?

Essa decisão é que ampara a formação de uma cultura popular nos seus desencontros. Sem dúvida, vão aparecer oposições muito violentas, a religiosidade, coisas assim, mas como uma espécie de suspiro do fim da coisa. Sabemos, ninguém duvida mais, que somos parte da natureza desamparada nesse pequeno calhau perdido no universo. Nesse momento mesmo em que o homem possui um engenho que está em Marte mandando notícias e amostras de território, via magníficas formas de comunicação, diretamente de lá para nós. E a esse satélite — mais uma vez a graça da cultura popular — os cientistas deram o nome de curioso, curiosidade, curiosity.

Está em formação o momento do homem, mais uma vez, diante de um grande espanto de saber a sua condição. Mais uma vez de não saber, entretanto já sabendo tanto! A dimensão do desconhecido é outra hoje. E um desconhecido não mais necessariamente fantasmagórico, mas que merece atenção para que se conheça. A natureza tem muito ainda a dizer: partículas, micropartículas, os estudos sobre neurologia, como funciona o cérebro humano e coisas assim, as funções de um modo geral.

Neste sentido, o ensino para as crianças está muito atrasado. Os adultos são capazes de entender que a especulação nasce com toda criança — aprender a falar, por exemplo —, pois uma criança, diante da oportunidade, aprende duas ou três línguas ao mesmo tempo, com a maior facilidade. E, para não falar sempre como alguém que não sabe nada em profundidade e teoriza sobre tudo isso — é o meu caso —, as próprias memórias de infância, que eu tenho, me fazem ver que o conhecimento que eu recebi — por exemplo, de princípios como os da física elementar como o som, a eletricidade, a mecânica, no sentido da palavra, o comportamento dos fluídos, o paradoxo isostático, o anel de Gravezande que demonstra a dilatação volumétrica dos corpos, a experiência dos hemisférios de Magdeburgo que faz ver que o vácuo impede que você destaque duas esferas, o pararaio de Franklin — é algo que intriga qualquer criança e que não se ensina mais assim.

Até mesmo a arte avança nessa direção, haja visto o trabalho do pessoal da LandArt, por exemplo os pararaios no deserto do Novo México, de Walter de Maria[1], que eu gosto muito. Portanto, acho que as crianças deviam saber disso tudo e não estarem expostas ao conhecimento coercitivo, de acumulação, de coisas que são cobradas em exames, testes.

Um raciocínio interessante é o que diz que não podemos absolutamente imaginar construir cidades que são desastres, mas, do contrário, que talvez a incumbência do arquiteto seja exibir o êxito da técnica cujo produto fundamental seria a própria cidade. Na América, mais uma vez de modo particular, que somos nós, a questão da geografia e do território é, como se diz, praticamente virgem em relação ao conhecimento. A cidade deve ser exitosa e não um fracasso. E isso não foi feito aqui. Muito ao contrário, aplicou-se o mais rudimentar do conhecimento em ações que hoje estão em Salvador, Rio de Janeiro, Recife, Olinda. Principalmente diante da memória de que muita coisa se perdeu porque já foi mais bem feita. Basta ver a presença de Santurnino de Brito nessas cidades, entre nós. Basta ver a presença dos holandeses em Recife e Olinda, e o enfrentamento de águas nesses territórios. Nós estamos muito atrasados e as escolas de arquitetura deveriam se debruçar sobre essa questão fundamentalmente: tirar a arquitetura do âmbito de simples exercício profissional como uma simples visão empresarial e abandonar a ideia do edifício como um produto enquanto fato isolado.

O que é mais promissor, na minha opinião, é sempre o que já Mario Schenberg dizia: "A nossa riqueza são as nossas necessidades." Nós temos falta de tanta coisa, temos tanto o que fazer que está aí um campo de experimentação para a universidade e, principalmente, sobre a questão da formação da cultura popular que se faz aparecer, no âmbito do planejamento urbano, fundamentalmente no desenho da cidade, na dimensão política da questão. Portanto, o arquiteto devia ser muito mais preparado para de fato influir e intervir naquilo que nós podemos chamar "a rota do desastre". Inverter "a rota do desastre", pois a cidade deve ser exitosa o quanto possível.

---

1. Lightning Field, 1977.

No fundo, a questão principal é esta: os horizontes da crise enquanto estímulo para inversões; as soluções, para uma justa e exemplar experimentação. Porque jamais podíamos imaginar estabelecer novamente regras para tudo, mas temos que enfrentar a ideia de ações exemplares. Como quem diz "por exemplo, desta forma é bom, melhor, assim pode dar certo", na sua dimensão de invenção, de universo artístico. Portanto, temos que nos submeter — como a arte sempre se submeteu — à lógica. À força do discurso. O discurso pode apelar para o surrealismo, se você quiser, enquanto imagem lírica, porém, justamente para poder atingir a lógica por um processo mágico, digamos. Mas não que seja um absurdo. A ideia não é uma abstração como objetivo. É o uso da abstração para atingir de forma que parece indizível, enquanto linguagem usual, o que se quer dizer dali em diante.

Eu gosto muito do exemplo da Guernica, porque está lá uma lâmpada. Ou seja, além da morte visceral, muito bem exposta, Picasso não resistiu em mostrar o horror da destruição da luz elétrica, que nessa pequena cidade já existia. O homem tem horror à escuridão.

A leitura do que já sabemos passa também por essa visão de revolução. Fica muito aparente que tudo será novo e o mais interessante para a questão da educação e do ensino é que o que estamos imaginando novo está muito centrado, muito dependente de uma revisão daquilo que já sabíamos e que não era bem assim que devíamos fazer. Daí os críticos — Duremax, entre outros — e o desgosto que tivemos com a bomba atômica.

O ensino da arquitetura é muito promissor, pois a grande questão nesse âmbito é a ideia de universidade. E como a arquitetura lida com tudo, se você pensar mais uma vez na cidade — mecânica dos solos, estabilidade das construções, acústica, desejos da população —, sobre cada um detalhadamente, sobre cada um destes capítulos do conhecimento, digamos assim, tomos do conhecimento, faz ver a arquitetura como uma forma peculiar, ela mesma, de conhecimento. Uma maneira de você estar a um só tempo no universo das artes, da ciência e das técnicas. Como quem diz: "O arquiteto não faz para si, mas imagina estar atendendo necessidades e desejos humanos." Aquilo que é expressão do estritamente necessário com uma visão de nós mesmos e a mentalidade dessa condição: estarmos vivos, aqui, agora.

Diante do quadro de desastre da cidade de São Paulo, o estrago da natureza, podemos ver que isso pesa tanto porque, de fato, saberíamos como não tê-lo cometido. Mais uma vez você vê que a questão é política.

A demora do Brasil e da maioria dos países da América em enfrentar estes problemas, neste momento, parece que já não é privilégio nosso. Parece que todas as cidades do mundo ainda sofrem com a discriminação das categorias sociais. Essa é uma outra questão que está muito seriamente para ser vista e reconsiderada entre nós. Um arquiteto poderia serenamente, e é preciso muita serenidade para que não se caia na esparrela de dizer "esse cara é comunista", dizer: "Parece hoje, com o que sabemos, um absurdo você vender um pedaço do planeta para alguém." Território não pode ser propriedade particular de ninguém. É impossível, sob este estigma, ter uma visão de planejamento de território, de instalações, rede de esgoto, o controle das águas, os territórios frente ao mar, por exemplo.

É interessante considerar sempre a ideia de liberdade. Porque fica esse panegírico do privado e do público, mas você só terá liberdade nas suas ações individuais em empreendimentos privados, quando haja estabelecido como paradigmas que aquilo que você fará — e por isso tem liberdade para fazer — não será desastre nunca.

Portanto, a questão do planeta é uma questão para os nós vivos do mesmo tempo. Uma notícia que eu acho muito interessante e que ampara tudo isso é o último Prêmio Nobel da Paz, que foi dado para a União Europeia e não para um indivíduo.

Ou seja, a questão da União Europeia e todo esse noticiário em cima de nós no que se refere à crise econômica que terá que ser abordada, mas como parte de um projeto cujo fundamento é o estabelecimento da paz na Europa. O significado desse prêmio, que vem de um grupo pensante, é muito forte para que se considere a ideia da construção da paz entre os homens. Você vê a questão da habitação popular, por exemplo, os países europeus têm o mesmo problema em relação às suas ex-colônias, as populações que estão para lá e para cá. Então, a liberdade do outro depende das decisões políticas sobre o que é fundamental para que possamos viver todos juntos neste planeta.

Em termos mais específicos, a questão da América Latina — da qual agora se fala abertamente — envolve a paz e a solidariedade entre os povos, porque tudo isso sai de um país e entra no outro — e eu já falei tanto das navegações interiores dos rios, ligações ferroviárias, naturalmente, entre Atlântico e Pacífico, para a melhor distribuição das riquezas que possam sair por portos, dos dois oceanos, para todos os países! E nós passamos da época de invadir o outro para poder fazer projetos. Temos que fazê-los de forma solidária. Portanto, o limite de países, bandeiras, tudo isso está em transformação para que pouco a pouco não nos distingam como estamos habituados a ver, como composições. Mas, ao contrário, pela distinção da responsabilidade mais específica para quem está naquela área, há muitos séculos, em relação a esses projetos comuns. Ou seja, a contribuição de cada um.

Quanto a esta responsabilidade em relação aos projetos comuns, você vê, a questão do abandono do espaço público é também um problema de educação, fundamentalmente. Tudo vira produto e o espaço público não dá lucro pra ninguém. A cidade foi abandonada pelo indivíduo, pelo individualismo. É a iniciativa privada que abandona a cidade, justamente. Mas a cidade é sempre uma cidade para todos. Essa é a base da questão: não se pode continuar dividindo a cidade entre ricos e pobres e bobagens desse tipo, justamente porque o avanço e o conhecimento técnico e científico não permitem você imaginar uma casa popular. Toda casa hoje deve ter telefonia, água, esgoto encanado, porque a qualidade da casa é inexoravelmente uma questão contemporânea, do ponto de vista, no mínimo, ético. E da inconveniência de você botar um trambolho sem água, sem esgoto, sem telefone, e chamar de casa. Portanto, se você fizer uma casa atual, ela não é mais popular, ela "é uma casa, é uma casa, é uma casa" — lembrando Otília Arantes que fez esse contraponto com a rosa de Gertrude Stein, ao falar da casa Gerassi, há alguns anos. Não se pode dar qualidade para a casa.

Também há a questão da privacidade, a ideia da privacidade. Eu gosto de dizer que do ponto de vista do arquiteto não há espaço privado. Se há espaço, é público. A própria casa, que agora pertence a um, presume-se que possa pertencer a qualquer outro. Vai ser vendida, trocada. Há interesse, pelo homem, na mobilidade. Se você se desloca para outro país, lá você encontrará sempre uma casa. Não precisa levá-la nas costas. E a casa que você tinha vai ser de outro. Portanto, a particularidade individual de uma casa é a arrumação dos seus trens, das suas droguinhas. A janela, a porta e o elevador ficam. Até porque a natureza vista não como paisagem, mas como fenômeno, invade a sua casa na forma de grandes desastres. Portanto, a natureza não é mãe, mas um conjunto de fenômenos que devem ser enfrentados pelo gênero humano.

O horizonte de um arquiteto, dentro dessa visão mercantilista do mundo hoje, é montar um escritório e faturar, quando eu tenho a impressão que sempre foi um privilégio da engenharia trabalhar, justamente, no serviço público. Você só faz uma pesquisa avançada dentro do âmbito da universidade. Você só pode agir, neste sentido que estamos falando da cidade, se estiver ligado a um instituto qualquer estatal, público, republicano, que cuide das águas, dos transportes. Os melhores engenheiros da história, mesmo na nossa história, estiveram no serviço público. É fácil dar o exemplo de figuras notáveis. Temos que amparar a liberdade, no âmbito do conhecimento, à experimentação e, naturalmente, orientar tudo isso de modo a canalizar verbas, recursos.

Hoje você vê o serviço público, de um modo profissional, absolutamente desmoralizado, porque o governo estadual, municipal, não pode funcionar sem um quadro de funcionários de altíssimo nível. Portanto eu acho que o objetivo fundamental das faculdades de arquitetura, no caso, das escolas de específicas formas de conhecimento, é preparar quadros para o serviço público: seja hospitais, seja pesquisa, seja física e suas aplicações.

A escola é feita para os sábios. Nós temos que nos tornar sábios. E você tem que admitir que a criança nasce sábia. Pouco a pouco transforma-se esses pequenos desamparados em transtornados, deslocados, ignorantes.

Ninguém pode estudar para procurar emprego. As formas de conhecimento devem ser desejáveis e altamente necessárias. Portanto, a aplicação e a distribuição desse conhecimento é uma questão pública, política. Um arquiteto com iniciativa privada, se ele for muito competente, pode ser um perigo.

Lembro aqui do historiador Manfredo Tafuri, escrevendo sobre Veneza e seus deuses, Minerva, Mercúrio e Vulcano. Minerva seria o poder, a deusa da guerra, guerra no sentido de ação, decisões. Mercúrio, o comércio, a troca, mercadorias, empreendimentos humanos. E Vulcano, o fogo, a força, a técnica, o Arsenal de Veneza. E ele, comentando tudo isso — a energia política dos Doges, Minerva para lá e para cá, Mercúrio, o comércio e o conhecimento –, assinalava que o Arsenal não dizia nada, apenas experimentava e depois exibia o êxito dos navios.

O exemplo de Veneza indica que nós desprezamos a possibilidade do rápido avanço do conhecimento, da condição de conhecimento para especular o conhecimento desejado. Estamos em meio a uma grande transformação, em que o ensino é muito importante. A cidade deve ser uma experimentação nessa direção. E, nessa medida, aparece para a Faculdade de Arquitetura, para o nosso âmbito, a questão de um ensino muito mais dedicado à instalação do homem no planeta, portanto do habitat humano que é a cidade, muito além do simples edifício comum isolado.

CRONOLOGIA DE PROJETOS E OBRAS

1957
- Palácio Assembleia Legislativa do Estado de Santa Catarina, em Florianópolis, Santa Catarina. Em colaboração com os arquitetos Pedro Paulo de Mello Saraiva e Alfredo S. Paesani. Concurso nacional 1º prêmio.
- Design de cadeira flexível.
- Design da cadeira Paulistano.

1958
- Ginásio, praça de esportes e piscinas do Clube Atlético Paulistano, em São Paulo, SP, em colaboração com o arquiteto João Eduardo de Gennaro. Concurso nacional 1º prêmio. Esta obra ganhou o Grande Prêmio Presidência da República, na Exposição Internacional de Arquitetura da VI Bienal de São Paulo, 1961.
- Escola Primária do Clube Atlético Paulistano, em São Paulo, SP.

1960
- Agência comercial Volkswagen do Brasil/Brasilwagen, em São Paulo, SP.
- Clínica de assistência social infantil, Centro de Puericultura e Assistência Social Prefeitura do Município de Cedral, em Cedral, SP.
- Grupo Escolar Antonio Villela Júnior, em Campinas, SP.
- Agência comercial do Banco Bandeirantes do Comércio, em São Paulo, SP.
- Casa José Raul Brasiliense Carneiro, em São Paulo, SP.
- Casa Fábio Monteiro de Barros, em São Paulo, SP.
- Casa Virgílio Lopes da Silva, em São Paulo, SP.
- Casa Bolivar Ferraz Navarro, em São Paulo, SP.
- Casa Celso Vieira de Mello, em Piracicaba, SP.

1962
- Edifício da Faculdade de Antropologia e Sociologia da Universidade de São Paulo/USP, em São Paulo, SP.
- Edifício de serviços e comercio na Rua Marquês de Itu, em São Paulo, SP.
- Edifício Fórum da cidade de Avaré, em Avaré, SP. Com colaboração de João Eduardo de Gennaro e Newton Arakawa.
- Edifício de escritórios da Confederação

Nacional da Indústria/CNI em Brasília, Distrito Federal. Com colaboração de Pedro Paulo de Mello Saraiva.
• Grupo Escolar de Vila Maria, em São José dos Campos, SP.
• Grupo Escolar do Taboão, em São Bernardo do Campo, SP.
• Casa Gaitano Miani, em São Paulo, SP. Com colaboração de João Eduardo de Gennaro.

1963
• Sede social Jóquei Clube de Goiás, em Goiânia, GO. Concurso nacional 1º prêmio.
• Agência comercial Vapores Grieg, em Santos, SP.
• Clube da Orla, no Guarujá, em São Paulo, SP. Concurso. Com colaboração de João Eduardo de Gennaro e Waldemar Herrmann. Júri: João Batista Vilanova Artigas, Joaquim Guedes e Oswaldo Bratke.
• Casa Bento Odilon Moreira em Goiânia, GO.
• Casa Francisco Malta Cardoso, em São Paulo, SP.
• Casa Sebastião Camargo, no Rio de Janeiro, RJ.
• Casa Silvio Albanese, em São Paulo, SP.

1964
• Edifício de Habitação Guaimbê, em São Paulo, SP.
• Casas gêmeas: casa do arquiteto e casa Luiz Gonzaga Cruz Secco, em São Paulo, SP. Com a colaboração do arquiteto João Eduardo de Gennaro.

1966
• Agência comercial do Banco do Estado de Goiás, em São Paulo, SP.

1967
• Grupo Escolar da Vila Baeta Neves, em São Bernardo do Campo, SP.
• Escola primaria EEPG / Gofredo Teixeira da Silva Telles, em São Bernardo do Campo, SP.

1968
• Conjunto de edifícios de habitação Zezinho Magalhães Prado, em Guarulhos, SP. Em colaboração com os arquitetos Vilanova Artigas e Fábio de Moura Penteado.
• Reservatório de água, em Urânia, SP. Com a colaboração de Horácio Hirsch e Newton Arakawa.
• Colégio Estadual Presidente Roosevelt, em São Paulo, SP.
• Escola técnica Serviço Nacional da Indústria/SENAI, em São Paulo, SP. Com a colaboração de Mário Viotti Guarnieri.
• Escola técnica Serviço de Aprendizado Comercial/SENAC, em Campinas, SP.
• Escola técnica Serviço Nacional da Indústria/SENAI, em Santos, SP. Em colaboração com os arquitetos Vilanova Artigas e Fábio de Moura Penteado.

1969
• Pavilhão do Brasil na exposição internacional EXPO 70, em Osaka, Japão. Em colaboração com Flávio Motta, Júlio Katinsky, Ruy Ohtake, Jorge Caron, Marcelo Nitsche, Carmela Gross. Concurso nacional 1º prêmio.

1970
- Edifício industrial Sociedade Algodoeira do Nordeste Brasileiro/SANBRA, no Rio de Janeiro, RJ.
- Casa Fernando Millan, em São Paulo, SP.
- Casa Mário Masetti, em São Paulo, SP.

1971
- Centre Plateau Beaubourg, em Paris, França. Concurso. Um dos 30 projetos premiados. Com a colaboração de Abrahão Sanovicz, Oswaldo Corrêa, Cláudio Gomes.
- Hotel de Turismo, em Poxoréu, MT. Em colaboração com Hélène Afanasieff e Maria Helena Flynn.
- UBB União de Bancos Brasileiros, em São Paulo, SP. Com a colaboração de Hélène Afanasieff, Maria Helena Flynn e Sami Bussab.
- Casa James Francis King, em São Paulo, SP.

1972
- Remodelação do Centro de Santiago, em Santiago, Chile. Concurso. Com a colaboração de Edgard Dente.
- Escola elementar Jardim Calux, em São Bernardo do Campo, SP.

1973
- Estádio Esportivo Serra Dourada, em Goiânia, GO. Com a colaboração de Roberto Portugal, Maria Helena Flynn, Roberto Leme Ferreira, Newton Arakawa, Ercules Turbiani, Eliane Galiardi.
- Edifício de habitação Juaperi, em São Paulo, SP.
- Edifício industrial Transmissões Nacionais S/A, em Guarulhos, SP.
- Casa Ignácio Gerber, em Angra dos Reis, RJ.
- Casa Nabor Ruegg no Guarujá, SP.
- Casa Newton Isaac Carneiro Junior, em São Paulo, SP.
- Casa Dalton Macedo Soares, em São Paulo, SP.
- Casa Marcelo Nitsche, em São Paulo, SP.
- Casa Artemio Furlam, em Ubatuba, SP.

1974
- Colaborador, conjuntamente com Vilanova Artigas, no plano urbanístico para as margens do rio Jaú, integrando, como consultor, o quadro profissional do GPI - Grupo de Planejamento Integrado em Jaú, SP.
- Montagem da exposição da I Bienal Internacional de Arquitetura, em São Paulo, SP.
- Reurbanização da região da Grota do Bexiga, em São Paulo, SP. Em colaboração com Flávio Motta, José Cláudio Gomes, Benedito Lima de Toledo, M. Ruth do Amaral Sampaio, Samuel Keer, Koiti Mori, Klara Kaiser.

1975
- Plano de urbanização e construção de edifícios de habitação, escolas, clínicas, comércio e lazer, CECAP, em Itatiba, SP. Em colaboração com o arquiteto Alfredo S. Paesani.
- Museu de Arte Contemporânea da Universidade de São Paulo/USP, em São Paulo, SP. Em colaboração com Jorge Wilheim e Léo Tomchinsky.
- Edifício de escritórios Montepio Municipal do novo Centro Administrativo Municipal

(CAM), Arterial Oeste, Vila Guilherme, em São Paulo, SP.
• Casa Antonio Junqueira de Azevedo, em São Paulo, SP.

1976
• Remodelação e construção de edifício industrial e cultural Centro Nacional de Engenharia Agrícola – CENEA – Fazenda Ipanema, em Sorocaba, SP. Em colaboração com Antonio Luis de Andrade (Janjão) e Roberto Burle Marx.
• Edifício cultural Centro de Convenções e Manifestações Culturais, em Campos do Jordão, SP.
• Escola primária e secundária Vila Matilde, em São Paulo, SP.
• Escola primária e secundária Jardim Fraternidade, em São Paulo, SP.
• Nova sede do Instituto de Educação Caetano de Campos, em São Paulo, SP. Concurso. Em colaboração com o arquiteto Abrahão Sanovicz.
• Edifício sede e ampliação do Conselho Regional de Engenharia e Arquitetura/CREA, em São Paulo, SP. Concurso. 3º lugar.
• Edifício-Sede da Produção Industrial Fundação Brasileira para o Desenvolvimento do Ensino de Ciências – FUNBEC - Rodovia Castello Branco - Km 22 - Barueri, SP.
• Unidade Escolar EEPG – Vila Talarico/Vila Matilde, São Paulo – SP.
• Unidade Escolar EEPG – Jardim Fraternidade – Campo Limpo, São Paulo - SP.

1977
• Terminal rodoviário de Cuiabá, em Cuiabá, MG.
• Edifício de escritórios Casa das Retortas para a Companhia de Gás de São Paulo/COMGAS, em São Paulo, SP. Com a colaboração de Eduardo Colonelli.
• Edifício institucional Centro Universitário de Rondonópolis, em Cuiabá, MT.
• Edifício de escritórios Fundação Brasileira para o Desenvolvimento do Ensino de Ciências/FUNBEC, em Barueri, SP.
• Escola primária e secundária EEPG/Vila Heliópolis, em São Paulo, SP.

1978
• Casa Carlos Eduardo Pereira Corbett, em São Paulo, SP.
• Casa Oficial do Governador, em Cuiabá, MT.
• Casa Silvio Antonio Bueno Netto, em Catanduva, SP.

1979
• Plano de urbanização das margens do rio Cuiabá, Avenida Beira-Rio, Bairro do Porto, em Cuiabá, MT.
• Casa Alexandre Honoré Marie Thiollier Filho, em São Paulo, SP.

1980
• Cidade Porto Fluvial do Tietê, na cabeceira do rio Tietê, SP. Em colaboração com Pedro Paulo de Mello Saraiva, Alberto Rubens Botti, Giancarlo Gasperini.

- Agência Banespa S/A, em Teresina, PI.
- Casa James Francis King, no Guarujá, SP.
- Casa Haiyim Chodik, em São Paulo, SP.

1981
- Terminal rodoviário de passageiros, em Aguaí, SP.
- Terminal rodoviário de passageiros, em Caraguatatuba, SP.
- Estádio esportivo Rudge Ramos, em São Bernardo do Campo, SP.
- Estádio esportivo Riacho Grande, em São Bernardo do Campo, SP.

1982
- Edifício institucional Centro de Treinamento SENAI, em Franca, SP.
- Casa Mauricio Thomaz Bastos, no Guarujá, SP.

1983
- Edifícios de habitação Costão das Tartarugas, no Guarujá, SP.
- Casa Carlos Eduardo Ferreira Montenegro, em Jaú, SP.

1984
- Edifício de escritórios Keiralla Sahran, em São Paulo, SP. Com a colaboração de Eduardo Colonelli, Alexandre Delijaicov, Eduardo Aquino, Fernando Soares de Freitas, Geni Sugai, Marina Cobra, Rogério Marcondes Machado.
- Edifício de habitação Jaraguá, em São Paulo, SP.
- Edifício Biblioteca Pública do Rio de Janeiro, no Rio de Janeiro, RJ. Concurso Nacional. Com a colaboração de Eduardo Colonelli e Eduardo Aquino.

1985
- Terminal rodoviário de passageiros, em Goiânia, GO. Com a colaboração de Luis Fernando Teixeira, Moacyr Paulista Cordeiro.
- Edifício de habitação Golden Hill, em São Paulo, SP.
- Agência comercial Banco do Estado de São Paulo, em Maringá, PR.
- Design cadeira giratória e cadeira longa.

1986
- Urbanização e conjunto de habitações na área do antigo Hospital Padre Bento, em Guarulhos, SP.
- Edifício de habitação Aspen, em São Paulo, SP. Com a colaboração de Alexandre Delijaicov, Geni Sugai.

1987
- Loja FORMA S/A, em São Paulo, SP. Com a colaboração de Alexandre Delijaicov, Geni Sugai, Carlos José Dantas Dias e Rogério Marcondes Machado.
- Edifício de escritórios H. Stern, em São Paulo, SP.
- Escola técnica Serviço Nacional de Aprendizagem Comercial/SENAC, em São Paulo, SP.

1988
- Capela de São Pedro, em Campos do Jordão, SP. Com a colaboração de Eduardo Colonelli, Alexandre Delijaicov; Carlos José Dantas Dias e Geni Sugai.
- Biblioteca de Alexandria UNESCO, em Alexandria, Egito. Concurso Internacional. Com a

colaboração de Alexandre Delijaicov, Geni Sugai, Álvaro Puntoni, Álvaro Razuk, Ciro Pirondi, Francisco Rosa, Jorge Ricca Júnior, Regina Ferreira de Gouveia.
• Museu Brasileiro da Escultura, em São Paulo, SP. Concurso nacional 1º prêmio. Com a colaboração de Alexandre Delijaicov, Geni Sugai, Pedro Mendes da Rocha, José Armênio de Brito Cruz, Carlos José Dantas Dias, Rogério Marcondes Machado, Vera Domschke.

1989
• Casa Antonio Gerassi Neto, em São Paulo, SP. Com a colaboração de Alexandre Delijaicov, Geni Sugai e Pedro Mendes da Rocha.

1990
• Edifício sede do AAA XI de Agosto, em São Paulo, SP. Com a colaboração de Alexandre Delijaicov, Miriam Elwing e Pedro Mendes da Rocha.
• Conjunto Habitacional Jardim São Luís I, em São Paulo, SP. Com a colaboração de Alexandre Delijaicov e Miriam Elwing.
• Conjunto Habitacional General Salgado - A, em São Paulo - SP. Com a colaboração de Alexandre Delijaicov e Miriam Elwing.
• Cenário "Suor Angélica", Teatro Municipal, em São Paulo, SP. Com a colaboração de Kátia Pestana e Cláudio Diaféria.

1991
• Edifício cultural Museu de Arte de Vitória - Centro Krajcberg de Arte e Natura, em Vitória, ES. Com a colaboração de Alexandre Feu Rosa.
• Escola primária e secundária EEPG Jardim dos Campeões e Delegacia de Ensino, em Diadema, SP. Com a colaboração de Alexandre Delijaicov e Miriam Elwing.
• Escola primária e secundária EEPG Jardim Novo Horizonte II, em Carapicuiba, SP.
• Escola primária e secundária EEPG Jardim Bandeirantes, em Franco da Rocha, SP.
• Aquário Municipal de Santos, em Santos, SP. Com a colaboração de Alexandre Delijaicov, Guilherme Mendes da Rocha e Miriam Elwing.
• Ampliação do Teatro Oficina - Uzina Uzona, em São Paulo, SP.

1992
• Renovação urbana da Praça do Patriarca e Viaduto do Chá, em São Paulo, SP. Com a colaboração de Eduardo Colonelli, Sílvio Oksman, Kátia Pestana, Giancarlo Latorraca, Marcelo Laurino, Martin Corrullon.
Equipe PE: Eduardo Colonelli; Sílvio Oksman.
• Cenografia para o "Trittico de Puccini", em São Paulo, SP.
• Cenografia para a "Ópera dos 500 / Popular e brasileira", Teatro Municipal, em São Paulo, SP. Com a colaboração de Vera Hamburger, Martin Corullon, Guilherme Wisnik, Renato Salgado, Guilherme Mendes da Rocha.

1993
• Plano urbanístico para a área central da Baía de Vitória, em Vitória, ES. Com a colaboração de Kátia Pestana, Giancarlo Latorraca.

- Reforma e reestruturação do edifício da Pinacoteca do Estado de São Paulo, em São Paulo, SP. Com a colaboração de Eduardo Colonelli, Welinton Ricoy Torres, Ana Paula Gonçalves Ponte, Elisa Cristina Marchi Macedo, Miguel Lacombe de Goes, Adriana Custódio Dias, Celso Nakamura, Eloise Scalise, Andrea Ferreti Moncau, Marina Grinover e Sílvio Oksman.

1994
- Terminal rodoviário Francisco Mourato para a CET – Companhia de Engenharia de Tráfego, Pertencente ao Sistema Integrado de Corredores de ônibus da São Paulo Transportes, em Associação com os escritórios Via Arquitetura S/C Ltda. e PROENGE, em São Paulo, SP. Com a colaboração de Fernando de Mello Franco, Marta Moreira, Milton Braga.
- Cenografia para "O homem sem qualidade", no Rio de janeiro, RJ. Com a colaboração de Jean-Louis Le Blanc.
- Cenografia para "Futebol", no Teatro Municipal, em São Paulo, SP. Com a colaboração de Martin Corullon.

1995
- Projeto para as exposições "Bienal Fotojornalismo Brasileiro 1990-1995" e "História de ver - Oliveiro Toscano", Fundação Bienal, em São Paulo, SP.
- Casa Mário Masetti, na Fazenda da Cava, em Cabreúva, SP.

1996
- Nova sede da Escola de Administração de Empresas de São Paulo da Fundação Getúlio Vargas - FGV, em São Paulo, SP. Concurso. Com a colaboração de Fernando de Mello Franco, Marta Moreira, Milton Braga, Ana Paula Kouri e Roberto Klein.
- Terminal rodoviário Parque Dom Pedro II para a CET – Companhia de Engenharia de Tráfego, em Associação com os escritórios Via Arquitetura S/C Ltda. e PROENGE, em São Paulo, SP. Em colaboração com os arquitetos Angelo Bucci, Fernando de Mello Franco, Marta Moreira, Milton Braga.
- Arquitetura do Espaço de exposições da XXIII Bienal Internacional de São Paulo, em São Paulo, SP.
- Ampliação do edifício do SENAC – Serviço Nacional de Aprendizagem, em Campinas, SP.
- Serviço Social do Comércio SESC – Tatuapé, em São Paulo, SP. Concurso. Com a colaboração de Angelo Bucci, Fernando de Mello Franco, Keila Costa, Marta Moreira e Milton Braga.
- Centro Cultural FIESP – Serviço Social da Indústria – SESI – e Centro das Indústrias do Estado de São Paulo – CIESP, no edifício Luis Eulálio Bueno Vidigal Filho, em São Paulo, SP. Com a colaboração de Marta Moreira, Fernando de Mello Franco, Milton Braga, Angelo Bucci, Keila Costa, Maria Isabel Imbrunito, Omar Mohamad Dalank, Carmen Moraes, Judith Hardy e Pablo Hereñu.

1997
- Urbanização e paisagismo do setor administrativo e do centro de exposições do SENAI – Serviço Nacional da Indústria e SESI – Serviço Social da Indústria, em São Paulo, SP.

1998
- Edifício de serviços públicos "Poupatempo" – Unidade Itaquera – Governo do Estado de São Paulo / Prodesp – Processamento de Dados do Estado de São Paulo, em São Paulo, SP. Com a colaboração de Milton Braga, Marta Moreira, Fernando de Mello Franco, Angelo Bucci.
- Espaço de exposições: Arquitetura da XXIV Bienal de São Paulo – Fundação Bienal São Paulo, em São Paulo, SP. Com a colaboração de Martin Corullon, Joana Elito.
- Baía de Montevidéu, desenvolvido no Taller de Proyecto Urbano: "Conectividad y Paisaje en los Bordes Urbanos y Cuenca del Arroyo Miguelete", em Montevidéu, Uruguai.
- Centro de Coordenação Geral do Sistema de Vigilância da Amazônia – SIVAM. Com a colaboração de Fernando de Mello Franco, Milton Braga, Marta Moreira e Angelo Bucci.

1999
- Casa da Música do Porto, na cidade do Porto, Portugal. Concurso Internacional. Arquiteto convidado.
- Espaço de exposições: Arquitetura da mostra "500 Anos de Artes Visuais", pavilhões Ciccilo Matarazzo/Bienal, Padre Manoel da Nóbrega/ Museu do Folclore, Lucas Nogueira Garcez/ Museu da Aeronáutica, Associação Brasil 500 Anos Artes Visuais, Palácio das Artes, Parque do Ibirapuera, em São Paulo, SP. Com a colaboração de Angelo Bucci, Fernando de Mello Franco, Marta Moreira, Milton Braga, Keila Costa, Maria Isabel Imbrontto e Hernán Martin Franco Pecci.
- Reconfiguração de área urbana da "Associação de Empresas da Chácara Santo Antônio", em São Paulo, SP. Em colaboração com os arquitetos Angelo Bucci, Fernando de Mello Franco, Marta Moreira, Milton Braga, Hernán Martin Franco Pecci, Maria Júlia Herklotz e Eduardo Ferroni.
- Reforma e ampliação da residência Cândido Vinicius Bocaiuva Brasley Pessôa, em São Paulo, SP. Com a colaboração de José Armênio de Brito Cruz; Mauro Halluli e Fausto Natsui.
- Pavilhão do Mar, em Caraguatatuba, SP. Com a colaboração de Angelo Bucci, Fernando de Mello Franco, Marta Moreira e Milton Braga.
- Projeto arquitetônico para o desfile da M. Officer "Corpo Público", na São Paulo Fashion Week, em São Paulo, SP. Com a colaboração de Metro Arquitetos.
- Casa Sérgio Moraes Abreu, em São Paulo – SP. Com a colaboração de Martin Corullon.

2000
- Instalações dos Jogos Olímpicos de Paris - 2008, na área do Boulevard des Sports, em Paris, França. Com a colaboração de Alexandre Delijaicov, Angelo Bucci, Cecília Scharlach; Eduardo

Colonelli, Fernando de Mello Franco, Hernán Martin Franco Pecci, Maria Júlia Herklotz, Marta Moreira, Martin Corullon, Milton Braga, Rastko Kovacevic, Roberto Klein, Sílvio Oksman, Weliton Ricoy Torres.
• Museus da USP – Universidade de São Paulo, em São Paulo, SP. Com a colaboração de José Armênio de Brito Cruz; Renata Semin e Fernando de Mello Franco.
• Postulação da Cidade de São Paulo como sede dos Jogos Olímpicos de 2012. Com: Arquitetos coordenadores - Cristiane Muniz, Eduardo Colonelli, Fábio Rago Valentim, Fernanda Bárbara, Fernando Felippe Viégas, Fernando de Mello Franco, Guilherme Wisnik, José Armênio de Brito Cruz, Marta Moreira, Martin Corullon, Milton Braga, Renata Semin, Sérgio Kipnis. Arquitetos colaboradores - Anna Ferrari, Anna Helena Villela, César Shundi Iwamizu, Cíntia Pinheiro Attis, Clóvis Cunha, Cristina de Brito Marini, Eduardo Chalabi, Eduardo Ferroni, Eduardo Gurian, Elena Olaszek, Fabiana Terenzi Stuchi, Felipe Noto, Gustavo Marchetti Panza, Gustavo Cedroni, Lúcia Noemi Hamburger, Isabel Alcântara e Silva, Jimmy Efren Liendo Terán, Maria Júlia Herklotz, Mariana Felippe Viégas, Paula Zasnecoss Cardoso da Silva, Rodrigo Yoichi Freitas Ito, Sílvio Oksman.
• Museu da Língua Portuguesa, em São Paulo, SP. Com a colaboração de Pedro Mendes da Rocha, Bartira Ghoubar, Carla Seppe, Carolina Bueno de Andrade Silva, Daniela Marcondes; Eduardo Spinazzola; Eloise Amado; Francisco Gitahy de Figueiredo; Gilvan Dias dos Santos; Jimmy Efran Liendo Téran; Juliana Suzuki Cursino; Maurício Miguel Petrosino, Renata Cupini e Helena Saia.
• Cenografia para suporte e ambientação das exposições: "Arte do Século XX Modernidade", "Arte do Século XX Contemporaneidade" e "Carta de Pero Vaz Caminha", na mostra Redescobrimento: Brasil 500 anos, Associação Brasil 500 Anos Artes Visuais, em São Paulo, SP. Com a colaboração de Metro Arquitetos.
• Loja Dotto Import Ltda, em São Paulo, SP. Com a colaboração de Martin Corullon.
• Casa Isabella Prata, em São Paulo – SP. Com a colaboração de Martin Corullon.
• Casa Gabriel Douglas Zellmeister, São Paulo – SP. Com a colaboração de Martin Corullon.

2001
• Relatório Deltametrópolis, para a Holanda. Consultor.
• Paço da Alfândega, em Recife, PE. Com a colaboração de Marta Moreira, Fernando de Mello Franco, Milton Braga, Angelo Bucci, Omar Dalank, Maria Júlia Herklotz, Ana Helena Villela, Eduardo Ferroni e André Drummond.
• Nova sede MAC-USP, em São Paulo, SP. Arquiteto convidado.
• Escola de Cinema Darcy Ribeiro, na cidade do Rio de Janeiro, RJ. Com a colaboração de Martin Corullon.
• Galeria Vermelho, em São Paulo, SP. Com a

colaboração de José Armênio de Brito Cruz e Renata Semin.

2002
- Galeria Leme, São Paulo, SP. Com a colaboração de Martin Corrullon, Anna Ferrari e Gustavo Cedroni.
- Fachada do Banco Safra S/A, Agência Augusta, em São Paulo, SP. Com a colaboração de Eduardo Colonelli.
- Unidade do SESC 24 de Maio, em São Paulo, SP. Com a colaboração de Marta Moreira, Fernando de Mello Franco, Milton Braga e Angelo Bucci.
- Centro de Ciência e Tecnologia para São Paulo, Fundação de Apoio à Universidade de São Paulo – FUSP, no Parque Estadual das Fontes do Ipiranga, em São Paulo, SP. Com a colaboração de Piratininga Arquitetos, Aflalo &Gasperini, Zanettini Arquitetura, Espaço Arch Design, Nestor Goulart Reis, Paulo Bruna Arquitetos Associados.

2003
- Sabina Escola Parque do Conhecimento, Santo André, SP. Com a colaboração de Marta Moreira, Milton Braga, Fernando de Mello Franco, Jacques Rordorf, Márcia Terazaki, Marina Sabin, Renata Vieira e Thiago Rolemberg.
- Pavilhão de exposições e centro de eventos, em Santo André, SP.
- Reurbanização e ampliação das instalações da Universidade de Vigo, em Vigo, Galícia, Espanha. Com a colaboração de MMBB Arquitetos, de São Paulo, Brasil e Alfonso Penela Fernadez Arquitectos Associados, de Vigo, Espanha.

2004
- Habitação social "54 Viviendas con Protección Pública – Ensanche de Vallecas", em Madri, Espanha. Com a colaboração de Bellosillo y Asociados, de Madri, Espanha e MMBB Arquitetos, de São Paulo, Brasil.
- Museu Nacional de Belas Artes, na cidade do Rio de Janeiro, RJ. Com a colaboração de Martin Corullon.

2005
- Capela de Nossa Senhora da Conceição, na sede da Cerâmica Brennand, em Recife, PE. Com a colaboração de Eduardo Colonelli, Eduardo Pereira Gurian, Laura Guedes e Rafael Baravelli.
- Concepção e Desenvolvimento de Estudo de Viabilidade para a transformação da Área do Engenho Central em Piracicaba, SP. Com a colaboração de José Armênio de Brito Cruz; André Dias Dantas; Fabiana Terenzi Stuchi e Joana Maia Rosa Rojo.

2007
- Universidade de Cagliari, em Cagliari, Itália. Projetos arquitetônicos. Com a colaboração de Marta Moreira, Milton Braga, Fernando de Mello Franco.
- Museu e Teatro, na Enseada do Suá, em Vitória, ES. Com a colaboração de Martin Corullon,

Anna Ferrari; Gustavo Cedroni, Flávio Rogozinski, Marcia Terazaki e Miki Itabashi.

2008
• Museu dos Coches, na Área dos Jerônimos, em Lisboa, Portugal. Com a colaboração de Marta Moreira, Milton Braga e Fernando de Mello Franco, em São Paulo, e Bak Gordon Arquitetos, em Lisboa.
• Casa Teresa Genesini, em Campos do Jordão, SP. Com a colaboração de Eduardo Colonelli e Sílvio Oksman.

2010
• Instituto Tecnológico Vale de Desenvolvimento Sustentável, em Belém, PA. Com a colaboração de Piratininga Arquitetos Associados.

2011
• Escola Municipal de Ensino Básico EMEB Aluísio Azevedo e recuperação das instalações existentes, no Jardim Calux, em São Bernardo do Campo, SP. Com a colaboração de MMBB Arquitetos Associados.

Este livro foi composto em Garamond Regular, corpo 12 por 14,3 e impresso em papel couchê matt 115 g/m² nas oficinas da Rettec Artes Gráficas e Editora, São Paulo — SP, em maio de 2021